北京文化书系
红色文化丛书

迎接北平的红色黎明

中共北京市委宣传部
中共北京市委党史研究室 组织编写
胡献忠 马金祥 著

北京出版集团
北京出版社

图书在版编目（CIP）数据

迎接北平的红色黎明 / 中共北京市委宣传部，中共北京市委党史研究室组织编写 ；胡献忠，马金祥著. — 北京 ：北京出版社，2021.4
（北京文化书系. 红色文化丛书）
ISBN 978-7-200-14672-1

Ⅰ. ①迎… Ⅱ. ①中… ②中… ③胡… ④马 Ⅲ. ①革命史—北京 Ⅳ. ①K291

中国版本图书馆CIP数据核字（2021）第060819号

北京文化书系 红色文化丛书
迎接北平的红色黎明
YINGJIE BEIPING DE HONGSE LIMING
中共北京市委宣传部
中共北京市委党史研究室 组织编写
胡献忠 马金祥 著
*
北京出版集团
北京出版社 出版
（北京北三环中路6号）
邮政编码：100120
网址：www.bph.com.cn
北京出版集团总发行
新华书店经销
北京建宏印刷有限公司印刷
*
787毫米×1092毫米 16开本 17.75印张 266千字
2021年4月第1版 2024年4月第2次印刷
ISBN 978-7-200-14672-1
定价：87.00元
如有印装质量问题，由本社负责调换
质量监督电话：010-58572393
编辑部电话：010-58572835；发行部电话：010-58572371

“北京文化书系”编委会

“红色文化丛书”编委会

本书作者　胡献忠　马金祥

“北京文化书系”
序言

文化是一个国家、一个民族的灵魂。中华民族生生不息绵延发展、饱受挫折又不断浴火重生，都离不开中华文化的有力支撑。北京有着三千多年建城史、八百多年建都史，历史悠久、底蕴深厚，是中华文明源远流长的伟大见证。数千年风雨的洗礼，北京城市依旧辉煌；数千年历史的沉淀，北京文化历久弥新。研究北京文化、挖掘北京文化、传承北京文化、弘扬北京文化，让全市人民对博大精深的中华文化有高度的文化自信，从中华文化宝库中萃取精华、汲取能量，保持对文化理想、文化价值的高度信心，保持对文化生命力、创造力的高度信心，是历史交给我们的光荣职责，是新时代赋予我们的崇高使命。

党的十八大以来，以习近平同志为核心的党中央十分关心北京文化建设。习近平总书记作出重要指示，明确把全国文化中心建设作为首都城市战略定位之一，强调要构建涵盖老城、中心城区、市域和京津冀的历史文化名城保护体系，更加精心保护好世界遗产，加强对“三山五园”、名镇名村、传统村落的保护和发展，加强对文物、优秀近现代建筑、工业遗产、非物质文化遗产的保护，凸显北京历史文化的整体价值，强化“首都风范、古都风韵、时代风貌”的城市特色。习近平总书记的重要论述和重要指示精神，深刻阐明了文化在首都的重要地位和作用，为建设全国文化中心、弘扬中华文化指明了方向。

2017年9月，党中央、国务院正式批复了《北京城市总体规划（2016年—2035年）》。新版北京城市总体规划明确了全国文化中心建设的时间表、路线图。这就是：到2035年成为彰显文化自信与多元包容魅力的世界文化名城；到2050年成为弘扬中华文明和引领时代潮流的世界文脉标志。这既需要修缮保护好故宫、长城、颐和园等享誉中外的名胜古迹，也需要传承利用好四合院、胡同、京腔京韵等具有老北京地域特色的文化遗产，还需要深入挖掘文物、遗迹、设施、景点、语言等背后蕴含的文化价值。

组织编撰“北京文化书系”，是贯彻落实中央关于全国文化中心建设决策部署的重要体现，是对北京文化进行深层次整理和内涵式挖掘的必然要求，恰逢其时、意义重大。在形式上，“北京文化书系”表现为“一个书系、四套丛书”，分别从古都、红色、京味和创新四个不同的角度全方位诠释北京文化这个内核。丛书共计47部。其中，“古都文化丛书”由20部书组成，着重系统梳理北京悠久灿烂的古都文脉，阐释古都文化的深刻内涵，整理皇城坛庙、历史街区等众多物质文化遗产，传承丰富的非物质文化遗产，彰显北京历史文化名城的独特韵味。“红色文化丛书”由12部书组成，主要以标志性的地理、人物、建筑、事件等为载体，提炼红色文化内涵，梳理北京波澜壮阔的革命历史，讲述京华大地的革命故事，阐释本地红色文化的历史内涵和政治意义，发扬无产阶级革命精神。“京味文化丛书”由10部书组成，内容涉及语言、戏剧、礼俗、工艺、节庆、服饰、饮食等百姓生活各个方面，以百姓生活为载体，从百姓日常生活习俗和衣食住行中提炼老北京文化的独特内涵，整理老北京文化的历史记忆，着重系统梳理具有地域特色的风土习俗文化。“创新文化丛书”由5部书组成，内容涉及科技、文化、教育、城市规划建设等领域，着重记述新中国成立以来特别是改革开放以来北京日新月异的社会变化，描写北京新时期科技创新和文化创新成就，塑造北京人民勇于创新、开拓进取的时代风貌。

为加强对“北京文化书系”编撰工作的统筹协调，成立了以“北京文化书系”编委会为领导、四个子丛书编委会具体负责的运行架构。“北京文化书系”编委会由中共北京市委常委、宣传部部长杜飞进同志担任主任，中共北京市委宣传部常务副部长赵卫东同志担任副主任，由相关文化领域权威专家担任顾问，相关单位主要领导担任编委会委员。原中共中央党史研究室副主任李忠杰、北京市社会科学院研究员阎崇年、北京师范大学教授刘铁梁、北京大学文化资源研究中心主任张颐武分别担任“红色文化”“古都文化”“京味文化”“创新文化”丛书编委会主编。

在组织编撰出版过程中，我们始终坚持最高要求、最严标准，突出精品意识，把“非精品不出版”的理念贯穿在作者邀请、书稿创作、编辑出版各个方面各个环节，确保编撰成涵盖全面、内容权威的书系，体现首善标准、首都水准和首都贡献。

我们希望，“北京文化书系”能够为读者展示北京文化的根和魂，温润读者心灵，展现城市魅力，也希望能吸引更多北京文化的研究者、参与者、支持者，为共同推动全国文化中心建设贡献力量。

“北京文化书系”编委会

2019年9月

"红色文化丛书"
序言

北京是千年古都，有着丰厚的文化积淀。1949年伴随着中华人民共和国成立的脚步，北京获得新生。改革开放以来，北京文化得到新的更大发展。党的十八大以后，以习近平同志为核心的党中央进一步明确了北京作为全国政治中心、文化中心、国际交往中心、科技创新中心的战略定位，不仅为整个首都建设，也为北京的文化建设指明了方向、增强了动力。

为了深入挖掘北京文化内涵、推进全国文化中心的建设，中共北京市委决定编纂"北京文化书系"。书系包括"古都文化、红色文化、京味文化、创新文化"4个系列。按照市委要求和市委宣传部部署，由市委党史研究室负责，由我当主编，组织有关部门和单位的专家学者编纂了"红色文化丛书"。这是整个书系的一个重要组成部分。

对本套丛书，首先需要做几点总体上的说明和介绍。

一、北京红色文化的内涵和外延

编纂"红色文化丛书"，首先要界定北京红色文化的内涵和外延，这样才能确定写什么、怎样写。

文化，作为人类改造客观世界和主观世界的活动及其成果的总和，始终伴随着人类的活动而生成、发展，从而不断展现出五彩斑斓的色彩。当代中国文化，源自于中华优秀传统文化，熔铸了中国共产党领导人民在革命、建设、改革中创造的革命文化和社会主义先进文化，到当代，本质上成为中国特色社会主义文化。如果以颜色作为象征，总体上可以说是一种以红色为基调的文化；而中国共产党培育、形成和展现的文化，则是一种比较完全意义上的红色文化。这是广义上的红色文化。

但在本套丛书中，我们对红色文化做了狭义上的界定，即将红色文化限定于主要在1949年前由中国共产党培育、形成和展现的革命文化。这样界定，主要是为了尊重文化自身内容的多样性和复杂性，避免过于宽泛造成内容上的庞杂，也为了更加突出不同时期文化的主要特点。否则，北京红色文化就会像一个硕大无比的筐子，什么都能往里装了。

因此，本套丛书所说的北京红色文化，主要是指1921年中国共产党成立至1949年中华人民共和国成立之间，中国共产党在北京地区领导人民群众为争取民族独立、人民解放而斗争所培育、形成和展现的革命文化。往前，回溯到五四运动前后红色文化的萌发；往后，延伸到新中国成立后到1966年前所创作的反映新民主主义革命的主要作品、建筑，如人民英雄纪念碑等。

无论广义还是狭义，红色文化都是中国共产党“为中国人民谋幸福、为中华民族谋复兴”的初心和使命的重要体现，都是在实现这一初心和使命的历程中培育、形成、发展和完善起来的重要成果。而北京红色文化，则是这一初心和使命在北京区域内的体现和反映。

北京红色文化与中共北京历史有着紧密的联系。北京红色文化，是中国共产党在北京的活动、工作、斗争中培育、形成和展现出来的。因此，写北京红色文化，当然要写中共北京历史。但党史又不能完全等同于文化。所以，本套丛书安排几本书梳理和介绍了北京地区党的组织和活动，展示了党在北京地区英勇和复杂的斗争。但撰写这些历史，不是简单地写历史，而是重在反映这些历史中的文化和精神，努力体现贯串其中的北京红色文化。因此，这些历史与标准的党史著作是有区别的。

二、北京红色文化的特殊地位

北京红色文化不是孤立的地域文化，而是党和国家整个红色文化中一个特殊的重要组成部分。

中国共产党这艘红船，在上海制造，在南湖起航。追根溯源，首先是在北京孕育的。北京地区的党组织，是中国共产党的地方组织，但在某些时期也超出了地方的范围。如李大钊领导的北方区委，曾负责当时北方十几个省、区、市党的工作。北京发生的许多事件，如五四运动、一二·九运动等，都对全国产生了重大影响，起到了引领作用。

特别是1949年1月北平和平解放后，中共中央决定定都北平，随即“进京赶考”，从西柏坡迁驻香山，9月正式入驻中南海。在此期间，党中央、毛泽东运筹帷幄，指挥夺取了中国革命的最后胜利；筹备和召开中国人民政治协商会议，建立了中华人民共和国。北京的历史翻开了新的一页，中国的历史也翻开了新的一页。所以，从1949年初起，北平就实际上发挥了首都的作用。新中国成立之后，北京作为中华人民共和国的首都，围绕大局，服务中央，一直到今天，都发挥着特殊的作用。

所以，北京是地方的北京，但也是全国的北京。北京的红色文化，既具有地域性，也具有全局性。北京的红色文化，在党和国家整体的红色文化中，发挥着一定程度上全局性的作用；对全国的红色文化建设，也在一定程度上发挥着典型、示范和引领的作用。

所以，我们撰写“红色文化丛书”，既坚持立足于北京，又坚持着眼于全党全国，把北京红色文化放在全局中来认识和撰写，不仅充分反映党中央对于北京党组织和北京地区革命斗争的领导，而且反映党中央在北京对于全国革命斗争的领导和指挥。同时，又充分反映北京地区革命斗争的实际，充分反映北京地区革命斗争在全局中发挥的特殊作用，从而正确地反映北京红色文化与党和国家整体红色文化的关系。

三、北京红色文化的形态和表现

文化有物质和非物质两类基本形态。所以，北京红色文化，既包括精神领域的红色文化，也包括物质形态的红色文化。这种物质形态的红色文化，就是指蕴含在这些物质形态之中，以物质形态表现出来的红色精神文化。比如中共中央在香山的办公旧址，表现为物质形态，但包含有丰富的文化内容。所以，我们将北京的红色遗存、红色地标等均纳入了北京红色文化的范围。

物质形态的北京红色文化，主要有3类。

第一类，是红色地标。在本套丛书中，我们提出了“红色地标”的概念。所谓红色地标，就是指北京区域内具有地标性的红色遗址遗迹和纪念建筑。一般来说，每个城市都会有自己的地标性建筑。但很多北京的地标，不仅是北京的地标，而且是全国性的地标。如北大红楼、卢沟桥、天安门广场、国家博物馆、毛主席纪念堂等，它们有些是原先就有的，有的是1949年之后建立起来的。这些地标性建筑，都具有特别重大的意义，甚至从某个角度可以代表中国共产党、代表中华人民共和国。

第二类，是红色遗址遗迹。主要是除红色地标外反映革命斗争历史和精神的大量遗址遗迹。红色地标不少也是遗址遗迹，但因为其特别重要，就单列出来了。除此之外的大量红色遗址遗迹，也蕴含着丰富的红色文化。所以我们也在本套丛书里做了研究、介绍和展示。其中不少已经被列入不同级别的文物保护名录，有的还没有被列入。北京党史部门曾对这些遗址遗迹做过调查，特别是曾按中共中央党史研究室的统一部署，做过一次大规模的全面普查，这次在本套丛书里进一步加以反映。所有这些遗址遗迹，都是北京红色文化的重要载体。

第三类，是可移动红色文物。包括红色文献，如党创办的很多杂志、出版的各种书籍；红色艺术品，如木刻、标语、宣传画、摄影作品等。1949年及之后设计的国旗、国徽也是红色艺术品。它们具有可移动性的物质形态，也是北京红色文化的重要载体。

其实还有一类，兼具物质形态和非物质形态。主要是红色的文学作品、音乐作品、戏剧作品、舞蹈作品、电影作品、民间文艺等。就其内容和表现形式而言，应该属于非物质文化形态，但它们也以一定的物质形态存留于世。其中有的是原生态的历史作品，也有的是1949年后创作的反映1949年前革命斗争的作品。

精神领域的北京红色文化，主要是指在长期革命斗争中表达和反映的思想、理论、路线、政策、主张、观点、口号、精神、规范、要求、价值取向、道德要求等等。它们总体上都可以归入红色文化的范畴。如果直接在北京区域内形成和表现出来的，就是北京红色文化。

这类北京红色文化，也是非常丰富的。本套丛书主要展示和论述了一系列革命精神，用以集中反映北京在精神领域的红色文化，如五四精神、抗战精神等。每一本书都有从不同侧面的展示，在《北京红色文化概述》里又做了集中的分析论述。

四、北京红色文化的作用和价值

文化是一个国家、一个民族的灵魂。文化的发展繁荣与国家民族的命运紧紧联系在一起。北京的文化建设不仅与北京的发展紧紧联系在一起，而且在全国的文化建设和中国特色社会主义的建设中都起着重要的作用。

北京红色文化是北京文化的重要组成部分，同样具有十分重要的作用和价值。

从时间长度上来说，北京红色文化，既在新民主主义革命的过程中具有重要的价值，发挥了重要的作用，又对1949年后的革命、建设、改革具有基础性、延续性、灵魂性的价值和影响，一直发挥并将继续发挥重要的作用。

从空间维度上来说，北京红色文化既对北京地区的革命、建设、改革有着重要的价值，发挥着重要的作用，又因为其居于首都地位，所以对党和国家的全局发挥着重要的作用，对全国的红色文化建设起着引领和示范的作用。

对于历史而言，本套丛书将北京红色文化的作用概括为：传播马列主义，解答中国问题；认知基本国情，选择革命道路；加强政治宣传，动员鼓舞群众；团结进步力量，壮大统一战线；引领革命洪流，助推全国胜利。

对于现实而言，本套丛书将北京红色文化的时代价值概括为：传承红色基因，弘扬社会主义核心价值观；挖掘红色文化，助力全国文化中心建设；厘清历史真相，反击历史虚无主义；开发红色资源，促进地区经济社会发展。

这些提炼和概括，是在《北京红色文化概述》作者和编委会认真研究的基础上形成的，代表了我们整个团队对北京红色文化作用和价值的认识。

五、北京红色文化与其他文化的关系

“北京文化书系”包括“古都文化、红色文化、京味文化、创新文化”4个系列4套丛书。因此，编纂“红色文化丛书”，除了界定北京红色文化的定义和范围之外，还必须厘清和处理好其与古都文化、京味文化、创新文化的关系。

古都文化，是一种传统文化，而且是一种以古都为特点的传统文化。古都文化当然不是红色文化。但是红色文化多少也吸收和传承了古都文化的某些因子。作为京城、古都，北京长期居于国家政治、文化的中心地位。因此，那种天下观念、家国情怀、宽广视野，对于许多革命家在北京出发、许多历史事件在北京发生、中国共产党在北京孕育、新中国在北京诞生，都起了重要的作用。作为中华人民共和国的首都，北京不仅是全国的政治中心，也是全国的文化中心。北京文化是首都文化。长期形成的都市建设理念，对北京红色地标的规划、布局和建设也产生了深刻的影响。所以，北京红色文化在很多方面传承了中国传统文化的精华，也包括古都文化中的某些思想养分。

京味文化，是兼具都城性、生活性和民间性的一种文化。北京红色文化，运用了京味文化的很多形式，如戏剧、书画、礼仪、节庆、服饰、民俗、工艺、饮食等。中国共产党在革命、建设、改革中都利用其从事宣传、动员、教育（如统一战线、党的建设、武装斗争），产生了明显的效果。比如，党中央、毛泽东在到达北平的第一天，就会见了民主党派负责人和其他民主人士，并在颐和园设宴招待和餐叙，这既是饮食，也是礼仪，既是生活，也是政治。北京红色文化，在相当程度上渗入、影响和改造了京味文化。比如，1949年，中国共产党接管北平之后，在忙于一系列重大政治、军事事务的同时，立即着手整理市容、收容乞丐、封闭妓院，从而初步清除了传统京城的糟粕，改造了某些低俗的城市文化。

创新文化，是改革开放以来提出和突出强调的新型文化。作为中国共产党提出和确立的战略要求，创新文化甚至在广义上也是一种红色文化。两者在很多方面有着内在的联系、内在的共性。红色文化应该是一种富于创新的文化，创新文化也包含着红色文化的基因。但同时，我们也懂得，文化是一种庞大的社会历史现象，具有非常明显的多样性和复杂性。其中包含着非常众多的子文化、亚文化，也会有非常众多和不同的色彩。没有必要给所有的文化都贴上一个红色或非红色的标签。所以，北京红色文化与北京创新文化是并行不悖的。两者互相促进、互相交融，共同丰富和发展着北京文化，共同构成全国文化中心建设的重要内容，共同为北京“四个中心”与国际一流的和谐宜居之都建设发挥重要作用。

六、“红色文化丛书”的框架和特点

基于上述观点、分析和考虑，“红色文化丛书”一共包含12本著作，分别是《北京红色文化概述》《北京的红色觉醒》《北平抗战的红色脊梁》《迎接北平的红色黎明》《新中国在这里诞生》《北京红色先驱》《北京学府的红色文化》《北京红色地标》《北京红色遗存》《北京红色文艺》《北京红色出版》《北京红色设计》。

这12本书所写的内容和角度并不完全一样。《北京的红色觉醒》《北平抗战的红色脊梁》《迎接北平的红色黎明》《新中国在这里诞生》，主要按时间顺序，分4段介绍了不同时期党在北京的活动及其形成和发展的红色文化。今年是中华人民共和国成立70周年，这几本书连贯回答了中华人民共和国从何而来的问题。特别是《新中国在这里诞生》，集中介绍了中共中央在香山及到中南海筹划建立中华人民共和国的主要过程，对我们重温中共中央在香山的历史，从中汲取力量和智慧很有帮助。这4本书，均是以北京党史为基础，但又着重从文化的角度切入和贯通。党史叙事是研究和介绍北京红色文化的前提和基础。如果不说明党在北京的活动和工作，就无法说明北京的红色文化。当然，如果简单地重复党史而忽略红色文化的形成和发展，那就是党史而不是红色文化了。

《北京红色先驱》分别介绍了在北京革命斗争中涌现的著名人物和英烈模范。没有以他们为代表的共产党人和志士仁人，北京红色文化就无从产生。这些先驱，既有个体，也有群体，都是北京红色文化的创造者、体现者和代表者。

《北京学府的红色文化》集中介绍和展示了北京大、中、小学校中党的活动及其体现的红色文化。北京是学校特别是高校最集中的地区。北京学府在中共党史和中国革命史上发挥了特殊的作用。以往介绍各个学校的革命斗争史，都是一个一个学校单个研究和介绍的。但这次，我们首先把各个学校打通和整合起来，从整体上介绍北京学府红色文化的形成、发展、内容和特点。这种写法虽然要困难得多，但体现了北京学府红色文化的整体性和统一性。

《北京红色地标》《北京红色遗存》反映的是红色物质文化遗产。它们代表了北京红色文化的一个重要类别，着重介绍了具有地标意义的红色遗址遗迹、重要建筑和纪念设施。不仅介绍了有关这些建筑设施的红色历史，还从建筑学和美学的角度介绍和分析了建筑设计上的特点。突出红色地标，这是红色文化研究的一个创新，也是北京红色文化的一个重要特色。

《北京红色文艺》《北京红色出版》《北京红色设计》分别展示了北京红色文化的几个重要领域和类型。其中的红色出版和红色设计在党史研究中是个创举。迄今的党史著作，都是在叙述党史过程时提到这种或那种杂志、报纸或书籍。但它们的具体情况如何，中国共产党到底出版过哪些报纸、杂志和书籍，均语焉不详。《北京红色出版》首次做了集中研究和介绍。虽然只是北京地区的出版物，但仍然具有开创性的意义。《北京红色设计》更是一种新的探索和突破。它从艺术设计的角度介绍了一批建筑、雕塑、书刊、纪念物品、徽章标识中的红色文化，令人耳目一新，具有很强的知识性。

在这些单项著作的基础上，《北京红色文化概述》一书从整体上概述了北京红色文化的形成和发展、土壤和条件；物质形态的北京红色文化、精神层面的北京红色文化、北京红色文化的本质特点、北京红色文化的传承和发展、北京红色文化的时代价值、通过弘扬北京红色文化推进新时代新北京的建设等。这本书兼具历史概述和理论分析，集中回答了“北京红色文化是什么、有哪些”的基本问题。

所有这12本书，由于内容、角度不同，体例和风格上也有不同。我们一直努力保持体例和风格的统一，但很难完全统一，只能从实际出发，发挥各自的特色。不同角度、不同写法、不同风格，正好可以起到互补和整合的作用。

七、“红色文化”工程的实施和推进

编纂“红色文化丛书”，是北京市委的决定和部署，是贯彻落实习近平总书记对于北京首都建设和文化建设重要指示的重要举措。丛书编委会和所有作者，特别是负责单位市委党史研究室，都不断增强“四个意识”、坚定“四个自信”、做到“两个维护”，从政治和大局的高度对待这项工作，勇于担当负责，积极主动作为，努力完成市委交代的任务。

从接受任务开始，编委会就制订了严密的工作计划，以钉钉子精神抓工作落实，一环紧扣一环、一步紧跟一步，稳步有序地把这项工程推向前进。从设计方案到选择作者，从确定选题到拟订提纲，从写出初稿到反复修改，从多次审议到最后统稿，从专家审核到编辑介入，每一个环节都召开专门会议，提出要求，落实措施，明确要求，规定时间，有布置、有检查、有落实。市委党史研究室从主任到有关人员，全程参与和负责，及时推进工程，及时请示汇报，及时解决问题；为每一本书都确定了联络员，随时沟通联系。各位作者深入研究，认真写作，准时完成了不同阶段的写作和修改任务。编委会成员和有关专家多次审核每一本书，认真把关，提升质量。邵维正将军年事已高，但仍坚持参加了几乎每一次会议，并审稿把关。北京出版集团全程参与，及时配备了责任编辑，提前介入图书的审阅、编辑工作。正由于所有同志的共同努力，才使得这项工程按照市委的要求及时完成。全书形成第二、第三稿后，我们还专门将全套丛书报送给十几位有名望的学者型省部级领导，请他们审阅把关、提出意见。

“红色文化丛书”具有鲜明的政治性。所以，我们首先坚持正确的政治导向，坚持以党的两个历史决议的精神为准绳，在重大历史事实、基本观点和重大结论上，与党中央保持高度一致。同时，确保史实的准确性。尽力运用原始资料，认真核对比较，吸收最新成果，深入挖掘拓展，要求作者最大限度减少错漏和不准确之处。

“红色文化丛书”也具有很强的学术性。市委明确要求打造成精品工程。所以，本套丛书从一开始就把打造精品作为基本标准，一切按精品要求来设计、写作、审核、研究、修改、编辑，不断消除与精品不符的问题。每一本书都大改了3～5次，小改更多。都是希望全方位展示北京红色文化研究的成果，努力为北京人民提供内容丰富、权威准确的北京红色文化读物，也为北京红色文化建设提供一个重要的工作基础。当然，最后完成的书稿与精品工程可能还有一定的差距，这是我们深感遗憾的地方。

“红色文化丛书”也兼顾了读者的需求，力求增加一定的生动性、可读性。根据每本书的内容和任务，我们要求语言文字上形象一点、生动一点。但实现的情况不完全一样，生动性、可读性各有差异。除了语言文字外，每本书还配了适当的照片资料。

我们希望，“红色文化丛书”能够成为向中华人民共和国成立70

周年献上的一份礼物，能够从红色文化的角度清晰展示中国共产党在领导北京地区革命斗争过程中的初心和使命，也为全党和北京市开展“不忘初心、牢记使命”主题教育提供有益的参考读物。

作为主编，我根据这套丛书研究和编纂的实际情况，对上述7个方面作出说明和介绍。希望各方面领导、群众和广大读者看了这些说明和介绍后，能够更加准确地理解北京红色文化，理解这套丛书的内容和特点。

感谢参与这套丛书、以不同方式支持这套丛书的所有人员。

李忠杰

2019年6月7日

目 录

导 语

抗战胜利的喜悦还未完全退去，中国人民又陷入了波谲云诡的重重迷雾之中。1946年，以蒋介石为首的国民党当局，公然撕下和平伪装，悍然发动全面内战。中共中央和毛泽东运筹帷幄，将党的领导、武装斗争和统一战线相结合，将军事打击与政治争取相结合，最终实现了北平和平解放，大大加速了全国解放进程。

《迎接北平的红色黎明》这本书，全景式描绘了北平解放战争这段波澜壮阔的历史画卷。奋力开辟第二条战线，组织引导青年学生积极开展抗议美军暴行运动、反饥饿反内战反迫害运动等，形成了反对国民党统治的第二条战线，彰显了青年学生在中国人民解放事业中的独特历史地位和作用；积极开展隐蔽战线斗争，一批批地下工作者深入敌人内部，进行卓有成效的情报战、心理战、舆论战，为党中央正确决策提供精准信息，在没有硝烟的战场上绽放自己的光华；凝聚强大军事态势实施威慑，东北野战军秘密入关，对华北国民党军实施战略包围，造成泰山压顶之势，迫敌在谈判桌上就范，赢得了北平和平解放的主动，达到了不战而屈人之兵的目的。

北平和平解放，标志着北平的寒冬已经过去，北平的春天已经来临。北平重新回到人民手中，顺利完成和平接管任务，初步建立起革命的政治秩序和经济秩序，以崭新的面貌和崭新的姿态迎接新中国的诞生。

回溯北平和平解放的历史进程，让我们感受到中国共产党人民至上的伟大情怀、实事求是的思想作风、破旧立新的豪迈壮志、矢志不渝的奋斗精神。进入中国特色社会主义新时代，我们必须牢固树立“四个自信”，始终保持奋发有为的进取精神，勇于进行具有许多新的历史特点的伟大斗争，永葆党的先进性和纯洁性，使“中国号”这艘巨轮继续破浪前进、扬帆远航。

第一章

和平民主：抗战后人心所向

经过14年艰苦卓绝的浴血奋战，中国人民终于迎来了抗日战争的伟大胜利，但胜利给广大民众带来的兴奋是短暂的。国民党接收变成“劫收”，北平依然暗无天日。中国共产党顺应民心，领导北平人民进行新的斗争。北平军事调处执行部中共代表团的建立，为中共在北平进行公开活动提供了合法地位。公开出版的《解放》报，在反击国民党当局反苏反共逆流中，发挥了党和人民的喉舌作用。反对国民党当局对北平学生的甄审，成为抗战胜利后中共北平地下组织领导的群众革命运动的新起点。

第一节　胜利后的迷雾：云谲波诡的北平时局

进入1945年，曾经不可一世的日本膏药旗在熊熊抗日烈火的熏烤之下，已经摇摇欲坠。14年的血雨腥风，对于中国抗战军民来说，是信心与耐力的生死考验，是正义与邪恶的残酷较量；对于沦陷区老百姓来说，是漫长的等待和煎熬，是由失望到希望的复杂期许。

当抗战胜利的曙光刚刚出现在地平线之际，1945年4月23日，中共七大在黄土高坡的边城延安开幕了。正值人生壮年的中共领袖毛泽东在开幕词中明确指出：在中国人民面前摆着两条路，光明的路和黑暗的路。有两种中国之命运，一个是独立、自由、民主、统一、富强的中国，一个是半殖民地半封建的、分裂的、贫弱的中国。①

差不多同期，在战时陪都重庆召开的国民党第六次全国代表大会②上，比毛泽东年长6岁的国民党政府国防最高委员会委员长蒋介石却叫嚣："今天的中心工作，在于消灭共产党！日本是我们的国外敌人，中共是我们国内的敌人！只有消灭中共，才能完成我们的任务！"③很明显，国民党集团企图把历经苦难的中国引向独裁、内战的道路上去。

一、敌变我变

1945年8月15日，日本政府宣布无条件投降。全国人民为抗日战争的胜利欢欣鼓舞，热烈庆祝，期待着和平建国的光明前途。但

---

① 参见毛泽东：《两个中国之命运》（1945年4月23日），《毛泽东选集》第3卷，人民出版社1991年版，第1025—1026页。

② 中国国民党第六次全国代表大会于1945年5月5日至21日召开。

③ 中国国民党中执会编：《中国国民党第六次全国代表大会纪要》，中国第二历史档案馆馆藏。

日本投降矣！
答覆四國接受規定條欵
今晨七時四國首都同時正式宣布
日本答覆係昨晚提出
社評
注意善後救濟工作
昨日東京
巨礮八百架昨炸日本
敵機前日襲美機動艦隊
蘇軍越過大興安嶺
黑龍江省攻佔索倫
敵稱長春已作局部巡邏

《大公报》刊发《日本投降矣！》

蒋介石集团不顾人民要求和平建设国家的强烈愿望，在美国政府支持下，抢夺人民胜利果实，继续国民党的独裁统治。

在抗战烽火中日渐成熟和壮大的中国共产党，以革命的两手对付国民党反革命的两手，积极进行军事部署以应对战后的复杂局面。8月10日，中共中央发出《关于苏联参战后准备进占城市交通要道的指示》；8月20日，又致电各中央局和中央分局，对发动武装起义做出具体指示，要求晋察冀分局主要是在平津迅速布置城内人民的武装起义，不失时机地配合八路军夺取这些城市。

8月11日，虽然立秋已过，但华北的天气依然酷热难耐，中共中央晋察冀分局城工部长刘仁，向城工部干部传达了中共中央8月10日的指示和有关情况。分局决定，城工部全体人员立即出发，准备接收各大城市。细心的刘仁还派几名矿工和铁路系统的干部提前出发，在平西一带设立交通站，与北平城内组织接通关系，传达指示，布置任务。

接到中央指示后，晋察冀军区司令部派代表进入北平，向日本华北方面军递交命令，要他们向晋察冀军区司令员聂荣臻投降。晋察冀分局、军区任命刘仁为中共北平市委书记，宋劭文为北平市市长，郭天民为北平警备司令，准备接收北平。

此时北平城内，中共地下党员宋汝棼[①]、饶毓菩、李子才等得知日本政府乞降后，立即召开会议，研究形势。他们估计八路军很快会进城，因此一方面派人出城联系，一方面安排配合八路军进城的工作。8月12日，他们上街张贴和散发3500多份《告北平青年书》；随后，又同八路军总部、北方局派到北平的刘新、张文松以及崔月犁取得联系，共同印发关于日本投降的通告，把抗战胜利的喜讯告知北平人民。

8月21日，城工部干部张大中带领十几名工作人员赶到北平，与八路军总部等各方面派入北平的地下党组织取得了联系，并立即召开会议传达城工部的指示，会同各地下党组织共同部署准备迎接北平解放的工作，对如何发动群众、控制电台、打入报社、搜集武器及策动伪军伪警反正做了具体安排。

8月下旬，刘仁率晋察冀分局城工部到达平西，暂住在西北郊环谷园、大觉寺一带。在行军途中，局势发生了变化。

蒋介石为独吞抗战胜利果实，继8月11日命令国民党军队从后方向前方加快推进，共产党领导的军队在解放区原地待命，不得向日伪军进攻或受降外，又委派接管北平、上海、南京等城市的官员，并三次电邀在延安的毛泽东到重庆谈判以掩人耳目。毛泽东接受邀请，准备亲赴展开谈判，以最大诚意争取国内和平。根据主客观条件的变化，8月21日，中共中央两次急电命令停止敌占大城市武装起义计划，及时改变战略方针。22日，中共中央和中央军委又发出《关于改变战略方针的指示》："蒋介石利用其合法地位接受敌军投降，敌伪只能将大城市及交通要道交给蒋介石。在此种形势下，我军应改变方针"，须"以必要兵力着重于夺取小城市及广大乡村，扩大并巩固解放区，

① 宋汝棼（1922—2014），山东烟台人。1940年在北平读中学时加入中国共产党。1941年入燕京大学理学院学习，同年底（因燕大被日军封闭）转入北平临时大学工学院继续学习，任工学院党支部书记。1945年7月毕业离校至1949年初，仍领导工学院地下党工作。新中国成立后，曾任第七届全国人大常委会委员、全国人大常委会法制工作委员会副主任。

发动群众斗争，并注意组训军队，准备应付新局面”[1]。8月29日，中共中央再次发出指示，提出敌占大城市和交通要道的工作“必须仍作长期打算，蓄积力量，以待将来”[2]。

城市武装起义计划停止执行后，北平城内的地下党员一时还不知详情，仍在积极进行起义的各项准备工作。8月31日，中共北平地下组织发动全市党员和进步群众，将3000多份以北平市长宋劭文、北平警备司令员郭天民名义发布的《告市民书》，在全市张贴、散发。北平群众惊喜交加，奔走相告，日伪顽固势力一度惊恐不安。

随后，城工部干部孙逊带大批人员进城，城内地下党才得知苏军没有过长城，八路军部队暂时不能进北平的信息。但他们的思想并没有很快转变，工作上仍然为短期内迎接解放做准备。如以学校为单位成立了党支部，打通不少横的关系；筹备成立全市性的学生联合会，在学校成立分会；组织人民解放联盟，由各校党支部派党员建立支盟。但他们对群众工作却没有抓紧。

刘仁在听取上述情况汇报后，焦虑万分，担心一旦形势恶化，几年来好不容易积聚起来的力量将会被敌人一网打尽。于是，他派张大中立即回城，重新整顿组织，继续坚持长期隐蔽的方针，努力做好群众工作和发展党的工作，并决定从根据地抽一批能做领导工作的干部派进城内，以加强对城内工作直接及时的领导。9月30日，经中共晋察冀中央局[3]批准，中共北平市委正式成立。市委由刘仁、武光、周小舟、甘春雷4人组成。刘仁任书记，武光任副书记兼组织部长，周小舟任宣传部长，甘春雷任军事部长。

---

① 《关于改变战略方针的指示》（1945年8月22日），中共中央文献研究室、中央档案馆编：《建党以来重要文献选编（1921—1949）》第22册，中央文献出版社2011年版，第645页。

② 《中央关于在国民党占领的大城市与交通要道进行合法斗争的指示》（1945年8月29日），《中共中央文件选集》第15册，中共中央党校出版社1991年版，第256页。

③ 1945年8月20日，中共中央北方局撤销，晋察冀分局升级为中共晋察冀中央局。聂荣臻任书记，刘澜涛、罗瑞卿任副书记。1948年5月9日，与晋冀鲁豫中央局合并为华北局。

由于蒋介石利用中央政府名义，拒绝中国共产党和人民军队参加受降。驻北平日军也借口执行蒋介石命令，拒绝向晋察冀军区投降，且没有立即停止作战。8月16日，日军大本营在命令各地日军“停止战斗行为”的同时，又令日军“在不得已的情况下，为了自卫可采取战斗行动”。8月22日，日军大本营才命令侵华日军于8月25日0时起停止战斗行动，但还提出“不得已时，可就地实行自卫”。

在正式受降已无可能的情况下，刘仁派李振中、梁化、刘新等人组成一个小组，设法进行局部接收。在城内地下党的配合下，先后接收伪《华北日报》和《武德报》、津泽医院和中西医院，把一批武器、被服、自行车等，趁城内秩序混乱运回解放区。

津泽医院是个日本外科医院，院长津泽是亚洲著名的外科医生。医院规模较大，医疗设备完善，药品充足，还有十几个水平较高的日本外科医生。李振中联系日本共产党员一同去做津泽院长和十几个日本医生的工作，给他们指明出路，说服他们自觉地站到中共领导的人民群众一边。刘新等人则研究了医院搬迁的办法。他们把医疗设备、重要药品装入100多个木箱，连同十几个日本医生一起，用两辆大卡车运送出城。刘新身着国民党中校军官军服，全副武装，押车冲出西直门，送到西郊八路军驻地。接着他又乘坐其中一辆卡车回城，装上剩下的几十箱药品，改出安定门，绕路运回西郊刘仁处。李振中还做通一个日本军官的工作，从一座楼房的地下室仓库中，取出一只很大的木箱，里面装满了全新的20响盒子枪、左轮手枪和子弹。刘新又争取一名伪警察大队长，由他押着汽车，先后3次将收集起来的枪支、弹药、医药、物资等输送出城，运抵解放区。

另一些中共地下党员一直在做伪军工作。按事先与刘仁商定的行动计划，接应新5团袭击伪军清河军校，缴获长短枪900支，轻机枪11挺，以及大批弹药和军用物资，还带上了100余名进步青年学员和几名军官。石景山制铁所“善邻工作队”有一批日军的武器弹药，刘仁指示要抢在国民党军之前搞到手。地下党员魏焉和他的地下关系，会同新5团经过周密布置，于9月初趁夜色奇袭福寿岭，获步枪700

支、重机枪1挺、轻机枪3挺和子弹3万发、手榴弹1800枚、掷弹筒6具及其他军用物资。

除接收物资以外，地下工作人员还接纳一批日本技术人员，包括一些医生和从宣化钢铁厂撤下来的工程师，还有个别文化工作者。他们有的是想投靠八路军，有的则是想到解放区看看然后再做决定。在北平地下党员和日本解放联盟人员的动员协助下，他们带着家属，有的还随身带着药品和医疗器材，越过伪军哨卡，到达解放区，又被送到张家口。后来在遣返日俘、日侨时，除40余人坚决要求留下工作外，其余大部分返日。

在平郊，抗日军民继续向负隅顽抗的日伪军展开反攻，积极扩大解放区。冀热辽军区8个主力团在李运昌率领下，向热河、辽西挺进。第14军分区第16团和地方武装1000余人，在冀东西部地区反攻作战，消灭拒绝向八路军投降的日伪军。顺义、平谷日军弃城逃窜，平谷全境获得解放。

密云抗日军民进行了拔除日伪据点的战斗。至9月初，除县城、石匣两大据点因有大股日军驻守，留在当地的抗日部队因兵力不足尚无力攻克外，其他地区全部获得解放。

9月20日傍晚，冀察军区主力部队进到延庆城下，随即开始攻城，3小时后攻入城内，从怀来逃至延庆的300多名伪警察缴械投降。延庆伪警察队逃到永宁，抗日军民奋起直追，再克永宁。从延庆逃走的伪警察100余人，在穷途末路之中放下武器，接受改编。

二、"劫收"埋下定时炸弹

1945年9月，美军和由美军空运而来的国民党军队陆续进入北平：第92军、第94军、第16军，还有由伪军改编的新9路军。"当时，北平市民中很多人分不清什么是八路军什么是国军，不少人还有正统思想，一些青年甚至骑着自行车到西直门去迎接国军。”①

10月10日，北平受降大典在故宫太和殿举行，国民党第11战区司令长官孙连仲代表中国政府受降。北平市民20多万人从四面八方涌至太和殿。天安门、午门、东华门、西华门、南北池子、南北长街，各处都聚满了人。在大街小巷，人们敲锣打鼓，欢庆胜利，整个古都沸腾起来。但是，胜利的喜悦还没有消失，内战的阴霾已笼罩在北平上空。

国民党接收北平后，迫不及待地加紧对人民实行政治控制。1945年10月至11月间，国民党陆军总司令何应钦、行政院长兼外交部长宋子文及孙连仲多次发出密令、代电、训令等，要国民党委任的市长熊斌严防和打击共产党在北平的活动。他们采取多种手法，迫害进步人士、进步青年和工人。国民党当局居然把在沦陷区专科以上学校就读和毕业的学生诬称为“伪学生”，要进行学业上、思想上的“甄别审查”。他们对北平仅有的几个较大工厂严格控制，在石景山钢铁厂和石景山发电厂就雇用厂警300多人，加上特务、工头，随时监视工人的行动。更为恶毒的是，他们随意给人加上汉奸的罪名予以逮捕迫害，沦陷期间居住在北平的人稍不顺他们的心，就有被抓去坐牢的危险，一时间闹得人人自危。而不少真正的汉奸，却因同当局勾结或献纳重金，受到包庇，戴上“地下工作者”的桂冠继续为非作歹。

国民党当局在加强政治控制的同时，假“接收”之名，行“劫收”之实，巧取豪夺，大发胜利财。随着国民党军队的进驻，国民党各部门的接收大员陆续飞抵北平。党政系统、军事系统、敌伪产业处理局、特务系统等等，都在北平成立机构，进行“接收”。一时间，北平接收机关林立，全市竟达30多个。一批批的接收大员们，各自择肥而噬，中饱私囊，互相争夺甚至拔刀相见，大打出手。有时一个部门被几个系统派去的人员接收。有些该政府接收的物资，却被个人捷足先登，搬走的搬走，拍卖的拍卖，搬空卖空后就将大门一封，无

① 张大中：《我经历的北平地下党》，中共党史出版社2009年版，第165页。

人过问了。全市被接收的日伪物资，入库数量不足1/5，其余不翼而飞。接收大员们抢夺金子、车子、房子、票子、女子，被人们称为“五子登科”。

当时一篇文章形容接收人员在北平抢房子的情形说：不管是否逆产，只要一有人报告，立即就贴上封条，过不了多日就有人乔迁至此。他们租房子赖租，看戏不买票，还要戏院经理茶烟招待，称之“公休日”。国民党军进驻北平后，军官搜寻年轻女子，强行结婚，随意遗弃，凌辱妇女的行为不胜枚举。饱罹日军统治苦难的北平人民，继续忍饥挨饿。当时北平发生粮荒，而仓库里的1.8万吨粮食和大量衣物却在霉烂，无人过问。北平《新民报》报道说：“接收食粮多腐臭，故都随处有霉仓，呜呼！北平市竟闹粮荒！”

国民党的“劫收”行径以及战后美国剩余物资的倾销，严重打击了北平的民族工商业。国民党四大家族的“四行”（中央银行、中国银行、交通银行、中国农民银行）、“二局”（中央信托局、邮政储金汇业局）在北平的机构控制了整个金融市场，使私营银行、银号、钱庄业务量急剧减少，处于破产、停业的边缘。国民党当局还通过金融货币手段，对民族工商资本和北平人民实施掠夺。

为严格控制收复区经济，国民党当局在胜利后不久，很快就公布伪币和法币的兑换比例。流通于华北地区的伪联银券与法币的兑换率为5∶1。本来伪联银券的币值和法币币值相差并不大，强制压低伪币币值和抬高法币币值的做法，使北平人民在经济上受到巨大损失，而发行法币的国民党当局和携来大量法币的国民党接收官员们则坐收渔翁之利。

北平民族工商业基础原本薄弱，沦陷期间又饱受摧残，除少数几个设备陈旧、技术落后的较大工矿企业外，绝大多数是小厂或手工作坊。石景山发电厂的总装机量只有1万多千瓦，石景山钢铁厂不能炼钢，机械工业主要从事机车、车辆和军械的装配、修理，轻纺工业也谈不上有什么规模。在国民党官僚资本挤压下，有的停工停产，有的产量急剧下降，濒于倒闭。商业和服务业中，过去为日伪统治者服务、继而为国民党统治者和暴发户奢侈消费服务的商店、旅馆畸形发展，一片灯红酒绿；广大零售商店则因国民党名目繁多的捐税负担、老百姓购买力的下降和物价飞涨、投机盛行而奄奄待毙。市场萧条，不少店铺只好倒闭歇业，有些被迫化整为零，变为摊贩惨淡经营。

刚从日本侵略者铁蹄统治下摆脱出来的北平人民，又陷入国民党黑暗统治的水深火热之中。部分群众在胜利之初对国民党的幻想迅速破灭，希望变成失望。“想中央，盼中央，中央来了更遭殃”的民谣，在街头巷尾到处流传。国民党内有识之士也明显意识到：“政府因此而基础动摇，在一片胜利声中，早已埋下了一颗失败的定时炸弹。”有人说：这样下去，我们虽已收复了国土，但我们将丧尽人心！①

就连国民党政府军令部部长徐永昌在胜利不久的日记里也不得不如实写道：“平津近有谣谚曰：‘天天盼中央，中央来了更遭殃’之语。”②时任军政部部长兼后勤总司令的陈诚后来也回忆道：“可怜八年浴血抗战的结果，最后却带来了一场‘胜利灾难’。这些话听起来当然使人扫兴，然而却不能不承认这是眼睁睁的事实。”③

三、城外指导城内

1945年10月，国民党控制北平城内以后，开始向郊区扩展。由于冀热辽军区的主力部队相继开赴东北，平郊空虚。中共北平市委机关在西山脚下已不能立足，不得不一再后撤，先撤到南北流村、瓦窑、漆园村、高崖口一带；1946年1月，又撤到斋堂附近的东、西胡林和桑峪等村。刘仁等市委领导人去了张家口。2月，市委机关全体移至张家口。

---

① 邵毓麟：《胜利前后》，中国台湾传记文学出版社1967年版，第76—77页。

② 徐永昌：《徐永昌日记》第8册（手稿本），中国台北“中研院”近代史研究所1990年影印版，第197页。

③ 陈诚：《陈诚先生回忆录——抗日战争》上册，中国台北“国史馆”2004年版，第224页。

新的形势下，党在城市的工作应该怎样做？在指导思想上、工作方式上、斗争策略上需要有哪些转变？围绕这些重大问题，1945年12月中共北平市委安排一段时间，全面听取各工作委员会的汇报，就城内组织领导、党员发展、宣传工作、群众工作等问题，做出具体指示。随后，市委就前一阶段工作和今后工作意见，向晋察冀中央局和中共中央写了报告。市委的报告回顾了日本投降以来国民党在北平的倒行逆施和市民思想情绪的变化以及由此引发的群众斗争的情况，概述这段时间中共地下组织工作的成绩和不足，提出在时局由武装斗争转变为和平政治斗争的情况下，城市工作应具有公开工作和秘密工作两套机构的具体建议。

1946年1月下旬，中共晋察冀中央局讨论北平的工作，北平市委书记刘仁参加讨论。1月29日，刘仁在市委各部门和各委员会负责干部会议上传达中央局的意见。2月1日，晋察冀中央局发出《对北平工作方针的意见》，提出目前北平工作的方针是：（1）重点放在学生与知识青年中，以求发动与领导学生群众的经济斗争与民主运动，与民主派广泛合作，推动全国的民主运动。（2）出版报纸刊物，开设书店，建立通讯社，争取我党宣传机关在北平之合法地位。（3）继续领导工人贫民的经济斗争，但暂不进行大规模的工人政治活动。（4）在群众运动中积极慎重地发展秘密的党的组织。在学校中、工厂中建立强大的但是秘密的堡垒，组织各种各样的包括广大群众的经济、文化、政治团体。参加国民党组织的学生会、工会，争取在这些组织中的实际领导地位，并在青年中组织一个民主青年积极分子的团体，带有广泛的统一战线的性质。

晋察冀中央局决定北平市委分为两部分：一部分在城内，领导报纸、书店、通讯社，进行公开活动。城内学生运动由市委领导。另一部分在根据地，领导城内党的支部，发展党员，与城内市委建立秘密的交通联系，待有更好的政治条件时移入城内。

2月上旬，北平市委和所属各委员会负责干部继续开会讨论，刘仁做了总结发言。他认为：重要的是对群众的状况要有个准确的估计。北平工作重点放在学生上，由学生推动各个市民的运动。今天北平工作已不是像过去那样撒种子的工作，不能从根据地大量搞派遣，要通过开展群众运动，壮大我们的力量。关于如何开展群众运动，他指出：在发动之始，应根据群众的需要和要求进行，由这种斗争发展到政治的民主的斗争。工人群众运动要从经济斗争开始，工人的斗争常是以经济斗争为主要内容的。在领导群众斗争中应注意利用敌人内部矛盾，注意有理、有利、有节，适可而止。

会议后，市委机构和人员做了调整。因周小舟、甘春雷已转任其他工作，由市委副书记武光进城组建城内市委，刘仁留在城外主持市委工作。各工作委员会领导成员都转入城内，城外机关保留各委员会和机构，但只留下少数必要的人员从事与城内各委员会的联系，接待各委员会进出城的干部建立秘密的交通联系，待有更好的条件时移入城内。

武光于2月下旬秘密进城，着手整顿党组织，领导地下斗争。后来，他曾回忆道：

> 1946年初，晋察冀中央局报请中央批准，刘仁留在张家口，派我秘密进入北平城内，建立秘密的市委领导机关。
>
> 这时，由共产党、国民党和美国三方组成的北平军事调处执行部已经建立。军调处执行部的我方代表处，有时派人乘美国飞机从北平飞张家口，与晋察冀军区联系。我准备进北平城后，化装成一位从南边飞来的国民党接收大员，准备好的西服革履和城里同志们的活动经费，由飞机代我预先空运到北平，交“解放三日刊”代转，为了避免暴露身份，我决定遵照聂司令员的意见不坐飞机，而由地上化装潜入北平。
>
> 当时北平通张家口的铁路交通尚未修复，我乘火车到市委设在北平至张家口中间的交通站。在那里化装成一个跑单帮的小贩，然后步行至下花园车站，再买火车票上车。在站

> 口检票时，我的头上还挨了日本和国民党联合纠察队的几棒子，为了不暴露身份，只好忍辱上车。在车上是人挤人，两脚难以着地。我就这样被架空着直达西直门车站。原来在山里时，我们城工部机关有负责照相的同志，也有负责刻图章制假印的同志，我们制作的假身份证，和日本人发的身份证（良民证）相比，难以分辨真假。这时，我就用我们自制的假身份证，骗过了日本和国民党的联合双岗，从西直门潜入北平城。进城后，乘三轮车直奔东城乃兹府宋汝棼同志家。住不数日，为了便于工作，我就改扮成西服革履，冒充国民党的接收大员，转移到张克城同志的家里。[①]

到了3月中旬，从获取的国民党内部情报中得知，武光直接领导下准备建立的文委委员名单落入特务之手。接到通知后，武光紧急撤回张家口。在城内建立市委的计划停止了，城内各工作委员会仍由城外市委直接领导。

---

① 武光：《冬夜战歌》，北京航空航天大学出版社2009年版，第255—256页。

第二节　北平来了“军调部”：共产党要和平

抗战胜利后，国民党、共产党对未来中国的走向有着明显不同的预期。谁能掌控主导权、主动权，取决于军事实力、斗争策略和群众支持等要素。经过一个时期短兵相接的较量，美国政府意识到国民党对付共产党并不具备绝对的军事力。于是，为维持同苏联之间在中国问题上达成的妥协，实施以争夺欧洲为重点的全球战略，美国政府企图通过“和平”的手段，消灭共产党领导的人民革命力量，实现中国在国民党领导下的“统一”。国民党乐得顺水推舟，借美国势力压制共产党，以获取更多利益和优势。共产党也想借机击破国民党的内战阴谋，取得国际舆论和国内中间派的同情，换得共产党的合法地位和国内和平局面。这样，一场斗智斗勇的“军调”大戏就拉开了帷幕。

一、军事调处中的三方博弈

1945年11月27日，美国政府宣布接受驻华大使赫尔利辞职，随即任命前陆军参谋长马歇尔上将以总统特使的身份，赴华“调处”国共争端。1946年初马氏来华伊始，在调停国共停战问题的同时，提议在北平设立执行部，执行已取得协议的政策，监视停战，公正地进行调查。①

1946年1月7日，由国民党政府代表张群、共产党代表周恩来、美国政府代表马歇尔组成“三人会议”，会商解决军事冲突有关事项。1月10日，国共双方签署的停战令规定：在北平设立军事调处执行部（简称军调部），由国、共、美三方各出一名委员组成；所有下发命令，应由三委员一致同意，以中华民国国民政府主席名义发布；军调

① 中共中央文献研究室编：《周恩来年谱（1989—1949）》，中央文献出版社1998年版，第650页。

部一切指示，只涉及停止冲突所引起之直接问题；美国参加军调部，仅为协助中国委员实施停止冲突命令。

也是在1月10日，国共双方达成《建立军事调处执行部的协议》。协议规定：军事调处执行部设委员三人，其中一人代表中华民国国民政府，一人代表中国共产党，一人代表美国政府。三委员各有否决权，邀请美国委员任主席；一切事宜，均须三人一致通过。经三委员一致同意的正式训令，以中华民国国民政府主席的名义公布。军调部下设执行小组，作为执行机构，实地监督各种协议的执行并提交报告，国、共在执行组内应有同等人数，主任由美国军官担任。①

1月13日，军调部在北平正式成立，主要组成人员有：国方委员郑介民②（军令部二厅厅长）、共方委员叶剑英③（第18集团军参谋长）、美方委员饶伯森④（又译罗伯逊，美国驻华代办），执行主任由美方白鲁德担任。

军调部下设联合参谋部以及执行、新闻、总务、通讯、交通科（5月改为调处、交通、整军、新闻、行政处）。军调部最初编制是国共双方各170人，美方125人。后来随着任务的增加，编制日渐庞大。在军调部工作的高峰时，设有二部五处二室36个小组，人员总数达

---

① 《停战谈判资料》，四川人民出版社1981年版，第34页。

② 郑介民（1897—1959），海南（时属广东）文昌人。1925年毕业于黄埔军校，随即赴苏联入莫斯科中山大学学习。回国后，历任蒋介石的侍从副官、广西省政府委员、国防部上校参谋、少将处长。全民族抗战爆发后，担任国民党政府军事委员会军令部第二厅厅长兼军委会调查统计局局长。

③ 叶剑英（1897—1986），广东梅县人。1917年入云南讲武堂学习，毕业后追随孙中山投身民主革命。1927年任国民革命军第4军参谋长。同年7月秘密加入中国共产党，为发动南昌起义、广州起义做了重要工作。1931年进入中央革命根据地，历任中共中央军事部参谋长、总参谋部部长、红军学校校长兼政治委员等职。1934年参加长征，先后任中央军委第1纵队司令员、3军团参谋长、红军前敌总指挥部参谋长。西安事变发生后，协助周恩来同蒋介石谈判，促成事变和平解决。全民族抗战爆发后，任中共中央军事委员会委员、八路军参谋长等职。

④ 饶伯森，1894年生于美国弗吉尼亚。1942年任美国政府租借法案对奥执行处处长，后入国务院研究中国问题。1945年4月，随美国国务卿参加旧金山会议。同年5月来华，任美国驻华大使馆经济事务参赞、代办。

9000余人（其中国方2600余人，共方600余人，美方则多达6000余人），每月开支法币4亿元，是一个相当庞大的机构。[①]

1946年初，中共代表叶剑英、美国代表饶伯森、国民党代表郑介民（左起）在北平军事调处执行部（今协和医院）门口合影

军调部中共代表团成立之初，最重要的是解决人选问题，标准是能力强，口才好，又熟悉战区情况。比较著名的成员有：中共代表团参谋长罗瑞卿（晋察冀军区副政委）、执行处处长宋时轮（山东野战军参谋长）、副处长李聚奎（冀察热辽军区参谋长）、副参谋长兼交通处处长耿飚（晋察冀军区副参谋长兼联络部部长）、整军处处长陈士榘（华东野战军参谋长）、临汾执行小组代表陈赓（晋冀鲁豫军区第4纵队司令员）。分量最重的人物除了“叶参座”之外还有两个，一是

① 《执行部谈判总结》，军事科学院图书馆藏档抄件，第89、99—100页。

秘书长李克农，这位大名鼎鼎的“红色特工”时任中共中央情报部副部长；二是顾问饶漱石，时任华东军区政治委员。很多中共代表团成员及工作人员，都是乘坐美方提供的飞机从各地陆续调往北平的。不少人还是生平第一次坐飞机，颠簸得要命，既新鲜又紧张。

与中共代表团重要人物相对应的国民党方面选调来的人员，绝大多数都是军统局①和军令部二厅的特务。除郑介民外，顾问郭子明是军统局中共研究科科长，其他代表邹陆夫、黄长新、黄维勤、胡屏翰、肖凤岐、董承烈、潘志民、黄新界、涂叙玉、温一和等，也都来自军统局。

根据协议，军调部的工作主要是5项，即停止冲突、恢复交通、受降日俘、遣返日侨、整编军队，实际工作主要是前两项，尤其集中在停止冲突。在长达400天的军调过程中，三方代表团分别派出代表组成40多个执行小组，分赴各个冲突地区展开调处。在国内政治和解的大环境下，最初的活动取得了若干成功，比如遣送日俘、东江纵队撤退等。

当然，军调中三方矛盾斗争，尤其是国共之间的矛盾斗争，自一开始就不可避免。虽然“三方一致同意原则”是军调部工作的核心原则，然而在当时情况下，三方完全一致的可能性几乎等于零，国方美方一致不同意共方者居多，共方美方一致不同意国方者很少，也有三方各执己见的时候，由此导致军调部及其小组的实际工作，除了少数程序问题以外，终日处于开会、谈话、互发备忘录的争吵之中。②据不完全统计，在军调部存在的一年中，三委员正式会议62次、参谋长会议53次、处长级会议269次，非正式会议和谈话不计其数。国方发出备忘录12571件（实际收到4000余件），共方发出1222件，美

① 军统局，全称“国民政府军事委员会调查统计局”，国民党政府最大的特务组织之一。1938年成立，贺耀祖任局长，戴笠任副局长。1946年戴笠乘坐飞机失事后，军统局进行改组，其公开特务武装部分与军委会军令部二厅合并为国防部第二厅，由郑介民任厅长；秘密核心部分组织国防部保密局，毛人凤为局长。

② 汪朝光：《军调部述论》，《军事历史研究》1998年第4期。

方发出约1000件，如此数量实为惊人，可见军调部就是一个你来我往，但解决不了多少实际问题的事务性机构。如罗瑞卿所言："在执行部的工作就是三方天天开会，亦就是天天吵架。""开会，吵，再开会，一遍又是一遍，一场接着一场，如此翻来覆去，周而复始，没有终了。"①

东北战火燃起之后，军调部的活动集中在找出解决东北冲突的办法，但未能如愿。此时，关内军事形势虽还保持大体稳定，但亦有恶化的征兆。一是中原地区形势日渐紧张；二是中共为了针对国民党在东北的进攻，在关内若干地区发起反击；三是恢复交通受阻；四是各执行小组内国共美代表互相指责，已很难再达成协议。不仅如此，军调部中共方面人员的安全不断受到威胁。4月3日，北平第18集团军办事处被搜查，滕代远将军秘书李新被扣押；5月15日，军调部中共方面处长宋时轮险些遇刺。中共认为，"这时期在谈判与调处上的斗争确是走入最尖锐的阶段，无论与国民党或美国人，大家都已撕破脸，丝毫不让"②。全面内战爆发后，军调部早已失去其最初的动力，对制止战争束手无策。国、共、美三方都失去了继续进行战地调处的耐心。11月，国民党单方面召开"制宪国大"，导致国共关系实际破裂，战争在更大范围内进行，军调部无所事事。由于考虑到宣传和责任，国共双方均不愿主动提出撤销问题。

1947年1月8日，马歇尔离华返美，出任美国国务卿，此举表示美国退出调处，作为调处重要机构的军事调处执行部也因此走到了尽头。1月29日，美国驻华大使馆发表声明称，美国政府现已决定结束其与三人会议及北平军调部之关系，这是马歇尔回国、美国调处失败的必然结果。次日，国民党政府宣布因美国宣布退出调处，解散军事三人小组和北平军调部。2月21日，也就是蒋介石发动全面内战7个多月之后，叶剑英才带领最后一批中共代表团人员，乘军调部提供

① 《罗瑞卿传》，当代中国出版社2007年版，第107页。

② 《执行部谈判总结》，军事图书馆藏档抄件，第46页。

的3架飞机离开北平，回到延安。临行前，叶剑英在北京饭店同各界友好人士话别。他坚定地对大家说，我们离开北平只是暂时的。我相信，过不了几年，我们一定会回来的！[①]

二、坚守底线，斗智斗勇

中共代表团在叶剑英领导下，与国民党当局、美国代表进行了针锋相对的谈判斗争，在大批特务进行捣乱、恐吓的恶劣环境中，坚持开展工作。当时，军调部办公室设在协和医院。叶剑英作为中共代表团的首席代表，住在景山东街的一所大院里，人称“叶公馆”。

1946年2月20日，国民党北平当局指使特务人员纠集逃亡地主、流氓等1000余人，以“河北难民还乡请愿团”的名义，在东四牌楼一带举行反共游行并散发反动传单。22日下午2时，这伙自称“河北难民还乡请愿团”的暴徒，由少数特务率领，包围并冲进军调部，进行所谓示威“请愿”，矛头直接指向中共代表团。叶剑英从容来到院中，高声说道：“我是中共代表叶剑英，你们有什么问题，可以提出来。”那十几个气势汹汹的“代表”纷纷起哄：“我的房子被共产军分了，地也被占了，要立即退还！”“我们村子被八路军占领，全家被赶了出来，有家不能归！”“我们要求取消解放区！”

叶剑英冷静地听完他们的叫嚷，义正词严地说：我们共产党在解放区实行的政策，你们是知道的，土地不能归少数地主所有，而应当使广大农民都获得土地。这就是孙中山先生早就说过的：耕者有其田。你们这样胡闹是非法的！如果再继续下去，我就上告到你们的蒋委员长那里去！

但少数暴徒在特务唆使下，非但不听叶剑英的解释，反而强行闯

① 《叶剑英传》，当代中国出版社2015年版，第229页。

入军调部中共代表团办公室，对中共方面人员肆意侮辱和威胁，气焰十分嚣张，直到天黑才呼啸而去。

当日晚8时许，这伙暴徒准备砸毁“叶公馆”。由于中共代表团预先获悉，叶剑英离开住处，李克农组织一些外国记者驻留“叶公馆”。当这伙暴徒闯进来准备破坏时，在此恭候多时的外国记者突然出现在面前，他们只好草草收场。中共代表团驻地翠明庄也做了充分准备，当晚突然停电，楼内一片漆黑，但大家各负其责，严阵以待，暴徒的阴谋又一次破产。

针对这起严重危害军调部中共代表团安全的政治事件，中共代表团向国民党方面提出严重抗议。叶剑英质问郑介民：“你们以‘还乡团’之名，制造事端，进行捣乱，这是明目张胆地破坏协议，我们决不能容忍！”中共代表团参谋长罗瑞卿为此发表谈话，严正指出：中共绝不因外来阻力而停止工作，将继续努力完成军事调处任务，实现人民的愿望。然而国民党方面却一意孤行。

7月中旬，罗瑞卿从张家口乘飞机回北平，当中共代表团接罗瑞卿行李的卡车驶经西直门时，被国民党特务和宪兵以查禁违禁物品为由截留。叶剑英立即召集紧急会议研究对策，通过向国民党方面的抗议、交涉，同饶伯森协商获得理解，向外国记者讲明情况得到同情。4天后，解决扣车事件的协议终于达成。7月19日下午，中共代表团人员把行李车开到协和医院军调部大门口，并发表三点声明：中共为表明自己光明磊落的立场，愿意把东西打开，让三人小组进行检查；国民党非法机关破坏军调部工作原则和有关协议，中共代表团保留向报界披露事件真相的权利；国民党和美国方面表示同意。

当场检查的结果，大家看到的是食品、无线电机、报纸、信件、半麻袋钞票和400两黄金，根本没有违禁品。国民党代表为了给自己下台阶，企图以中共方面利用军调部班机运送黄金为由进行纠缠。中共代表指出，黄金是中共代表团的活动经费；另外，中原地区人民解放军突围前，曾借了几亿元的粮食贷款，需要还债。国民党代表哑口无言，中共方面人员遂把行李车开回翠明庄驻地。

实际上，大家最担心的是行李中存放的机密文件和密码。罗瑞卿是由张家口经北平去延安的，在行李中密藏着许多机密文件和电报密码。由于叶剑英沉稳淡定，审时度势，把会上斗争与会外斗争紧密配合，并争取美方代表的同情，使国民党代表在会谈中一直处于无理和非法的地位，从而保护了这部分核心机密，沉重打击了国民党的嚣张气焰。①

12月24日，北平爆发美国海军陆战队士兵强暴北京大学先修班女生事件。整个古城都愤怒了。12月30日，北平学生5000多人举行"抗议美军暴行"大游行，沿途高呼：

美军滚出去！
撤退驻华美军！
严惩美军两凶手！

反对美军暴行的怒吼声一浪高过一浪。中共代表团工作人员事前得到叶剑英指示，可以集体上街去看看群众反美游行，实际上是对学生游行的一种支持。游行队伍经过景山东街时，叶剑英站在住处的阳台上观看游行队伍的通过，并对身边的同志说：大学生的爱国行动是很可贵的。叶剑英还要求尽快写出通讯报道，乘坐北平到延安的班机送回去，让延安新华社、《解放日报》向全国、全世界报道，控诉美军暴行，支持学生爱国行动。

当游行队伍来到军调部的大门前，看到铁门紧闭，学生们就在大门外张贴和书写"美军滚出中国"的中英文标语和漫画。军调部美方人员被游行的声势吓得龟缩在办公室内，直到暮色苍茫，游行队伍有秩序地解散了，才灰溜溜地窜回他们的住所去。国民党代表团人员也吓得不敢出来。

---

① 杨尚德口述，杨效民整理：《我在军调部的日子里》，《文史月刊》2005年第1期。

三、“红色据点”翠明庄

1946年1月，军调部中共代表团工作人员进驻翠明庄[①]。当时，对面的楼房里都驻有国民党特务机关，翠明庄里的服务人员多数也是国民党特务或受特务组织指派的，所以，这里正像白色包围下的一个“红色据点”。

军调部成立后，中共北平市委安排马光斗专门负责地下党领导与军调部我方人员之间的联系，及时沟通双方情况。同时规定北平地下党组织的其他人都不得与军调部我方人员接触，避免暴露，并将此作为一条纪律。

由于军调部中共代表团是中国共产党在国民党统治下的北平的一个公开合法机构，叶剑英根据中共中央指示，利用各种机会，在北平广泛开展统一战线工作。他对工作人员反复交代：“我们到北平来，不光要同国民党和美国人作斗争，还要广泛地进行联络、争取工作，要利用各种可能的办法，宣传解放区的优越性和政策，扩大我们的政治影响。”他还特别强调：“解放区非常缺乏知识分子，缺乏人才。党中央要求我们多做工作，尽量多争取一些知识分子和各方面人士到解放区去工作。”[②]

北京大学著名法学教授陈瑾昆就是在叶剑英的感染下，愿意提供自己的住所，作为中共接触各方面人士的一个联络点。1946年12月，陈教授抛弃北平的住房和家产，到了延安，成为解放区的法学专家。

据当年在军调部工作的沈容回忆，翠明庄除固定工作人员外，还有南来北往借军调部飞机调动工作的干部。李克农是秘书长，主管内部的一切事务。一些调皮的姑娘背后都叫他“管家婆”。李克农身材魁梧，黑发浓厚，戴着一副度数很深的金边眼镜，神态严肃，自有一

---

① 翠明庄，位于南河沿大街与东华大街交会处西南角。此处地皮原属著名京剧大师梅兰芳所购，准备建戏院。北平沦陷后，侵华日军在此修建高级招待所。北平光复后，房产由国民党政府接收，改作“励行社”招待所，并曾一度由驻北平美军后勤部占用。

② 《叶剑英传》，当代中国出版社2015年版，第226页。

股慑人的力量，大家在他面前不敢大声说笑。

曾有一位叫胡小为的女青年，通过地下党介绍，准备乘军调部飞机去延安，在北平等飞机时也住在翠明庄。她认为这里住的都是共产党，无拘无束，感到任何人都很亲切可信。有一天，遇到一个人问她姓什么叫什么，要到哪里去，什么人介绍她来的，她一一如实回答了。

那人问她："你知道我是什么人？"

胡小为答："不知道。"

那人说："我是国民党的。"

那人说完就走了。这下，可把胡小为吓坏了，跑回自己房里关上门哭了一整天，饭也不吃，懊悔闯下这么大的祸。隔壁的女同志听到她的哭声，又见她不出来吃饭，便敲门问发生了什么事。胡小为只顾哭，啥也不说。这位女同志再三说这里都是自己的同志，有什么困难，大家都会帮忙的。胡小为打开了房门，把自己如何闯的祸一五一十说了。那位女同志问胡小为看到的人是什么样子、穿什么衣服、在什么时候、什么地点，胡小为如实地说了。这位邻居马上意识到了什么，立即去找李克农，说了情况。李克农说："这小姑娘真天真，不知道我是什么人，却什么都说了，太没警惕性了。我吓她一下，好家伙，这一吓，差点要了人命。"胡小为事后说：这一吓，够她记一辈子的。①

中共代表团工作人员的行动，处于国民党特务的严密监控之下。"服务人员"对打扫房间、取送换洗衣服、倒纸篓都格外勤快，因为他们希望从中找到有价值的只字片纸，或者被人们忘掉的姓名、地址、电话号码，从中了解他们得不到的情况。李克农经常饶有兴趣告诉秘书处的同志：不妨做一些试验，例如用废纸头随便写几个数字或人名、地名的字样，放在衬衣口袋里让他们搜去，让他们拿回去研究吧。他自己也时常用钢笔、铅笔在一些小纸上写写画画，然后把纸撕

① 沈容：《北平军调部二三事》，《瞭望》新闻周刊1995年第33、35期。

成小碎片扔进纸篓里，让国民党特工慢慢练习拼图。

有一天，李克农和耿飚在翠明庄房间沙发上谈话，沙发前面是一个小圆桌，不小心把一杯茶碰倒在地。李克农在收拾茶杯的时候，发现桌子下的地板有些松动。他们把桌子搬开，掀起地毯，把活动的地板撬开，果然发现里面装有窃听器。李克农马上布置在各个房间进行仔细检查，结果在会议室又找到窃听器。原来，国民党特务在地板上挖了洞，安上窃听器，然后用地毯盖上，所以打扫房间都没有发现。李克农当即决定把窃听器按原样放好，然后把国民党代表找到翠明庄，当着他们的面把暗藏的窃听器挖出来。国民党代表面红耳赤，无地自容。

国民党特务的暗中监视和跟踪，非常令人讨厌。中共代表团从张家口搞来两辆德国造的两轮摩托车，性能很好，叶剑英办公室参谋杨尚德和几个年轻同志很快就学会了。有时，杨尚德从翠明庄到军调部就开上摩托车，跟踪的特务傻眼了，只能干着急。一天早晨，杨刚行驶到路上，不小心撞倒一个穿长衫和皮鞋的中年职员，由于速度不快，人没有受伤，只是长衫被剐破一个口子。杨赶忙下车扶他起来。

这个职员一看撞他的是个中校军官，立刻惊恐万状，连说："对不起……长官。"经仔细查看确实没有受伤，杨尚德就掏出仅有的一块几角钱给他做赔偿。他不敢接受，说："是我错撞了长官，怎么敢收长官的钱呢！"

杨尚德告诉他："我是军调部中共代表团的，不小心撞倒你，请你原谅，衣服总是剐破了……这点钱不多，一定请你收下，这也是我们的纪律。"他怔了一下，说："你就是八路军？"

四、"古都黑暗中的灯塔"

中共代表团就像北平这黑暗古都中闪闪发光的一座灯塔，广大人民群众、各界进步人士时时都在仰望着这座灯塔，不断有人主动找上门来，靠近共产党，许多人指名要见叶委员。负责警卫工作的人员，从安全角度考虑，常常想让别的干部出面接待。叶剑英知道后批评说：“人家来找我，并不是找我个人，而是找共产党。如果我不出面接待，岂不使人家感到失望吗？安全工作是要注意，但更要注意共产党的形象、共产党的影响。”

一天，翠明庄中共代表团接待室走进来一男一女。男的自称是国民党11战区司令长官孙连仲部下的一名少将，女的是他的妻子。他们不满意国民党打内战，特来向叶委员报告重要情况。接待人员马上向叶剑英做了汇报。叶剑英想了想，说：“立即通过地下党的线索，查明此人的真实身份。”

第二天，中共地下组织报告，来人确实是孙连仲部下的一位少将，叫谢士炎。于是，叶剑英要求尽快安排会见。然而，如何会面却成了一个难题。中共代表团驻地周围布满国民党特务，自然不便，只好另找地方。而代表团的人员、车辆，只要一出大门，立即就有特务跟踪。叶剑英出门，目标更大，跟踪的特务更多。怎么办呢？大家提了几条办法，都不太可行，最后还是叶剑英想出一个“甩尾巴”的妙计。

这天上午，叶剑英与统战组的艾大炎一起，带了两名警卫人员，乘车离开翠明庄。驻地附近的特务一看，叶剑英的座车出门了，立即跳上早已伪装好的小车，远远跟在后面。座车左转右转，兜了好几个圈子。特务们紧紧跟随，咬住不放。过了一会儿，座车开到东安市场大门口，突然停住。一行人下车后，装作买东西，走进市场。特务们也赶紧停车，留下二人盯住座车，其余二人一阵小跑，紧跟上来。只见市场里人头攒动，拥挤不堪。特务们四处搜寻，却不见叶剑英一行的踪影，只好垂头丧气地转回来，同留下的特务一起看住座车。他们心想，跑得了和尚跑不了庙。你的车在这里，看你能飞到哪里去？

他们哪里晓得，叶剑英一行进了东安市场以后，立刻迈开大步，分开众人，很快从另一个门走出去，乘上早已由地下党安排好的另一辆车子，飞快驶去。

在东城青年会旁边一间不起眼的屋子里，叶剑英同谢士炎夫妇见了面。谢士炎向叶剑英报告了孙连仲部准备进攻解放区的作战计划。叶剑英表示感谢，热情地鼓励他们夫妇追求光明，站到人民方面来，还给他们分析了中国的政治形势，指出：如果蒋介石继续进攻解放区，坚持打内战，最后必将走向灭亡，中国共产党一定会赢得全国的胜利。谢士炎完全同意叶剑英的看法，表示以后要跟着共产党走，决不再为蒋介石政府卖命。叶剑英请他暂时继续留在国民党军队中，利用合法身份，帮助共产党工作。1947年2月，谢士炎加入中国共产党，后不幸被捕就义。

叶剑英还经常向军调部翻译人员王光美询问了解大学校园里的情况，了解北平学生和教授们关心的问题，以及社会动向等，并经过王光美等多方联系，接见了许多教授，进一步开展统战工作。后来，王光美去延安前向他辞行，叶剑英亲切地嘱咐说："青年人要有理想，要把学习的知识用来为人民服务。到解放区去，要有吃苦的思想准备。知识青年要正确看待工农出身的同志。"①

---

①《叶剑英传》，当代中国出版社2015年版，第228页。

第三节 《解放》报：传播共产党的声音

军调部中共代表团以其公开身份，在北平建立新华社北平分社（简称“新华分社”），创刊《解放》报，指导华北地区国统区的斗争，仿佛“在黑暗的囚室，开一个向阳的天窗”，“推翻旧的封建制度，灌输新的民主思想，广受世界同情，深得民众信仰”。而国民党当局却如芒刺在背，挖空心思搞破坏，最终强制查封。北平《解放》报共出版37期，为宣传中国共产党的政策、争取和平民主、反对内战，做出了重要贡献。

一、“共产党的报纸出版了”

军调部中共代表团的建立，为中国共产党在北平进行公开的活动提供了合法地位。根据军调部三方协议，军调部的命令、协议、公报等须由三方的新闻机构——国民党的中央社、共产党的新华社和美国新闻处发表。1946年2月，经中共中央批准，在重庆、北平建立新华分社，并在北平公开出版《解放》报三日刊。

解放

和平民主團結建設新中國

—發刊詞—

確切實施政協會軍事決議

晉察冀邊區

成立復員委員會

延安權威人士評論：

政協會的成就

1946年2月22日，中共主办的北平《解放》报公开出版

新华社北平分社由钱俊瑞任社长、杨庚任副社长。解放报社社长徐特立未能到任，由钱俊瑞兼任社长、姜君辰任副总编辑，杨庚兼任采编部主任，于光远任研究室主任，郑季翘任编辑部主任，祝志澄任经理部主任，孙敬文任营业部主任。1946年初，各解放区及北平地

下党组织，先后抽调熟悉新闻工作的同志担任记者和编辑。报社和新华社的社址设在北平宣武门外方壶斋9号。两社均于2月下旬正式成立，并向北平市有关当局办理了登记手续。

1946年2月22日，《解放》报创刊号正式出版发行。这是中国共产党在北平公开发行的第一张报纸，它“以致力于民主和平建设为宗旨”，传播真理的声音。22日晨光破晓，北平街头响起一片“《解放》报，请看《解放》报，共产党的报纸出版了”的卖报声，震动了整个古城。几千份创刊号很快被争购一空，临时加印3000份又被一抢而光。

这张版面不大的报纸，由于宣传共产党的方针政策，介绍解放区欣欣向荣的景象，同时揭露国民党统治区的黑暗与腐朽，反映人民群众的愿望和心声，受到广大读者的热烈欢迎和喜爱。该报先为三日刊，自27期起改为隔日刊，影响日增。

《解放》报从创刊之日起，始终以主要篇幅报道抗战胜利后时局的发展，阐述党的正确方针和主张。《解放》报登载的《延安权威人士评论：政治协商会议的成就》《中共中央发言人谈话：东北现势及中共对东北的主张》等报道，鲜明地表达了中国共产党对国内各项重大事件的态度。《解放》报利用军调部中共代表团及新华社北平分社在北平的有利条件，及时地传播中共中央的指示，真实、具体地报道了诸多战地消息。比如：

> 豫北冀南国民党军积极布置大规模内战，已集结大军5个军4个师。
>
> 国民党动员兵力50万，连运东北扩大内战。
>
> 平津保三角地带、国民党军发动内战。
>
> 国民党当局完成围歼中原区准备。

报道以事实向全国人民揭露了蒋介石假和平真备战的丑恶嘴脸，敲响反对蒋介石发动全面内战的警钟。由于报道情况客观真实，论理客观有据，内容丰富多彩，文章短小精悍，《解放》报迅速赢得了各界读者。群众赞誉它为“当代春秋、醒世金铎、读者之导师、社会之明灯”。该报发行量一增再增，最多时达5万多份，成为当时北平单报发行量的最高峰。除北平外，该报还发行到上海、天津、四川、云南、河南、保定等地。当时国民党在北平的机关报《华北日报》只发行8000份，号称国统区最大的报纸《大公报》，发行量也只有3万多份。

《解放》报的成功，与其办报方针、特点分不开。该报是中共在华北国统区的喉舌，利用军调部中共代表团及新华社北平分社在北平的有利条件，能够及时地了解中共中央的指示，并及时宣传出去，因而这份报纸在民众心目中代表了中共的形象。《解放》报在37期中，一共刊出社论27篇，评论7篇。这些社论很多直接转自延安《解放日报》等党的报刊，鲜明地表示了中国共产党在国内各项重大事件上的态度。

《解放》报成为中共地下党员和人民群众学习中共中央方针政策，了解全国革命形势的一个途径，并直接地指导了国统区的斗争。它对发生在北平的反甄审运动、中山公园音乐堂事件、中小学教职员罢教和助学运动都做了大量报道，指出行动的方向。《解放》报刊出华北联大招生广告和学校简介后，许多追求真理、向往自由的青年来到报社，详细了解投考的方式和条件，从此走上革命道路。

在宣传党的方针政策，联系人民群众方面，《解放》报是一座直接的桥梁。它十分注重反映读者的要求，解答各方面人士的来信和问题，为此先后开辟《来信与答复》《读者中来》《读者呼声》《信箱》等栏目，详细解答诸如“什么叫解放区”“恢复交通与破坏交通”等问题，深入浅出地说明共产党的政策和解放区的实况，澄清读者中的一些模糊认识。对青年工人和学生生活、工作、思想上的一些苦恼，编辑也做了耐心解答。

《解放》报虽然仅有四开四版大小，但每期都经过精心的安排，不仅有政论、消息、通讯、问题解答、解放区大学招生广告和电台的收听办法等，而且还不时刊登诗歌、回忆和漫画这些喜闻乐见的内容，满足各方面群众的需要。《解放》报的内容丰富多彩，版式安排合理紧凑，文章短小精悍。《故都剪影》栏目中的文章不及百字，却很能说明问题。每期报纸都能安排二三十条消息，条条消息都引人注目，叫人一睹为快。

二、抗议“四三”暴行

按照中共中央的指示，军调部中共代表团和北平地下党对国民党北平当局的反苏反共行径，采取针锋相对、坚决抵制的方针。《解放》报刊登中共中央声明，严正驳斥国民党当局对共产党的造谣诬蔑，揭露国民党的反共宣传阴谋。当“河北难民还乡请愿团”捣乱军调部中共代表团办公处后，又立即对这一事件进行全面报道，揭穿国民党当局利用所谓难民，制造事端、扰乱军调部的工作，破坏和平的罪恶企图。北平地下党学委也及时研判形势，采取对策。在反动分子煽动学生参加反苏反共游行时，学委便派共产党员和进步群众到游行队伍中，宣传党的政策和主张，争取受骗学生群众的觉悟和转变。

《解放》报在反击国民党反苏反共逆流中发挥着不可替代的正本清源作用，引起国民党当局的更大仇视。1946年4月3日凌晨3时，北平警备司令部、北平警察总局出动军警宪及便衣特务200余人，突然包围新华社北平分社及解放报社，以检查户口为名，不但对全体人员搜身，而且肆意翻箱倒柜。他们没有找到任何武器或违禁品，只好暂时退去。

事情并未了结。天亮后，军警、宪兵、特务100多人又强行闯入社内，来势更凶。他们以所谓新华分社一部分工作人员户口登记未竣为名，捣毁分社，绑架新华分社全部人员，押往北平警察局外二分局。同时，北平市军警宪特又非法逮捕解放报社代理社长兼总编辑钱俊瑞、发行科主任马建民等10人，还逮捕军事顾问滕代远的秘书李新等多人。当天上午，经中共方面严正交涉，北平警察当局被迫将李新等5人放回，其余人员仍关押狱中。

事件发生后，叶剑英立即分别致函国民党北平行营[①]主任李宗仁、11战区司令长官孙连仲、市长熊斌，提出严重抗议。他严厉谴责国民党北平当局非法逮捕中共方面人员的罪行，严正提出："非法逮捕执行部工作人员与家属及其他负有和平使命而来的中共人员的严重事件，已再一次严重地损害了执行部的尊严，危及目前中国初步奠基的和平团结的局面，极端违反国、共、美三方关于成立执行部并由政府方面负责保障安全之协议，也违背蒋介石代表政府在政协会上所作的庄严诺言。"[②]

当晚，滕代远在北京饭店招待中外记者，公布"四三"暴行的详细经过，代表军调部中共代表团向国民党当局提出了三项严正要求：

（一）立即释放被捕人员，弄清责任；

（二）依法惩办肇事者，向受害的三个机关道歉并赔偿损失；

（三）保证此后不再发生类似事件。

滕代远向中外记者声明，为了人民的民主自由，中国共产党人一定要坚持原则，奋斗到底。北平《解放》报、新华社北平分社、延安《解放日报》《晋察冀日报》等报刊纷纷发表文章，揭露"四三"事件真相，抗议国民党北平当局的暴行。北平市出版业联合会和社会各界进步人士纷纷表示声援。中共被捕人员在拘留室内展开坚决的斗争，强烈抗议国民党当局的法西斯暴行，严正要求北平警方立即释放被捕者。

叶剑英就这次严重事件同时向郑介民、饶伯森提交了备忘录。他在备忘录中指出："这些事件，以及秘密袭击和搜查我军事顾问滕代远将军的住地，逮捕滕的秘书，是破坏和平与民主的预谋的一部分。袭击和逮捕执行部的人员，则进一步违反了国共双方关于设立执行部的协议。我已向有关方面提出抗议，要求释放被捕人员，并向被捕人

---

① 1945年9月日本投降后，国民政府军事委员会将汉中行营改组成立北平行营，以李宗仁为主任。该行营辖第11、第12战区。1946年10月改北平行营为北平行辕，主任李宗仁的官邸设在中南海居仁堂内。

② 《叶剑英传》，当代中国出版社2015年版，第223页。

员、向新华分社和解放报社道歉，要求惩处肇事者，赔偿损失，并保证今后不再发生此类事件。”①

叶剑英还致电在重庆的周恩来，详细报告事件经过。周恩来、董必武等联名致信王世杰等人，转述叶剑英关于北平“四三”事件的电报全文并要其转呈蒋介石，并要求政府：

（一）立即释放被捕人员。

（二）严惩北平军警宪负责当局，并保证以后不得再有此等事件发生。

（三）停止全国特务活动。

（四）向执行部中共代表与解放报社、新华分社道歉并赔偿损失。

在北平，叶剑英一面派人向被捕人员传达他关于“坚持斗争”的指示，一面继续同国民党北平当局交涉。4月3日，他亲自约见北平市市长熊斌，当面提出抗议。熊斌在事实面前，只好承认这一事件不该发生，口头保证以后不再歧视中共人员，并交代北平警察总局负责人向被捕人员道歉。

4月4日，叶剑英与滕代远、罗瑞卿、李克农等人驱车至北平警察总局。警察总局负责人当面道歉，被迫释放全部被捕人员。叶剑英率领大家乘车出狱。路经东西长安街时，大家点燃鞭炮，高呼口号：“要求民主！”“取消特务！”“毛主席万岁！”“中国共产党万岁！”引来众多市民群众前来围观。

出狱人员到达军调部中共方面驻地后，中共代表团召开了欢迎大会。会上，叶剑英高度赞扬了被捕人员的革命精神和气节，向大家表示亲切慰问，要求大家继续为中国的和平民主事业进行坚持不懈的斗争。钱俊瑞报告了斗争经过。

出狱人员返回报社驻地，立即恢复了新闻出版工作。在新一期报纸上，全文刊登了北平警察当局无理逮捕中共人员的事实和中共人员斗争经过，再次给国民党当局以有力打击。

---

① 《叶剑英传》，当代中国出版社2015年版，第224页。

三、真理是查封不了的

1946年5月29日凌晨2时半，北平市警察总局紧急通知北平解放报社及新华社，北平分社突说是奉市政府转中央电令，因“未经核准，于法不合”，勒令立即停刊。当天，军调部中共方面新闻处处长黄华与解放报社社长钱俊瑞前往市政府、警察局及社会局办理交涉。警察局局长陈焯，一口咬定自己是奉“中央电令”，要“坚决执行”。

黄华拿出政治协商会议关于废止和修正各项限制人民自由法令和国民党政府国防委员会明令公布的修正出版法及其施行细则，抗议说：“你们通知上所讲的‘于法不合，勒令停刊’是没有任何理由的。”

陈焯辩白：“我们是按旧的出版法行事！”钱俊瑞当即翻出旧出版法，指着其中的第7条规定让陈焯看：“这里明明写着，‘在申请登记16日后即可发刊’，而《解放》报与新华分社既已合法登记，就应受到当局的保障，不应加以非法摧残。”

“对当局这种违法行为，我们表示强烈抗议，要求收回反动命令！”黄华愤愤地说。陈焯冷笑了一声说：“本人是执行上峰的命令，有问题请找上面去讲。”把责任一推了之。

于是，叶剑英亲自约见北平市市长熊斌。熊斌满口答应：“予以过问。”可等到晚上8点，一帮警察和便衣，手持封条，不由分说在解放报社门口贴上布告和封条，将报社及新华分社查封，并扬言：“还得封70多家！”

解放报社及新华分社当即发表《告全国同业及各界同胞书》，说明事件真相，揭露国民党当局封锁人民耳目，镇压人民民主运动，放手进行内战的阴谋，呼吁全国同业各界同胞主持正义，支援北平77家被查禁的言论机关，为制止内战、争取和平、确保人民权利而奋斗。

叶剑英一面向党中央和已到南京的周恩来报告这一情况，一面向国民党北平当局提出严重抗议。同时，向军调部国民党方面的代理委员蔡文治、美方委员饶伯森连续发出备忘录，严正指出：《解放》报及新华社北平分社，是中国共产党在华中、华北地区中唯一的言论机关，执行部中共代表团及各地小组中共代表遵照执行部三委员新闻协议，均将执行部之各项公报、命令委托该报及通讯社代为发布。现在政府方面已封闭中共方面报纸及通讯社，中共认为，今年1月三委员达成的新闻协议及联合新闻科1月19日协议的条件，均已被国民政府当局破坏，该项协议将自然失去效用，执行部中共代表团及各小组中共代表将不再受这些协议的约束。①

5月30日，叶剑英带领在北平的中共方面驻石家庄、太原、高密、晏城小组的代表和军调部中共全体人员，至宣武门外方壶斋9号，慰问被国民党当局非法查封的《解放》报及新华分社工作人员。叶剑英在现场发表了简短的讲话：

> 北平《解放》报每日销售四万余份，为北平市报纸销数之冠，这是一种最好的民心测验，是人民事业胜利前途的象征。《解放》报和新华分社，因为替老百姓讲话，宣传正义，无情揭露反动派罪行，才被他们视为眼中钉，而不惜破坏诺言，强行封闭的。国民党反动派虽然猖獗一时，但在人民的力量面前，终会自食其法西斯暴政的恶果。中国的和平民主事业一定会胜利！②

当日下午4时，叶剑英举行中外记者报告会，严厉揭露和斥责国民党当局的法西斯暴行。他对到会的50余名中外记者说："北平市的反动当局，在5月29日封闭了77家报纸、杂志、通讯社，迫使77家言论机关不能继续与读者见面，这是扼杀民主与自由的反动行为。"他严正指出："中国共产党在北平的机关报《解放》及其通讯社新华社，一贯地为反对内战、呼吁和平而努力，对好战分子的内战阴谋，经常给以无情的揭露。因此，反动的好战分子视之为眼中钉，不断地

---

① 《叶剑英传》，当代中国出版社2015年版，第224页。
② 《叶剑英同志慰勉北平〈解放〉报人员》，延安《解放日报》1946年6月14日。

北平《解放》报被国民党当局查封后，叶剑英站在报社门口手指查封布告表示抗议

给以压制和破坏。今天，当他们坚持在东北继续扩大内战，企图造成全国规模的大内战的时候，公然查封我们的《解放》报和新华社，这是对全国和平事业的严重打击。”他呼吁中外记者：“要以高度的警惕性来重视这一严重的事件，要以十分明确的真实性来报道这一真相，动员起全国和全世界的舆论，来制止国民党这一反动措施，挽救陷入危机中的中国民主。”①

6月8日，中国民主同盟北平市支部也对国民党北平当局非法查封《解放》报等77家报刊、通讯社表示强烈抗议。此后，解放报社和新华社北平分社的工作人员陆续返回解放区。然而，真理是永远查封不了的。正如《解放》报、新华社北平分社于6月2日在延安《解放日报》上刊出自己的最后一篇文章——《告全国同胞书》所写的：“我们北平《解放》报和新华分社是永远扑灭不了的，在全国人民的支持下，我们一定不久就会更加坚强和更加充实的与平津和广大读者见面。”果然，两年半之后，北平和平解放。1949年3月15日，《北平解放报》正式出版，成为中共北平市委的机关报。

① 《叶剑英同志发表谈话，严重抗议当局摧残言论空前暴行》，延安《解放日报》1946年6月2日。

第四节　反甄审：谁是“伪”学生

抗战胜利之后，国民党当局对收复区教职员及中等以上学校学生和毕业生进行甄别审查。由于出发点的根本错误以及设计、实施中的重大缺陷，遭到收复区广大师生的强烈反对。尽管涉及面不宽，且在多方压力下草草收场，却成为战后国共两党在收复区角力的转折点。

一、学生还不如伪军

1945年9月，国民党政府召开“教育复员会议”。会上收复区学生被诬为“伪学生”，并决定对他们进行所谓甄别审查。9月26日，国民党政府教育部发布《收复区中等以上学校学生甄审办法》①。11月15日，国民党政府教育部部长朱家骅发表讲话，正式宣布对收复区青年学生进行甄审。蒋介石也于12月16日在故宫太和殿召集大、中学生“训话”。

1946年2月初，国民党政府公布《甄审修正办法》，规定国文、英文可以免试，同时增加三民主义，不及格者不得升级或任用。3月初，国民党当局又公布“铨叙部给教育部的公函”，规定“敌伪专科以上毕业生，学历未经审定前，暂准先行试用”，雇员薪金最高不得超过80元，以免将来资格不符发生纠葛。5月10日，国民党政府教育部平津区甄审委员会发出通告，自5月16日起至8月31日止，办理北平及河北等10省市敌伪专科以上学校毕业生登记。

---

①　该办法规定：在校生要经过甄审考试，然后由国民党政府教育部“按其甄审成绩编订相当年级，发给转学证明书，分发相当学校肄业”；毕业生一律“集中受训”，“以二个月至三个月补习后，发给证明书，该项证明书由部予以验明，可认为相当于专科以上学校毕业证书”；“甄试科目以国文、英文、三民主义为共同必试科目，其余参照大学或专科学校科目由部规定颁发”；历届毕业生每人必须送交《三民主义》研读报告与学术论文各两万字以上，而且必须标点批注《国父遗教》与蒋介石的《中国之命运》；“收复区敌伪专科以上学校肄业生、毕业生，须经登记合格后，始得予以分发、任用”。

所谓甄审，表面上针对敌伪，实际用意在于打击在敌占区活动的共产党组织和共产党影响下的进步青年学生。这对于正在兴高采烈地欢呼国土重光的沦陷区学生来说，无异当头倒下一桶冷水。他们不仅觉得受到无理对待，更觉得受到极大侮辱。一个学生自救会发表的《为反对不合理措施告青年书》激动地写道：

> 熬过了八年的岁月，青年们哪一个没有捍卫祖国的热血和锄奸杀敌的决心呢？现在中国胜利了，我们又投入渴盼了八年的祖国的怀抱里。然而政府对我们陌生了，他对于敌人和汉奸们可以采用宽大的政策，敌人的武器可以不予解除，特务、宪兵仍然用来摧残我们的同胞，对于青年却反而无所不用其极地加以戕害。政府把我们沦陷在水火之中，经过了八年的浩漫岁月……我们绝没有想到政府竟然把敌伪二字从真正的敌人和卖国屠民的汉奸、特务们的头上摘下，罩在我们青年身上，用不合理的甄审把戏斫丧青年，用解散的手段来摧残教育，使青年们陷于失学的苦境……我们要质问政府，为什么对于侵略我们、屠杀我们的敌人和敌人的帮凶汉奸们可以宽容，对于无辜的青年们却无所不用其极地加以戕害！我们要求政府收回不合理的命令！①

延安《解放日报》发表署名文章，揭露国民党当局这一套甄审办法是“党化”“收复区”青年的，至于“收复区”学生中的少数坏蛋——敌、特、汪党，国民党当局则视之如宝。例如南京接收后，汪伪组织少青团的全体人员立刻成了“三青团”的一部分，并且据说“如果加入三青团，过去在伪校的学籍是可以承认的”。

《解放日报》另一篇《从“伪”学生说起》的文章指出：国民党当局对收复区学生斥之为“伪”，加以“死审”，而对于真正的伪军、

① 张大中：《我经历的北平地下党》，中共党史出版社2009年版，第166页。

伪政府里的某些大汉奸，真正效忠于侵略者的奴才却反而爱护与重用。伪军到处被收编，伪军军官们摇身一变就是新贵，甚至日本侵略者、战犯，对中国人民施行血腥恐怖的敌寇特务机关，也整个被“留用”了。为什么也不“甄审”一下呢？国民党当局以“伪”字加在过去沦陷区学生的头上，绝非表现他们忽然有了什么民族主义的气味。“伪学生”的口号，是专门用来干反民主反人民的勾当的。

1945年11月6日至11日，《华北日报》刊发署名为“北平收复区北京大学全体学生”的文章《我们的呼声》。文章揭露：“伪组织统治下的警官学校与军官学校，不都是没有经过甄审，只内部改组，然后改为中央警校第五分校及十一战区干训团了么（吗）？”接着，质问国民党当局：作为正在求学的学生，“我们没有为虎作伥，我们并没有作敌人的爪牙，倚敌人的势力来残害我们的同胞，压榨我们的同胞，政府对我们为何不能给以同样宽大的待遇？”①

二、地下党指导反甄审

对于国民党北平当局的甄审，北平人民尤其是广大青年学生极为愤慨。许多大专院校毕业生、企业职员和下级公务员直接面临着失业的严重威胁。天津、济南等地的北平毕业生也强烈呼吁在北平的校友们联合起来，反对甄审。中共北平地下学委顺势而为，开展了一场反甄审斗争，由此争取人民民主自由、反对国民党独裁卖国政策。

中共地下党员宋汝棼、张豫苓②和徐伟③都刚刚从北平临时大学

---

① 中共北京市委党史研究室编：《解放战争时期第二条战线·学生运动卷》上册，中共党史出版社1997年版，第172页。

② 张豫苓（1918—2012），山东黄县（今龙口市）人，又名沈勃。1941年夏，从北平崇实中学（今北京21中）毕业，考入燕京大学物理系，同年底转入北平临时大学工学院。1943年11月，由宋汝棼介绍加入中国共产党。新中国成立后，曾任北京市建筑设计院院长、北京市规划局局长，是著名的建筑设计师，曾参与设计人民大会堂、中国历史博物馆等。

③ 徐伟，时任北平临大法学院中共地下组织支部书记。

（简称“北平临大”）毕业。得知北平广大学生对甄审激烈反对，他们及时向中共北平地下学委领导做了汇报。他们提出北平有数千名大专院校毕业生，其利益直接受到国民党甄审办法的严重侵害，斗争要求最迫切，地下学委应当领导他们起来斗争。学委领导人听取汇报后，立即决定首先在毕业校友中开展反甄审运动。为加强党的领导，学委决定成立由宋汝棼任书记的党团，在第二线负责领导工作；张豫苓、徐伟任委员，与北平临大工学院毕业后留任助教的宋硕具体负责第一线工作。

宋汝棼等人认真分析，决定利用校友会这个公开合法的组织形式，出面发动与号召群众。当时，在北平临大的文、理、法、工、医、农6个学院中，工学院的中共地下组织力量最强，已经成立校友会，由张豫苓任主席。借鉴这一经验，在其他5个学院也成立校友会，并且努力由进步力量掌握各学院校友会的领导权。在此基础上，又联合组成北平临大校友联合会，选举张豫苓为会长。

北平师范大学在反甄审运动之前就有校友会，但起初由两个中统特务把持。后来，在中共北平地下组织的支持下，进步学生曹绮雯、吴纯性（后来都入了党）逐步挤进去，终于把领导权夺了过来。

1945年10月，经中共北平地下组织学委批准，党团决定以北平临时大学和北师大为基地，成立北平临大师大校友联合会，出面领导毕业生的反甄审运动。两校校友会包括北平临大的6个学院和北师大的3个学院的校友，会员达2500人，张豫苓任会长。到1946年3月，又联合土木专科学校、艺术专科学校、铁道学院等北平其他院校，组成北平专科以上学校校友联合会。至此，北平专科以上学校约5000名将被甄审的毕业生全部组织了起来。

校友联合会由各校选出两名代表联合组成。各代表政治背景复杂，既有中共地下党员、进步青年，也有中间群众，还有国民党员、中统特务。联合会主席是张豫苓，副主席是徐伟、北师大代表陈启东（中统特务）。在校友联合会里，中共地下组织基本上能够控制局势，但地下党员、进步群众与陈启东等人经常争执。每当校友联合会与国民党要员进行面对面斗争时，陈都退缩回避，后来连校友会的会议也不参加了。校友联合会创办了《会刊》，由宋硕、黄士琦任主编，每期印2000份，除了在北平各校发放，还寄给天津、南京、上海、昆明、济南等大城市的校友。利用这个合法刊物，中国共产党的主张得到宣传，广大校友得到团结，进一步鼓舞了斗争。

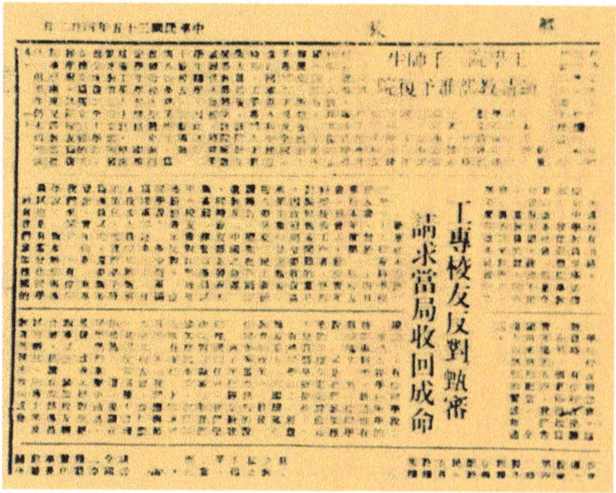
工專校友反對甄審
請求當局收回成命

1946年4月2日，北平《解放》报关于土木工程专科学校校友座谈反甄审的报道

1945年10月，北平临大师大校友联合会在师大礼堂召开成立大会和第一次反甄审大会。会上愤怒谴责了国民党政府进行所谓甄审的反动行径，宣布了反甄审的宗旨，并进行动员。会后，国民党当局立即派出特务打手进行破坏，三青团分子公开打出拥护政府甄审的旗号，形成两军对垒，斗争顿时激化起来。

中共地下党团决定由北平临大师大校友联合会出面，很快又召开第二次反甄审大会。会上，各校在校生和毕业生代表纷纷发表讲话，要求取消甄审。国民党、三青团分子却在会上企图以反革命暴力威胁群众，叫嚣“政府有机关枪，反对政府是徒然吃亏”，提议接受甄审。突然，国民党军警包围了学校，关闭了校门。国民党当局的行径激起众怒，会场上展开了更加激烈的辩论。结果，进步青年以压倒优势通过了北平各校反甄审决议案。此刻，国民党北平行辕一个参议员匆匆到场，表示愿意转达群众的要求。大会主席当场向他提交了反甄审决议案和抗议书。

1946年3月，国民党当局公布《关于沦陷区大学毕业生任用办法的规定》，要求毕业生必须接受甄审。3月12日，北平临大师大校友联合会召开第三次反甄审大会，有600多名毕业生代表参加大会。代表们慷慨陈词，一致声讨国民党当局的规定。大会通过提案：拒绝政府甄审登记，联合各收复区学生一致行动；抗议国民党当局对未受甄审毕业生的任用办法，要求迅速给予失业校友以就业的保障；继续向国民党教育部与北平政府当局请愿；发表宣言，通电全国，呼吁各党派各阶层予以公开的支援。

3月13日，北平临大师大校友联合会举行记者招待会，公布校友会通过的提案并宣布拒绝甄审，联络北平专科以上学校校友联合会采取一致行动。他们还发表《反对甄审登记公开信》，揭露国民党当局歧视压迫收复区青年的反动政策，呼吁北平、天津、南京、上海等地青年学生、毕业生迅速联合起来，为要求民主，争取自由平等而共同奋斗。随后，他们多次派代表与国民党北平当局交涉，没有结果。一次，国民党政府教育部部长朱家骅在北平被校友联合会代表质问得无言以对，只好承认学生不伪。

5月26日，北平市专科以上学校校友联合会全体大会及第四次反甄审大会在北师大礼堂召开。大会要求立即取消甄审，并组织300余人的队伍游行示威。游行队伍与当局交涉，最终约定次日由15个院校各派代表一人到北平行辕见李宗仁。第二天，各校代表到北平行辕，向李宗仁抗议政府对校友们的歧视，无理剥夺他们平等参加工作的权利，希望立即取消甄审。李宗仁急于外出，只好答应把代表们的意见转告教育部。

受国民党当局甄审之害的还有广大在校的青年学生。在毕业生投入反甄审运动之后不久，中共北平地下党学委也部署各大专院校地下党组织发动在校生参与这项斗争。

在校生的斗争也由北平临时大学首先发起。1945年10月中旬，各学院先后召集各种大会，反对甄审，并全体罢课以示抗议。地下党学委正确分析学生们的思想状况，给北平临大地下党组织以及时的指导：团结积极分子，争取中间群众，加强与其他院校的联合行动；争取老师的援助与社会舆论的支持；监视特务分子的破坏，警惕反动当局镇压，保护好群众，引导运动健康发展。为强制推行甄审，国民党北平当局抛出“补习班办法”，妄图搞校外之校，瓦解学生组织，涣散学生斗志。北平临大各学院地下党组织根据学委指示，讨论决定：一是支持在原校补习，以不打乱和不耽误功课为原则；二是要求国民党当局立即救济粮食，以解决学生的生活困难。由此，政治目标和经济要求相结合，得到学生们的热烈拥护，挫败当局的“补习班办法”。

北平师范大学结合反接收、要求配给粮食等斗争开展了反甄审斗争。他们将国民党操纵的学生会进行改革，掌握了学生会的领导权。国民党政府教育部特派员沈兼士和国民党甄审委员会委员兼秘书陈雪屏到北师大“接收”时，被学生团团包围。学生们义愤填膺，言辞犀利，驳得他们哑口无言。沈兼士狼狈逃去，陈雪屏不得已在学生的要求书上签了字。另一位“接收”专员徐任峰不得不辞职而去。北平其他大专院校的在校生，也都积极投入反甄审斗争，终于汇成了一股强大的斗争声势，得到社会各界的广泛同情和支持。

三、反甄审斗争胜利了

1945年10月开始到1946年6月结束，北平的反甄审斗争持续了8个月时间，在校生和毕业生们为捍卫正当权益，“有理、有利、有节”地不断斗争，终于迫使国民党当局步步退却，被动应付，最后不了了之，实际上取消了甄审。反甄审运动以中共领导下的广大青年的光荣胜利而告终。

反甄审斗争是抗战胜利后中共北平地下党领导的群众革命运动的新起点。通过反甄审斗争，揭露了国民党政府反共反人民的本质，提高了人民的觉悟，打破了一部分人对国民党抱有的“正统观念”和幻想，甚至有些社会上层人士也因此开始怀疑并反对国民党的政策。中国共产党在北平则赢得了越来越多的群众支持。

在领导反甄审运动的斗争中，中共地下党组织也得到了锻炼，获得了在新形势下领导群众斗争的经验，党的组织进一步发展壮大，许多积极分子经受了锻炼和考验，加入中国共产党，成为以后北平地区民主运动的骨干力量。

反甄审运动还影响和推动了大专学校教职员和企业职员以及中等学校师生们争民主、争生存的斗争。经过反甄审运动，北平人民认识到只有斗争才能生存，人民的民主自由要靠团结起来去斗争、去争取。因而，这场运动有力地推动了北平人民爱国民主统一战线的建立，推进了北平的第二条战线的斗争。

第五节　秘访张家口："解放区的天是明朗的天"

1946年春天，北平地下党组织了几百名大中学生去张家口解放区参观。通过实地体验，学生们受到一次深刻的教育，提高了觉悟，鼓舞了斗志，回到学校后把在解放区的见闻广为传播，大家都称这次参观活动是"难忘的塞外之行"。

1946 年 4 月，刘仁（后排右一）与到张家口参观的北平师范大学学生合影

一、地下党秘密发动

国民党政府各派你争我夺的"劫收"，接收大员的丑恶表演；对日寇、汉奸的优容，国统区物价飞涨、民不聊生的现状，特别是反甄审斗争的教育，使大学生对国民党有了一定的认识。但是，由于沦陷时期日伪的反动宣传，抗战胜利后国民党对共产党、解放区造谣和诬

蔑，不少大学生对共产党不甚了解，对党的政策心怀疑虑，有些进步学生则渴望亲自看看解放区的真实情况。于是，中共北平市委书记刘仁决定，通过地下党学委系统，发动和组织北平的大学生去张家口解放区参观。

先后参加这次参观活动的有几百人，除少数地下党员外，多数是倾向进步的学生，也有一部分中间学生。参观前由地下党员选好对象，个别通知路线和集合地点，严格保密，不对外人泄露。人数比较集中的是两批参观团，第一批3月底起程，4月中旬返校，领队和参加者主要是北平临大七分班学生，共有30多人；第二批是4月18日至5月1日前后，参加人数近200人，主要是北平临大一、二、三、四分班（理、文、法、农学院）和辅仁大学等校学生。学生们化装成店员或农村妇女，有的骑驴，有的坐火车，经过海淀青龙桥国民党部队岗哨，到达城工部延庆康庄交通站，然后集中乘火车到张家口。

二、新天地张家口

张家口是北方战略要地。1945年8月，晋察冀八路军对日军发动全面大反攻，8月23日收复张家口，结束日伪的黑暗统治。收复后的张家口，成为晋察冀边区党、政、军领导机关的所在地和政治、军事、经济、文化中心，也是联系东北解放区的枢纽。张家口人民获得真正的民主自由。全市各项事业蓬勃发展，出现了政治民主、经济繁荣、人民生活改善、社会秩序安定的局面，成为当时解放区著名的新型城市。组织国统区居民，特别是青年学生参观访问像张家口这样一座生气勃勃的解放区城市，可以揭穿国民党的欺骗宣传，打消人们对共产党的疑虑，争取广大群众。

前去张家口参观的学生，受到晋察冀中央局的热情接待。中央局秘书长姚依林、宣传部副部长邓拓、党校校长杨献珍给大家做报告，系统地阐述共产党的方针、政策，分析当前形势，耐心而又诚恳地解答学生们提出的问题。

晋察冀边区行政委员会设宴招待参观团学生，主任宋劭文、秘书长程宏毅和边区参议会议长成仿吾、副议长董鲁安等，和学生们亲切座谈。宋劭文和民政处长、教育处长还来到学生们的住地，介绍边区政府施政纲领和民政教育工作情况，阐述政府各级干部都是人民的勤务员，是为人民服务的。

边区和张家口市的群众团体也举行招待会，马辉之、李宝光、萧明等向学生们系统地介绍解放区的工人运动、妇女运动的情况。聂荣臻代表晋察冀军区接待学生们，他报告了当前形势，解释“人不犯我，我不犯人；人若犯我，我必犯人”的原则，着重介绍八路军是人民子弟兵，有老百姓拥护，是不可战胜的。军区还组织学生参观八路军的连队，让学生们亲眼看到八路军和周围群众亲如一家的情景。

这次参观活动打开了学生们的眼界，在大家面前展现了一个崭新的世界。学生们到处都看到“为人民服务”“从群众中来，到群众中去”等标语。在和领导干部的接触中，大家亲身感受到他们衣着朴素、平易近人，没有官架子，和国民党政府官吏截然不同。在经过参观、访问、座谈后，才逐渐体会到“为人民服务”不是空洞的口号，而是解放区的现实。

学生们在张家口目睹市参议会的选举活动，旁听市参议会的开幕式。在平绥铁路局和工人们座谈，听工人讲述解放后当家做主的情况。在市社会局举办的救济院和福利工厂，听到一些孤苦老人谈解放后的幸福生活。在军医大学和工业专科学校，看到党和政府正在为解放区培养建设人才。在大众合作社，看到经济工作干部为城乡物资交流日夜操劳。这一切都

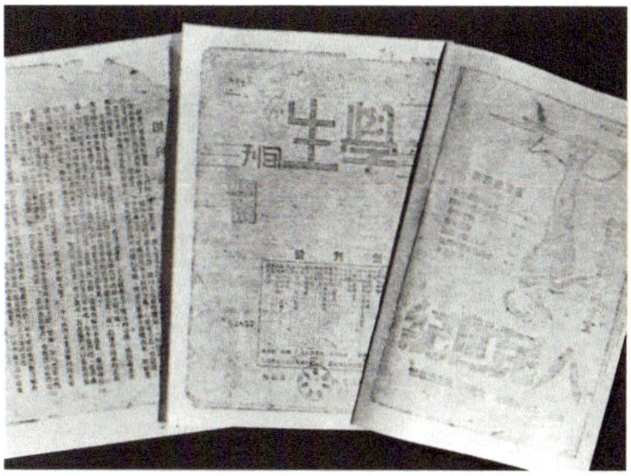

1945 年冬至 1946 年春，北平进步刊物纷纷涌现，大力宣传反内战、反独裁。这是当时出版的《人民世纪》及《学生》（旬刊）

使学生们感到共产党员确实是全心全意为人民服务的。

学生们怀着极大的兴趣参观了华北联合大学。参观者大多是大学生，对大学的情况非常熟悉，但都为这所解放区大学的联系实际的教学，纯朴的师生关系以及团结、紧张、严肃、活泼的作风所感染，有的学生还找到成仿吾校长要求来联大上学。学生们还参加军区、联大举办的文艺晚会，看了《子弟兵与老百姓》《白毛女》，听了《黄河大合唱》。大家普遍反映，从来没看过这样感人肺腑的戏剧，没有听过这样震撼人心的歌声。"旧社会把人变成鬼，新社会把鬼变成人"，使学生们深刻地理解了在张家口所见所闻事物的本质。

通过一系列参观活动，学生们原来脑子里的问题基本上得到解决，对共产党的疑虑一扫而光。一些进步学生更加靠近党，有的学生提高了共产主义觉悟，决心为共产主义事业奋斗，在参观中途就提出入党要求。个别原来存在消极厌世思想的学生，也有了很大转变，精神振奋，行动积极，唤起对生活的热爱。

三、红色歌曲回荡在校园

从张家口回到北平，大家都有强烈的对比。尽管张家口远在塞外，黄沙弥漫，寒风凛冽，却令人感到光明、温暖和欢畅。回到北平，反而感到灰尘滚滚，乌烟瘴气，令人窒息。

回到学校后，在地下党领导下，学生们积极参加进步社团和各项进步活动，广泛介绍张家口解放区的情况。北平临大二分班自治会主办的《汉园》壁报刊登《塞外行》，一分班《景邻》壁报登了《聂司令员接见了我们》，七分班在壁报上登了《张家口半月记》，都引起很大的反响。学生们还向亲友、同乡传播张家口见闻，在参观时学会的《八路军进行曲》《华北联大校歌》《战斗生产》等歌曲，也在各校传播开来。

张家口之行，对很多学生来说，是一次关于共产党、共产主义的启蒙教育。他们回校后不仅积极参加反美反蒋的斗争，而且在斗争中经受了锻炼和考验，参加了党的队伍，成为学生运动的骨干。

大批学生去张家口参观，引起国民党政府的恐慌，教育部、北平市教育局和警察局密令有关单位加以阻挠，但青年们追求真理的热情是遏制不住的，直到暑期，仍有一批大中学生到张家口去参观学习。

第六节　被“一砖头打到延安去”的北大教授

国民党当局的倒行逆施，引发了国统区广大知识分子的不满和愤怒，著名法学教授陈瑾昆[①]就是一个非常典型的例子。北平沦陷期间，面对日本人的拉拢和威逼，他严词拒绝为伪政府做事，靠当律师艰难维持生计。1945年8月日本宣布投降后，他欣喜异常，决定在朝阳门外购地筑圃，以安度晚年。而当他看到国民党“劫收”北平的丑态时，一怒之下退回司法部的任命书，并一再撰文怒斥国民党腐败。中共北平地下党注意到陈瑾昆的正义举动，派人去做他的工作。军调部中共代表团到北平后，陈瑾昆与叶剑英等人接触，思想豁然开朗，积极参加进步学生运动。

一、宣讲公理挨砖头

1946年4月12日，为争取人民民主权利，反对国民党一党包办的“国大选举”，北平各大学和杂志社、出版社等团体，组织成立以促进真正民主的普遍、自由、直接选举为宗旨的国民选举协进会，陈瑾昆欣然任该会顾问。

13日，在中国大学返校庆祝大会上，陈瑾昆面对万余名师生及来宾演讲。论及中国目前之政治局势，他说：在抗战胜利后，“所谓‘读书不忘救国，救国不忘读书’的口号已成过去。现在应对国家政治以主人公资格，表示人民的力量”。他对政协五项决议，表示衷心拥护。对于国民党六届二中全会企图推翻政协决议，坚持所谓“训政”时期的约法，他用法律予以严正批评。他指出：政协会议之决议

① 陈瑾昆（1887—1959），湖南常德人。早年留学日本，毕业于日本东京帝国大学法律系。归国后曾任北洋政府奉天省高等审判所推事和庭长、修订法律馆纂修、大理院推事、最高法院院长。不久，因北洋军阀政府根本无视法度，便抛弃高级司法职务，受聘于北京大学、朝阳学院、中国大学，教授法律达20年。

曾为国府主席所赞同，它是合法的；相反的，国民党所谓“训政”时期的约法，乃是一党专政的约法，并非国家根本大法，绝不能以之动摇政协的决议。他大声疾呼：“应在全国范围内停止内战，因为内战所带来的灾难老百姓实在受不起了。”

21日，“国大”选举协进会在中山公园音乐堂举行“国大”代表选举问题演讲会，邀请陈瑾昆、江绍原等著名教授讲演。消息传出，各界及中外记者纷纷前往。会前，几位好友竭力劝阻陈瑾昆与会：“听说你已上国民党的黑名单了，千万不能抛头露面。要知道他们前不久已制造了重庆‘较场口事件’，郭沫若、李公朴被打伤，他们可是什么事都干得出来的！”陈瑾昆坚定地回答道：“反对内战，要求民主，何罪之有？死在演讲台上，总比憋死家里要好！”说完就义无反顾地走了。

当天的演讲，陈瑾昆本来被安排在第三个，但一到会场，发现一些不明身份的人在制造骚乱。他明白这是特务在捣乱，顿时怒火中烧，率先登台。讲演刚开始，预伏会场的特务暴徒，即起而大肆捣乱，用砖瓦向讲台上及听众中猛烈飞掷，当场击伤陈瑾昆的头部。但他仍坚持讲演并斥责特务说：“你们这种行为是给国家丢脸，我决不是一块石头所能吓倒的！”接着，他正义凛然地表示：

> 我今天是站在爱护国家和人民的立场来说话，我虽受伤，但凡我应做的，我会继续去做，希望全国人民都起来纠正这种为全世界任何国家所没有的行动，希望今天到会的新闻记者，能把真相公布给全世界。①

听众中有多人受伤，就连北平美国新闻处处长福斯特也被打了。陈瑾昆等退入内室，特务们追击并跃上讲台，大肆破坏，并散发荒谬传单，而场内国民党宪警对此则始终袖手旁观。群众忍无可忍，合力

① 《北平重演较场口事件》，《解放日报》1946年4月24日。

抓住一名凶手，从他身上搜出一份三青团证书，准备送往警察局。不料，中途又遭到特务拦截，抓捕多名青年。这就是震惊北平的中山公园音乐堂事件。

事件发生后，北平各界极为愤慨，纷纷向陈瑾昆等表示慰问。北平《解放》报及新华分社的工作人员，也带着果品，前往慰问。耆宿李锦九老人发表谈话，主持正义。福斯特也以亲身经历说明事实真相。但官方报纸及中央社等造谣诬蔑说，中山公园音乐堂事件是双方“争夺会场，相互斗殴”所致。

“四二一”血案的发生，让陈瑾昆彻底看清了国民党政府的面目。如此无耻的政府竟高谈复国，它复兴的将是什么样的国家？陈瑾昆越想越气愤，撰文抗议。4月29日，在《解放》报上发表《我的希望》，指出：事件证明反动派“日暮穷途，倒行逆施”。他认为不能任由国民党一党专政，随心所欲，因此希望“全国人民都起来督促政府实现三个协定（即停战协定、政协决议与整军方案）。这是最小的限度，不能再有丝毫的折扣”。他不断在《解放》报等报刊发表文章，抨击国民党的专制与独裁，呼吁和平民主。

5月15日，陈瑾昆又在《解放》报发表《向美国与马歇尔特使呼吁》一文：目前最迫切的问题只是执行关内外停战协定和整军方案。美国在调停之外帮蒋介石运兵和供给军火，是“鼓励国民党打内战的狂兴（就是狂病）”！自然只会引起人民对美国的反感。在他看来，国民党气数已尽。

伤愈出院后不久，陈瑾昆不愿在蒋系势力支配下的大学继续任教，于是将所任教务辞去，也婉拒了北京大学、朝阳大学的授课邀请。他坚持认为，国家的命运与个人的命运是密切联系的，一定要寻找新的出路。

二、法学教授实地看延安

中山公园音乐堂事件后，北平地下党了解到陈瑾昆的处境和想法，向叶剑英做了汇报。叶剑英又报告给中共中央。1946年5月中旬，中共中央主席毛泽东向这位湖南老乡发出邀请，请陈瑾昆到延安考察。6月10日，在叶剑英的精心安排下，陈瑾昆和符定一、鲍明钤一起飞赴延安。

在延安的走访中，看到边区到处民主和谐、市容整洁、士气高昂，陈瑾昆被延安军民团结、上下一心的情景深深感染。百忙中的毛泽东专门抽出时间与他们见面，还与陈瑾昆商议筹办一所新型的“法律大学”。

陈瑾昆与边区参议院副议长谢觉哉更是一见如故，就政治民主与中国前途做了长谈。陈瑾昆说，要使国内国际更多的人了解中共，使第三次革命成功，不要再来一个“革命尚未成功”。他还说，19世纪50年代以前，中国是无党论、个人本位；50年代之后，是有党论、社会本位。①

与中共领导人的会面，加上对延安政治、社会的亲历观察，再对比北平的恶劣政治环境，陈瑾昆深受触动。作为一位系统接受过现代民主法治教育的知识分子，他对延安以“三三制”为代表的政治民主尤为赞赏。

通过在延安短暂的访问，陈瑾昆耳目一新。他认定毛泽东提出的新民主主义是挽救中国政治经济危机的唯一道路，因此决心追随共产党，留在解放区参加工作。毛泽东认为以他在北平的地位和声望，继续留在北平开展工作，对革命更为有利，劝他回北平。

返回北平后不久，陈瑾昆就写下《延安与张家口旅行记》，记述见闻感受，结论是：“解放区虽非天堂，非解放区则确为地狱。”此文公开发表在报纸上，对平津的法学界、知识界产生非常大的震动。陈瑾昆对中共及边区的亲身观察，无疑增加了人们对中共的正面印象。

---

① 《谢觉哉日记》，人民出版社1984年版，第933页。

三、义无反顾投奔解放区

1946年7月18日，陈瑾昆与符定一联名致电巴黎外长会议，呼吁帮助制止中国内战。此时，国民党已悍然发动全面内战，为钳制舆论，加紧迫害民主人士，对陈瑾昆再次威逼利诱。蒋介石派人邀请他出来做官，他拒绝了。此后，特务对他进行监视，陈家经常接到威胁和辱骂电话。鉴于民盟中央委员、著名教授李公朴和闻一多，先后于7月11日和15日在昆明被国民党特务暗杀，考虑到陈瑾昆的人身安全，叶剑英决定安排他离开北平前往解放区。地下党组织搞到一张通行证，派人护送陈瑾昆第二次去延安。

8月的一天，陈瑾昆乔装打扮，自称李老板，来到北平车站找地下党接头。刚到车站他便碰到一个认识他的特务。特务警觉地问："陈先生，你到哪里去？"陈瑾昆急中生智，答道："我要去天津一趟。"护送的同志见状，决定改变计划，先送陈去天津。到天津后，在地下党掩护和帮助下，陈瑾昆乘专车绕道前往解放区的张家口。当特务发现陈瑾昆离开他们的视线，急忙派人四处搜捕时，陈瑾昆已行进在去解放区的途中了。

一到张家口，陈瑾昆就发表了《余为何参加中共工作》这份政治声明。他回顾自己抗战胜利后的奋斗历程，指出，正是由于蒋介石的独裁专制和倒行逆施，才迫使一个以前只守个人岗位的人担负起立言的责任，并"环顾国内民主力量，择其可与合作者"。他从解放区和共产党身上看到了中国希望之所在。他将解放区的情况与国统区对比，断言只有共产党能完成国家独立、人民民主的历史任务，始能真正成为四强之一，负起共同维护世界和平之责任。9月3日，山东的《大众日报》刊登了这一声明。

毛泽东获悉此事，在给晋察冀中央局并转陈瑾昆的致电中，表示极大赞赏："今日阅悉尊著《余为何参加中共工作》，义正词严，足以壮斗士之志，夺奸邪之魄，拟付《解放日报》发表并广播全国。蒋军正大举进攻张垣，拟请先生来延安共策工作之进行。”[①]毛泽东还特意提“合办法律大学”的旧事，表示因战争紧张，暂时不能开办。这些诚恳的来信，更增强了陈瑾昆奔赴延安的信心。

在张家口，陈瑾昆受到各界人士的欢迎。不久，陈瑾昆的家眷也在地下党的护送下，安全抵达张家口。9月17日下午，边区政府交际处为他设宴洗尘。晚上，党政军首长及各界代表800余人在张家口剧院召开盛大欢迎会。9月19日，陈瑾昆一家8口人由张家口动身，经晋察冀、晋绥解放区到陕甘宁边区。

10月29日，陈瑾昆抵达延安，下榻边区交际处。第二天，周恩来亲自安排他搬到杨家岭，与陆定一住同一排窑洞，他们的上一排窑洞即是毛泽东的住址。毛泽东听说陈瑾昆到达延安，十分高兴，特地邀请他和夫人到家做客。

席间，毛泽东风趣地说：“一砖头把你打到延安来了，还有国民党特务为你送行，真得感谢他们啊！”陈瑾昆笑了笑，激动地说：“是您和共产党救了我们全家，我的这条命已经不属于我自己了。”

10月31日下午，毛泽东、朱德又在中央办公厅设宴招待陈瑾昆。当时，谢觉哉等正忙于起草边区宪法草案，而边区专业法律人才奇缺，法学专家陈瑾昆的到来，自然让谢觉哉很高兴。11月11日，谢觉哉专程到陈瑾昆住处，咨询他对边区宪法草案的意见，两人相谈甚欢，为表慎重，陈瑾昆表示要写出书面意见。次日，谢觉哉就收到了陈瑾昆对边区宪法草案的书面意见，虽然“许多不能采用”，但陈瑾昆的高效、认真，还是让谢觉哉感到欣慰。

这一年，陈瑾昆60岁。他向记者表示：“余虽年已六十，但愿再活二十年，为中国人民服务。”[②]

① 中央文献研究室编：《毛泽东书信选集》，人民出版社1983年版，第274页。

② 中共党史人物研究会编：《中共党史人物传》第82卷，中央文献出版社2002年版，第205页。

第二章

第二条战线：青年学生打先锋

1947年5月30日，毛泽东在新华社评论中指出：“中国境内已有了两条战线。蒋介石进犯军和人民解放军的战争，这是第一条战线。现在又出现了第二条战线，这就是伟大的正义的学生运动和蒋介石反动政府之间的尖锐斗争。”[①]中共北平地下组织领导的学生运动，作为第二条战线的重要组成部分，扩大了中国共产党的影响，沉重打击了国民党的反动统治，积极配合了第一条战线的军事斗争。

① 《毛泽东选集》第4卷，人民出版社1991年版，第1224—1225页。

第一节　抗暴运动："美军滚出中国去"

北平光复后，抗战期间外迁各校纷纷迁回原处。燕京大学在1946年5月间从成都迁回北平，清华大学和北京大学则在9月间从昆明迁回北平。这年年底，以沈崇事件为导火索，在北平首先爆发反美游行，继而迅速形成全国范围的抗议驻华美军暴行的群众运动，这是抗战胜利后美国政府实行扶蒋反共政策，蒋介石集团不惜出卖国家主权和民族利益，以换取美国更多援助而导致的必然结果。

一、沈崇事件点燃怒火

抗日战争胜利后，美国大批军队进驻中国境内。其中，在平津地区驻有美国海军陆战队5.3万人。美军在中国土地上横行霸道，欺压中国人民，犯下累累罪行。仅1945年8月至1946年11月，在北平、天津、青岛、南京、上海发生的美军暴行至少3800起，中国人遇害死伤达3300人以上。在北平，1946年9月至11月，美军制造暴行32起，造成15人死亡、25人受伤。肇事美军在国民党当局庇护下逍遥法外，早就让北平各界人士和广大人民群众心中憋着一股怒火。

1946年11月，国民党政府又同美国政府签订《中美友好通商航海条约》(简称《中美商约》)，其实质是把"中国全部领土、全部事业，一律对美国开放"。郁积在中国人民胸中的怒火，终于以沈崇事件为导火索，迸发了出来。

12月24日，北京大学先修班女生沈崇到平安影院看电影《民族至上》。晚8点散场后回家，行至东单广场附近，被美国海军陆战队队伍长威廉士·皮尔逊和下士普利查德强行拖进小树林中，实施强奸。北平工人孟昭杰路过听到呼救声，立即报告北平市警察局内七分局。当警察到肇事地点查看时，普利查德已经逃走。警察将皮尔逊和沈崇带回内七分局。

25日，北平民营亚光通讯社获悉这一暴行后，立即编发新闻，报道了沈崇事件。国民党北平警察局局长为封锁消息，通过国民党中央社给各报发启事，阻止各报刊发沈崇事件消息。北平警察局又约一些报社记者具结，强行规定不允许发此新闻。26日，《世界日报》《北平日报》《新生报》等报不顾国民党中央社的电令和北平市警察局的阻挠，报道了沈崇事件。

沈崇事件披露后，引起各校学生极大愤慨。《观察》北平特约通讯员写道："看到了这一种消息，每个北大的同学都咬牙切齿，气愤万分，随即墙壁上贴满了红的绿的抗议宣言。同时，灰楼有女同学的哭声，有些是愤慨，有些是恐惧，她们说：'我们是来自天南地北的女孩子，没有亲戚，没有友人，美军是这样的暴行，我们是这样的没有保障。谁能担保同样的污辱不会落在我们的头上？'""当天的晚上，无论在西斋、三院、红楼与灰楼，每个人都抛下了书本，讨论着有关抗议工作的事项，有的并发动了签名，种种激昂的言论与行动，写出了暴风雨前夕的情景。"①

北平市民、学生一致认为："这是一种兽性的行为，这是新帝国主义蹂躏中国的深一层表露，受奸污的不仅是沈小姐一人，而是全中国的妇女，全中国的同胞。"②北京大学、清华大学、燕京大学等校学生纷纷要求罢课和游行，抗议美军暴行。

沈崇事件事发突然，在北平新闻界工作的地下党员立即向党组织做了汇报。中共北平地下党南、北系学委负责人③分别研究了对策，在一起共同分析了形势。据佘涤清回忆："美国政府支持蒋介石打内战，美国兵在中国土地上为非作歹，激起了中国人民的民族义愤，时

① 本刊特约记者：《北平学生示威记》，《观察》第1卷第24期，1947年2月8日。

② 本刊特约记者：《北平学生示威记》，《观察》第1卷第21期，1947年1月18日。

③ 当时，北平中共地下党的组织分为南系和北系，南系是原在西南联大的地下党组织，由袁永熙、王汉斌负责；北系是原在北平的地下党组织，学委负责人有佘涤清、张大中等。由于复员迁校的缘故，两个系统还没有来得及合并，南系先后由南方局、上海局领导，北系先后由晋察冀分局和华北局领导，但双方负责人个人间已取得联系，协同作战。

机对我们非常有利，地下党应放手发动群众，作出反应，给美蒋以打击。”但北平在国民党的严密统治下，行动上务必谨慎小心，“北大抗议运动最好由女同学出面，因为她们先搞更容易获得同情；清华的进步力量占优势，又有全校统一的学生自治会，因此，应由清华的这个公开合法的组织，多出面约各校串联，多做些工作。”①

国民党北平行辕负责人竟不顾廉耻为美军暴行辩护，声称美军强暴沈崇是酒后失检，“各国均所难免”。国民党北平市党部主任吴铸人要北京大学一些所谓正统人士出面做工作。北京大学校长胡适想大事化小，声称沈崇事件纯系法律问题，以罢课游行为手段抗议美军，似属不智；训导长陈雪屏则称沈崇不是北大学生，要学生们不必声张，并指使特务学生贴出了“情报网”的大字报，诬称沈崇是延安方面派来的，行使“苦肉计”，引诱美军成奸，以便制造事端。

为弄清楚沈崇的身世，《益世报》记者、中共地下党员刘时平②在北京大学查到沈崇的注册卡，上面标明：沈崇，19岁，福建闽侯人，先修班文法组学生。北京大学女同学会主席、地下党员刘俊英还组织七八位女学生，前往沈崇住处进行慰问。沈崇表姐介绍说：沈崇家居上海，出身名门，其祖父沈葆桢是清朝两广总督，父亲是国民党交通部官员，12月初刚从上海来北平读书，在其家借住。沈崇不仅是北京大学先修班的学生，而且与北京大学训导长陈雪屏有远亲关系。陈妻是文学翻译家林琴南的族女，沈崇的母亲也是林族之女。沈崇性格沉静，举止文雅，平日深居简出，与美军素无来往，是一个正派、朴实的女大学生。

刘俊英等回校后立即将事实真相公布于众，国民党当局制造的无

① 佘涤清：《中国革命史册上的光辉一页》，中国人民政治协商会议北京市委员会文史资料研究委员会编：《北平地下党斗争史料》，北京出版社1988年版，第274、275页。

② 刘时平，1915年生于内蒙古包头临河城内一个商户家庭，1936年参加中华民族解放先锋队，1946年毕业于西南联合大学历史系。曾任绥远省《临河日报》主编、北平《益世报》采访部主任、上海《联合晚报》驻北平特派记者。

耻谣言不攻自破。学生们得知实情，大字报立时布满了校园。27日下午，刘俊英等人召集北京大学女同学会举行集会，抗议美军暴行。同日晚，北京大学文学院史学会倡议召开的北京大学各社团和系级代表大会在沙滩北楼举行。

会议顺利通过三项决议：

（一）严惩暴徒及其主管长官，肇事美军在北平由中美联合组成法庭公开审判；

（二）驻华美军最高当局公开道歉，并保证在撤退前不得再有任何非法事件发生；

（三）要求美军立即退出中国。

会议决定30日全校罢课以抗议美军暴行，并宣布成立“北京大学学生抗议美军暴行筹备会”，中共地下党员刘俊英、胡邦定等当选为筹备会领导成员。会后，立即派人赴北平各大学联络。清华大学、燕京大学、北平师范学院[①]、中法大学、朝阳学院的学生纷纷罢课响应，但对是否要上街游行，各学校学生认识尚不一致。

二、抗暴大游行

1946年12月28日，中共北平地下党北系学委书记佘涤清分别同北京大学文学院、清华大学地下党负责同志商量，如学生坚决要求游行，我们要积极领导。清华大学学生自治会召开全校代表大会，决议第二天罢课一天。

29日晚，北京大学各院系代表正准备开会讨论下一步行动计划时，突然，上次败阵的三青团分子纠集一批国民党特务，自称是中国大学、华北文法学院、辅仁大学的学生代表，手持木棍、腰悬手枪闯进北大北楼，冲散各系代表会议。这伙暴徒先捣毁了北京大学抗暴筹

① 1946年，复校到北平的西北师范学院，和有关院系合并成立北平师范学院。新中国成立后，复用“北京师范大学”原名。

备会办公室，然后占据主席台，宣布开会。在一片叫骂声中，这帮家伙通过“暂作政府后盾”“决不采取罢课手段荒废学业”“信任政府合理解决此案”等决议。接着，他们又宣布成立“北平各大学学生正义联合会”。散会之后，他们把沙滩民主墙上的壁报撕个精光，并扬言明天不许游行，否则“以机枪对付”。

北京大学学生目睹被砸毁的油印机、撕毁的大字报，纷纷要求30日上街游行抗议，并连夜准备游行宣传品。北大抗暴筹备会被砸的消息传到清华大学，仅一个小时全校就有千余名学生签名要求上街游行。由清华大学学生自治会常务理事组成的罢课委员会主席团，晚上11时召开紧急会议，决定30日游行。燕京大学学生自治会29日深夜召开学生代表大会，通过游行示威的决议，随即派代表到清华大学联系，商议共同行动。在这个美国教会办的学校里，学生们的抗暴热情同样高涨，他们坚定地表示：“我们一定要和你们一道去。要受打击，我们一起受；要牺牲，我们一同牺牲！”

12月30日凌晨，清华大学、燕京大学两校学生自治会代表决定，上午联合举行抗暴大游行。随后，北京大学抗暴筹备会代表也赶到清华园，三校代表一起商议了游行的计划。北平师范学院、中法大学、朝阳学院等校学生在得知清华大学、北京大学、燕京大学学生30日要游行示威的消息后，纷纷响应。

30日上午8点，清华大学的游行队伍开始向城内进发。出发前，校学生自治会代表严令武发表讲话说：“从清华园到城里这条路，五四时代清华同学走过，一二·九时代清华同学走过，今天我们要再走一次。”学校训导长褚士荃赶来关照大家注意安全。当队伍到达燕京大学时，两校游行队伍会合，决定由燕京大学学生自治会殷书训、沈立义、包儒担任抗暴游行指挥，并用几条白被单制作了游行队伍的主队旗，上书“抗议美军暴行大游行”9个大字，举在队伍的最前面。两校都派出联络员，往来传递情况。

队伍临近西直门时，前往探路的联络员回来报告说，守城门的军警接到命令，只许燕大学生进城。当时燕京大学是美国教会办的，国民党当局不敢惹。于是两校游行指挥紧急会商采取一条妙计：让清华大学的队伍打着燕京大学的校旗走在前头进城，然后再由燕京大学的学生与国民党守城军警办交涉。

此时，清华大学训导长褚士荃也在西直门外等待着清华的队伍。原来清华大学校长梅贻琦和褚士荃在学生游行队伍出发后，就立即坐汽车进城与地方当局交涉，竭力请求治安当局保护学生，并取得协议。清华、燕大两校学生游行队伍进城后途经辅仁大学校门时，高呼“欢迎辅仁同学参加抗暴游行”的口号。辅仁大学被外国教会和国民党势力统治较为严密，学生自治会也为三青团分子把持，不准学生抗议游行。在中共地下党员的带动下，百余名学生冲出校门，与清华大学、燕京大学的抗暴游行队伍汇集在一起。午后，各路游行队伍陆续抵达北京大学广场集合，推选北大、清华和燕大三校抗暴联或学生自治会的负责人组成临时指挥小组。

下午1点30分，北平抗议驻华美军暴行大游行队伍从沙滩出发。队伍以数百辆自行车为先导，依次是清华大学、燕京大学、朝阳学院、中法大学、辅仁大学、北平师范学院、铁道管理学院、北平艺术专科学校、华北文法学院、中国大学、师大女附中、女一中、贝满女中、育英中学的学生，北京大学先修班和各院学生殿后。游行队伍出发时有5000余人，沿途市民和学生陆续加入，当时报纸估计为万人。沉寂了10年的古城北平又沸腾起来了，沿途市民观者如云，学生们一路高呼口号：

抗议美军暴行！

严惩肇事美军！

美军撤出中国！

美国立即改变对华政策！

维护主权独立！

宣传队员不断向市民散发《告北平市同学书》《告北平市父老

北平学生冒着严寒举行抗议美军暴行大游行

书》《一年来美军暴行录》。街道两侧的建筑物和马路上行驶的汽车都贴上了标语。游行队伍经东黄城根、东华门大街、王府井大街，直抵北平军事调处执行部门口。这里大门紧闭，有的美国军人在楼窗口探头探脑，但没有一个敢下来。学生们便把抗暴标语贴在大门和院墙上，一些学生还用英语高呼“从中国滚回去”的口号。

游行队伍随后穿过东单三条，向东单广场行进。东单广场是沈崇被侮辱的地方，学生们在这里举行集会，愤怒的演讲声、朗诵声、歌声、口号声交织在一起。清华大学和北京大学的学生用《打倒列强》的曲调，编写了一首新的歌词：

退出中国，退出中国，美国兵，美国兵；
赶快退出中国，赶快退出中国，滚出去，滚出去！

这时，广场旁边的美军营房墙头上探出几个美国兵的脑袋，一个学生马上过去用英语告诉他们："中国人要求你们回国！"美国兵齐声答道："Yes，We want！"（是的，我们也想回家！）他们再要说什么时，美国宪兵奔过来把他们赶跑了。

下午4时左右，正当游行队伍重新整队，准备赴北平行辕请愿时，突然，一支约200人的队伍，手持中国大学校旗，闯进东单广场。纠察队员当机立断，手挽着手把这伙人和大队隔开，避免了节外生枝。这群不速之客只好尾随在游行队伍之后。但游行队伍到达南池子南口时，这伙人又急速奔到游行队伍最前面。为了避免冲突，临时指挥小组决定改变预定游行路线，转入南池子大街，摆脱了他们的纠缠，并指派20余名代表去北平行辕请愿。当请愿代表到达北平行辕时，那支身份不明的队伍又把代表包围起来伺机挑衅。

这时，北京大学派出的百余人骑着自行车前来支援，迫使对方收敛了嚣张气焰。北平行辕允许请愿学生代表入内，清华大学、燕京大学学生代表向北平行辕政务处代表递交请愿书，并要求他们将请愿书转交李宗仁。政务处代表答应学生们的要求后，请愿学生代表与在门口等待的学生会合，各自返回学校。北平学生抗议美军暴行大游行胜利结束。

三、北平各界及全国各地的声援

美军在华暴行极大地损害了中国人的民族自尊心。中共北平地下党认真贯彻党的统一战线政策，在各校教授和各界人士中做了大量的工作，在运动中注意掌握"有理、有利、有节"的原则，避免把攻击矛头指向同蒋介石素有矛盾的北平行辕主任李宗仁。因此，抗暴运动一开始就得到北平社会各界，特别是各大学教授们的同情和支持。这是国民党当局不敢贸然下手镇压的一个重要原因。

吴晗、朱自清、张奚若等教授都表示支持学生的抗暴斗争，主张彻底解决美军撤出中国的问题。12月30日，北京大学袁翰青等48位知名教授，如法学院院长周炳琳、理学院院长江泽涵，联名发表致美国驻华大使司徒雷登的抗议书，要求美国政府补偿被害人之荣誉损失，对犯罪士兵要迅速绳之以法，并保证此后绝不再有类似事件在中国任何地方发生。

在抗议书上签名的北大教授还纷纷发表评论。许德珩愤慨地说：假如政府的国策不变，美国对华政策不变，中国人民永远会变成美国宰割的对象。要想使中国人不受到另眼看待，只有请美军退出中国。向达教授说：想不到抗日战争胜利后，中国还不如战败国日本。无论如何，国大闭幕，宪法制定完就应该也称民主了，这种暴行应该以行动对之。闻家驷教授对记者发表谈话说：胜利这么久了，美军有什么理由还在中国？同学罢课表示抗议，是替个人争人格，替国家争国格。只要是中国人被污辱了，我们都应该抗议。

燕京大学教授雷洁琼和美籍教授夏仁德参加了12月30日的抗暴大游行。在游行时，夏仁德在背上书写了“抗议美军暴行”的标语，他还为学生捐款。翁独健教授表示：惩凶是治标，治本之法是美军撤出中国。

清华大学校长梅贻琦、教务长吴泽霖、训导长褚士荃，北京大学秘书长郑天挺、教务长郑华炽，燕京大学代校长陆志韦，都对学生抗暴斗争表示同情，对学生罢课游行均不干涉，并尽力采取措施保护学生安全。中国民主同盟北平支部、中华全国文艺协会分会、中国妇女联谊会分会、北平市戏剧团体联合会等民主党派和爱国团体均表示声援，要求美军立即撤出中国。

学生抗暴运动也得到北平市民的广泛同情和支持。许多年轻的店员、公务员自动加入游行队伍。一个国民党士兵愤然说，打了8年仗，打走了东洋鬼子，又换来了西洋鬼子。

北平学生的正义斗争，获得了全国各界的声援。在解放区，延安各界举行大会，声援学生爱国运动。晋察冀边区各团体发表通电，支援北平学生正义行动。在国民党统治区，各民主党派、人民团体和爱国人士纷纷发表宣言，上海、武汉、重庆等地的著名教授以及文化界、商界知名人士，也纷纷发表声明，抗议美军暴行，支持北平学生的抗暴斗争。

抗暴斗争的消息传至海外，港九妇女联谊会、菲律宾女侨胞以及新加坡各界侨胞促进民主联合会主席陈嘉庚，都通电抗议美军暴行。连当时的北平市市长何思源后来也说："我如果在年轻的时候，也会参加游行的。"

蒋介石对学生非但没有丝毫同情，而且还在12月29日的日记中写道："美军在北平强奸女学生案，共党乃借此发生罢课风潮，且将移至各地，殊为可虑，应急设法弥补之。"31日又写道："因美军奸淫，'共匪'激起各地学潮，研究敉平办法，以致晚课静默三十分以上之工夫间断。"[①]这里所说的"敉平办法"，其实就是镇压的办法。但"这是一个以爱国为主题的极其有理的运动，使反动统治者不便公开镇压，而只能阴谋破坏，这也是使这一运动的发展的有利的地方"[②]。

中共中央旗帜鲜明地支持学生运动，在12月31日向各大城市地下党组织发出的《关于在各大城市组织群众响应北平学生运动的指示》中指出："北平学生因美兵强奸女生事，已造成有力的爱国运动。上海、天津闻亦将响应，望在各大城市（平、津、京、沪、渝、昆、港、杭等）及海外华侨中发动游行示威，并坚持下去。不能游行的地方，亦可进行请愿及组织后援会。一面提出目前具体要求，如要求此案及以前历次悬而未决的惨案彻底解决。要求美国兵犯罪由中国法庭按中国法律公开审判（如华侨在美犯罪一样）等，一面依据情况联系到美军全部撤离中国，反对美国干涉内政，出卖军火，进行借款，助长内战及提出废除中美商约，抑制美货等口号。在运动中要尽量推动一般中立分子出面，造成最广泛的阵容，并利用国民党所宣布的元旦

① 《蒋介石日记》（手稿本），1946年12月29日、31日，现藏美国斯坦福大学胡佛研究所。

② 《上海反美爱国运动的报告》（1947年1月15日），共青团中央青运史工作指导委员会等编：《中国青年运动历史资料》第17册，中国青年出版社2002年版，第48页。

起实行宪法人权条文，采取理直气壮的攻势，使国民党不敢压迫，并达到暴露国民党之媚外卖国及其国大制宪完全系欺骗之目的。”该文件明确提出：“务使此运动向孤立美蒋及反对美国殖民地化中国之途展开。”[①]

按照中共中央确定的指导方针，抗暴运动迅速扩展到上海、南京、天津、杭州、重庆、广州、台北等全国各大城市。12月31日，上海交通大学等17所院校成立“上海市学生抗暴联合会”。1947年1月1日，上海21所学校的学生举行抗议驻华美军暴行大游行。在天津，南开大学、北洋大学联合河北工学院、天津女子师范学院、天津水产学校等校学生数千人，分别从南开大学、北洋大学出发，游行到天津市政府前会合，由天津市副市长接见后下午返校。南开大学学生在返校途中又目睹一辆美军吉普车撞伤一个小孩，为表示抗议，返回天津市政府请愿，直到晚上8时许，他们才由警察局派的卡车送回学校。3日，天津11所学校的学生2000余人又举行示威游行。

在杭州，1月1日，浙江大学等8校学生2500多人在市内游行，抗议美军暴行。3日，浙江大学罢课1天。自18日起又连续罢课3天。19日，浙江大学学生在街头进行抗议驻华美军暴行的宣传活动，在市民中产生很大的影响。1月2日，南京中央大学、金陵大学等6所专科以上学校的学生举行了抗暴大游行。3日，南京学生五六千人再次走上街头游行，队伍所到之处，受到市民热烈呼应。这是当时的首都南京学生界自“九一八”事变之后，沉寂了多年之后发出的强烈怒吼。学生在中央日报社大楼墙壁上写“《中央日报》的良心何在？”的标语，将三青团中央团部门前的“庆祝三十六年元旦暨宪法成立”的牌坊写上“内战不止，普天同悲”“宪法何用”等字样，国民党外交部的大牌子也被“美军滚出去”取代了。学生们向国民党政府提出美军撤出中国的严正要求，并到美国驻华大使馆向

① 团中央青运史研究室、中央档案馆编：《中共中央青年运动文件选编》，中国青年出版社1988年版，第636—637页。

司徒雷登递交了抗议书。

为什么抗战胜利后不久，抗暴运动会以那样的声势席卷全国？因为这个问题，触及了亿万中国人心灵深处最为敏感的痛处。中华民族在一个多世纪以来受尽了外国列强的欺凌和侮辱。经过14年浴血抗战，终于打败长期骑在中国人头上作威作福的日本侵略者，每个中国人都觉得扬眉吐气，可以抬起头来做人了。人们最无法忍受的，是重新看到外国列强又以征服者的姿态，无视中国的主权，无视中华民族的尊严和利益，在中国土地上任意杀害和污辱中国的同胞。①

四、最后的胜利属于坚持者

中国共产党及时肯定抗暴运动的伟大历史意义，同时对运动的进一步发展给予及时指导。1947年1月5日中共在中央给各中央局等的指示中指出：

> 北平学生反对美军的爱国运动，得到上海、南京、天津等地学生的响应。在这一运动中，群众已对美蒋采取攻势，标志着全国性的革命高潮确已接近。②

1月6日，中共中央致电董必武、叶剑英等，再次肯定“此次平津京沪学生的反美示威，成绩甚好，影响甚大”，指出蒋管区“民主爱国运动的基础正日益扩大，与解放区自卫战争的胜利已渐能起着配合作用”，“在这次运动中已产生大批新的积极分子，我党应帮助这些积极分子组织起来，作为核心，才能使运动长期坚持下去”。要求“党在蒋管区的工作，应尽量利用这次学运的成果，扩大民族爱国主

① 金冲及：《第二条战线——论解放战争时期的学生运动》，生活·读书·新知三联书店2016年版，第24—25页。

② 团中央青运史研究室、中央档案馆编：《中共中央青年运动文件选编》，中国青年出版社1988年版，第641页。

义的宣传与活动”，强调“党在各地的领导同志，必须注意纠正对群众运动与民主来潮估计不足的右倾观点”①。

1月9日，中共晋察冀中央局发出《对北平学生爱国运动的指示》，指出对这一有伟大历史意义的运动应有充分的认识，估计国民党可能采取的破坏、镇压这一运动的手段。指示要求中共北平地下党采取正确的斗争策略，很好地掌握反对美帝国主义的民族爱国运动。1月中旬，北平地下党北系学委对抗暴运动做总结，学委负责人佘涤清到冀中区党委机关驻地河北省河间县，向刘仁汇报美军暴行事件发生后，北平地下党组织发动和领导抗暴运动的经过情况。刘仁向佘涤清传达了中共中央、晋察冀中央局的有关指示精神，并对一些工作问题做了具体研究和布置。

此时，国共和平谈判已完全破裂，国民党政府宣布解散军事三人小组及军事调处执行部，北平军调部中共代表叶剑英及工作人员被迫撤离北平。国民党北平当局拟订了大规模逮捕计划，扬言要把北平的中共和民盟分子一网打尽。2月15日至18日，北平当局连续出动大批军警宪特，进行全市大搜捕，前后被捕者达2000余人。北平地下党组织事先做了应变准备，损失很小。

国民党的高压政策扑灭不了人民群众的抗暴烈火。1月28日，北平抗暴联合会与天津抗暴联合会组成“平津学生团体抗议美军驻华暴行联合会”。2月初，平津抗暴联合会发起敦促美国改变对华政策全国学生签名活动，要求美军立即全部撤离中国，要求美国立即改变对华政策，反对中美商约，得到全国学生的响应。3月8日，由28个省、市的代表组成的全国学生抗议美军暴行联合总会在上海正式成立。不久，又有67个地区、单位的代表入会，为以后成立全国学生联合会奠定了组织基础。

在中国人民的强烈要求下，1947年3月3日，美国海军陆战队第

① 团中央青运史研究室、中央档案馆编：《中共中央青年运动文件选编》，中国青年出版社1988年版，第643—644页。

一司令霍华德核准法庭判决，判处强奸犯皮尔逊降职为普通士兵，处监禁劳役15年。但该案犯返美后不久，美国海军部部长福莱斯特却宣布皮尔逊无罪，撤销原判决。对此，中国人民又怀着极大的义愤，纷纷强烈抗议谴责。而国民党政府却无任何反应。抗暴斗争后，美国被迫宣布从北平、天津、青岛等地陆续撤退驻华美军。

1947年2月1日，中共中央召开政治局扩大会议，通过毛泽东为中共中央起草的关于时局与任务的指示（这个指示编入《毛泽东选集》时题为《迎接中国革命的新高潮》），指出："蒋介石区域的伟大的人民运动发展起来了。去年十一月三十日因国民党压迫摊贩而引起的上海市民骚动和去年十二月三十日因美军强奸中国女学生而引起的北平学生运动，标志着蒋管区人民斗争的新高涨。由北平开始的学生运动，已向全国各大城市发展，参加人数达数十万，超过'一二·九'抗日学生运动的规模。"①

抗暴运动是抗战胜利后国民党统治区第一次全国性的大规模学生运动，是北平学生运动由弱到强、国统区群众运动走向新高潮的一个转折点。抗暴运动既是反美的爱国运动，又是反蒋的民主运动。它把反帝和反内战结合起来，把反美和反蒋结合起来。抗暴斗争后，以学生运动为主体的爱国民主运动不断发展，并且与工人斗争和全国各界反美反蒋斗争汇合，逐步形成配合人民解放战争的第二条战线。

---

① 《毛泽东选集》第4卷，人民出版社1991年版，第1212页。

第二节 “五二〇”运动：“反饥饿要饭吃，反内战要和平”

1947年5月，经过抗暴运动锻炼的北平学生与南京等地学生相呼应，掀起一场比抗议美军暴行运动规模更大、影响更深的“反饥饿、反内战”运动，进一步揭露蒋介石国民党的反动实质，把全国人民反对美蒋的革命斗争推向新的高潮，使蒋介石处于全民包围之中。

一、“举起我们骨瘦的手”

国民党为了在内战中赢得优势，肆无忌惮地横征暴敛。当时，官僚资本控制中国工业资本的2/3，民族工商业日益走向破产。据1947年2月17日《解放日报》披露：上海、武汉、广州等20个城市在几个月内倒闭的工厂、商店达27000余家。国民党政府为弥补巨额军费造成的财政赤字，大量印发钞票，通货膨胀恶性发展，像脱缰的野马一样达到骇人的程度。抗战胜利后一年多时间，北平的物价就涨了16000多倍。当时美联社在一条电讯中列表说明：法币100元1937年可买两头牛，1938年买一头牛，1941年买一头猪，1943年买一只鸡，1945年买一条鱼，1946年买一个鸡蛋，1947年只能买1/3盒火柴。物价飞涨，使广大劳动人民濒临饥饿的境地。自1947年3月起，全国已有38个城市十几万人多次掀起“抢米”风潮。

蒋管区的教育由于经费紧张，教师不能果腹。相当多学生依靠公费生活，而在物价飞涨的情况下，公费经常不能保障他们最低的生活需要，大量学生因贫困失学，在校学生的生活也极度困难。北京大学“1947年发给一个学生的公费是14万4千元，而一个月伙食费已涨到17万元，这样，学生的伙食就由吃饭改为吃棒子面的丝糕，每天只能吃白水煮青菜”[①]。许多学校只有等到月底，用该月结余的钱吃一点肉，叫作“打牙祭”；饭是用配给的米做的，还没有进食堂，一股霉味扑鼻而来，还吃不饱。一向有贵族学校之称的燕京大学，也一度出现了断炊的现象。清华大学的校园里，学生们出卖衣物的小条比比皆是，有的上面沉痛写道：“卖尽身边物，暂充腹中饥。”校学生自治会主办的《清华周刊》愤怒喊道：“内战声高，公费日少。今日丝糕，明日啃草。”

大学生对毕业后的工作和生活更感到茫然。“毕业即失业”成为学生们经常挂在口头的流行语。这种清贫而艰难的生活，使大多数学生痛恨国民党当局因打内战而导致恶性通货膨胀、物价飞涨和经济凋敝，也痛恨那些不顾老百姓死活、恣意搜刮、“发国难财”的豪门资本。广大人民普遍感到蒋介石反人民的内战政策，把他们拖入了饥饿与死亡的苦难之中，不满情绪日益加强。1947年2月16日，国民党当局颁布《经济紧急措施方案》，宣布冻结职工生活指数，规定不得增加底薪，更激起了人们为生存下去而反抗的决心。“向炮口要饭吃”的口号，就是这样提出来的。《一百块的钞票没人要》《你这个坏东西》等成为到处传唱的流行歌曲。

进入1947年5月，以北京大学为中心，各校普遍开展纪念“五四”运动28周年活动。5月3日，在北京大学红楼广场游艺室平台前，深为学生们拥戴的许德珩教授，面对五六千学生发表了激奋人心的讲演，他号召青年人“要向前看，不要向后看，向后看是没有出路的”。

5月4日晚上，红楼广场举行规模盛大的营火晚会，赶来参加的北平各大、中学校学生，把偌大的广场挤得水泄不通。晚会上，各社团演出歌咏、诗朗诵等文艺节目。最后，几百人扭起秧歌。女学生穿上花衣服，头顶盘上髻，真像农村妇女；男学生扎上白毛巾，打扮成农村小伙儿。随着锣鼓声，大家围着场中央熊熊的火焰，欢快地跳了

① 中共云南省委党史资料征集委员会、中共云南师范大学委员会编：《一二·一运动》，中共党史资料出版社1988年版，第82页。

起来。这是第一次把解放区的秧歌搬到北平。学生们仿佛到了解放区，仿佛看到了那里人们的愉快生活，更加痛恨北平朝不保夕的黑暗状况。在这强烈的氛围下，北平学生发出呐喊："举起我们骨瘦的手，向饥饿宣战，向饥饿的制造者宣战！"

5月9日，新华社在时评《蒋介石的经济危机深刻化》中指出："蒋介石的三种危机，即军事、政治、经济的危机，互相激荡，互相助长，犹如火山的喷发。蒋介石反动集团正是坐在这座喷发的火山口上。"

国民党当局为了稳定后方，在其统治区实行高压政策，三令五申。禁止怠工、罢工，违者"从严处罚"，大肆加强特务活动，镇压和迫害人民。但是，人民的眼睛是雪亮的，哪里有压迫，哪里就有反抗。一些中间派知识分子冷眼旁观，却道出其中的"天机"："青年本来纯洁，对于政治初无成见，只要政治清明，社会安定，一切上轨道，国家有前途，他们自然拥戴政府。但是政府种种表现，无不使人失望；这已是了不得的大危机。而还要花样百出，'帽子'乱飞，无异火上加油，以致造成今日青年清一色的厌恶南京政权的局面。"①

二、难掩"五一八"血案真相

1947年4月28日，中共中央上海分局书记刘晓根据中央指示精神，向中央做了《群众运动复趋高潮》的报告，强调蒋管区城市的群众运动目前曲线即将走完，抗暴活动以后的第二个高潮将很快到来，5月份可能是这一新高潮的开始。

5月5日，中共中央发出由周恩来起草的《在蒋管区的工作方针和斗争策略的指示》，强调："在蒋管区统治尚严的地方，尤其是蒋管区大城市中的工作方针，就是要保护我党及民主进步力量，以继续加紧开展人民运动。为此目的，既要坚定勇敢，又要机警谨慎。要时时

① 储安平：《中国的政局》，《观察》第2卷第2期，1947年3月8日。

注视情势的发展，坚持我党放手发动群众进行反美反蒋的方针，灵活地既结合又分别合法与非法的斗争。”[①]6日，中共中央上海分局改为上海局，管辖长江流域、西南各省及平津一部分党的组织和工作。上海局根据中央指示确定各地通过纪念活动，开展结合各校情况的分散斗争，逐步汇合，准备在5月中旬形成高潮，并部署由中共南京市委书记陈修良在国民党统治中心南京首先发动。

中共北平南系学委负责人袁永熙4月底去上海，上海局委员钱瑛向他传达了中共中央的指示和上海局的部署。钱瑛说，抗议美军暴行运动中，南方有些地方对学生运动的高潮估计不足，领导跟不上。今后应当主动积极地开展爱国民主学生运动，配合人民解放军的反攻。让他迅速回平，在平津掀起学生运动的高潮。北系学委也得到刘仁关于要利用抗议美军暴行运动造成的新形势，继续积极开展反美反蒋斗争的指示。袁永熙赶回北平后，立即同北系学委佘涤清、杨伯箴一起，讨论中央的指示和上级的部署，分析北平情况，共同决定发动广大群众，在5月中旬形成反饥饿、反内战的高潮，同上海、南京一致行动。

当时，北平各高等院校及一部分中学陆续出现教职工、学生要求提高待遇、增加补贴、增加公费、改善学生伙食的斗争。4月，北大院系代表向校方交涉，要求增发公费，没有结果。汇文中学食堂濒于断炊，有100多名学生交不起饭费。学生们忍无可忍，决定组织“汇文学生反饥饿委员会”，罢课一天以示抗议。5月8日，清华大学讲师助教280人签名上书梅贻琦校长，申述因物价飞涨，无法维持最低生活，要求调整待遇。上书中沉痛指出：“经济混乱，物价飞涨，无衣无食，何以从公？”

5月9日，北大各社团在沙滩广场贴出许多壁报与大字标语：“我们的大米哪里去了？白面哪里去了？”“向饥饿宣战，向制造饥饿的人宣战！”

① 《周恩来选集》上卷，人民出版社1981年版，第270页。

5月12日，南京中央大学举行系科代表大会，发表《反饥饿斗争宣言》，决定从第二天起罢课，并派出代表向政府请愿，仍毫无结果。南京其他高等学校随之罢课。上海各大学自15日起相继罢课，提出了“要求提高教育经费，增加公费，抢救教育危机”。上海、苏州、杭州三地学生还决定联合南京学生一起，在5月20日国民党的“国民参政会”开幕之日，举行请愿。这些消息很快传到北平，瞬间扩展开来。北平地下党组织因势利导，把群众性的经济斗争和政治斗争结合起来，推向新的高潮。

清华大学一些壁报围绕饥饿与内战问题展开讨论，提出“饥饿的原因在于内战”。5月15日晚，学生代表大会经过热烈的讨论分析，最后通过斗争的正式口号是“反饥饿、反内战”。这是经过合法的学生代表大会向广大学生和社会提出的公开号召。这个口号，把群众性的反饥饿的经济斗争，发展到反内战的政治斗争高度，意味着学生运动的一个质的飞跃。它击中了国民党当局的要害，成为北平和全国学生以至全国人民向国民党做斗争的一面旗帜。代表大会还决定次日罢课一天，并授权学生自治会常驻会决定以后行动。经过发动，有1200余人签名要求延长罢课天数，学生自治会决定组成“反饥饿反内战罢课委员会”，宣布罢课延长3天。

北京大学各院系和社团5月15日开会，提出增加公费和罢课3天的倡议。16日，院系联合会成立“北大反饥饿反内战行动委员会”，正式决定自5月19日起罢课3天，并提出6项要求：

（一）立即停止内战，反对武力统一；

（二）恢复政协路线，组织民主的联合政府；

（三）停止征兵征实征购；

（四）清算豪门资本，彻底挽救经济危机；

（五）实现四项诺言，保障人权，保障自由；

（六）提高教育经费，提高教育界待遇，全国学生普遍享有公费待遇。

北平师院在学生自治会未成立的情况下，由28个进步社团联合发起，组成“师院反饥饿反内战同学联合会”。乘“复大”斗争签名罢课之机，由联合会和28个社团发起，专门为反内战罢课1日。全校1300多人中有800多人签名。燕京大学的一些社团提出要求恢复贷金及平价配给面粉等与本校学生切身利益有关的口号。5月18日晚，自治会召开全校学生大会，对饥饿的原因进行一场激烈辩论。某些国民党保密局分子提出“内战责任在双方”“应向双方提出反内战”，企图搅乱会场。进步学生当即据理反驳，挫败了他们的图谋，最后以多数通过罢课决议，并和其他大学一致行动。

朝阳学院通过地下党员与进步分子的串联和积极宣传，经过学生大会民主选举产生“反饥饿反内战委员会”，主席团由16人组成，进步分子掌握了主席团的领导权，组织和领导大多数学生（700多人）罢课3天。中法大学学生自治会做出与平津各院校一致行动的决定。辅仁大学由进步学生十几人发起反饥饿反内战签名，当即有400多人签名。原来正在罢课的北洋工学院、铁道学院、艺专等校继续罢课，转入“反饥饿、反内战”运动。

5月17日，清华大学、燕京大学派出宣传队走向街头，在海淀成府一带进行宣传活动。晚上，中法大学学生将《全校同学告人民书》送各报馆。第二天，天津《大公报》即节略登出。中法大学的宣传队还到朝阳门一带的贫民区展开宣传。

5月18日下午，清华、北大、北洋工学院等校出动大规模的宣传队，分赴前门、天桥、东西长安街、西单等人烟稠密地区开展宣传。宣传队沿途高唱《停止反人民内战》《100元钞票》《薪水是个大活宝，要和物价来赛跑》等歌曲，高呼“反饥饿、反内战”“反独裁，要民主”“提高公教人员待遇”“减轻商人负担”等口号，并张贴漫画、标语及街头短诗。每到一处，市民层层围集，踊跃听讲。学生用算细账、挖苦根的方法，做通俗生动、打动人心的讲演。清华大学宣传队向市民讲：

各位这两天看了报，一定要说我们是来向各位宣传我们吃不饱的。是的，我们是来向大家诉苦的，但是我们不但为自己诉苦，更要替大家诉苦。我们不但要反饥饿，而且要反内战，因为内战才使我们吃不饱饭。

各位请你们仔细想一想：今天物价为什么高？是不是钞票不值钱？现在3000块钱一斤面粉，在10年前要买多少袋面粉？今天一尺好的青布要1万多，以前1万多可以开个布店了。钞票不值钱，一张票子就是1万，所以物价就高。那么我们要问法币为什么不值钱？各位知道现在在打仗，前线有500万军队，假定军队每人每天20发子弹，每颗子弹最低1000元，这就要花多少钱？打内战就花得多，就要印大票，大票就使物价高，我们大家就吃不饱饭，现在要大家吃得饱饭，就要反对打内战。要老百姓有好日子过，就要反对打内战！

北平的市民包括工人、贫民、商人、公务员和军人围拢在宣传队周围，听着这声声控诉。讲到激昂之处，有的人跟着喊口号，有的人站出来诉说自己的苦难，有的人沉默着流下了眼泪。清华大学宣传队带去的《清华周刊》被抢购一空，有的商人出10万元法币捐购一册。

“反饥饿、反内战”的口号，代表了全国人民的意愿，触痛了国民党反动统治者的神经，引起了他们的恐慌。5月17日，国民党北平市党部主任、三青团头子吴铸人等紧急致电南京的吴铁城、陈诚、陈雪屏、朱家骅等人，声称“共匪最近策动学潮、工潮，扰乱经济以毁坏政府威信，阻碍国际借款，阴险狠毒。……铸人等拟乘势发动各界作肃清内奸运动，以资对抗”。

他们还提议“政府应从速仿照美国先例，制定除奸法案，将潜伏‘共匪’一网打尽”。5月18日，蒋介石召开“临时国务会议”，颁布《戡乱时期维持社会秩序临时办法》，竟说“国家何贵乎有如此毁法乱纪之学校，亦何惜乎如此恣肆暴戾之青年”，叫嚣要对学生“采取紧急处置，作有效之制裁”。行政院院长张群发表讲话，说“学生显然是受了鼓动与利用”，强调政府要安定学潮，执行“法令”。国民党教育部为制止学生罢课，还致电北京大学，要学校查明滋事分子，从严惩处。朱家骅也发表谈话，称学生运动“为有计划之捣乱行为”，不能不戡。

国民党北平当局对北平学生动武了。5月18日下午，当各校宣传队的宣传活动达到高潮时，北平国民党警备司令部用卡车调来青年军第208师赶到西单，打伤学生30多人，其中重伤11人。这就是“五一八”血案。

反动政府的血腥镇压、恫吓，没有使学生退缩与屈服，反而激起广大学生的愤慨。先进分子更加坚定，一大批中间分子认识到，这个依靠内战和压榨老百姓的政府是和广大人民群众对立的，因而很快地向进步力量靠拢。清华《快报》指出：“‘五一八’是‘一二·一’血案在北平的再版”“血只能增加我们的勇气，血种下了更深的恨的种子，我们要为反内战、反饥饿奋斗到底”！师院26个社团致书北大、清华同学，声援抗议“五一八”血案。慰问、募捐活动到处展开。

社会舆论普遍同情学生运动。国民党当局竭力控制舆论，封锁“五一八”事件真相。5月18日晚，通知各报对白天的事件一律用中央社的稿子，但北平各报第二天都不同程度地对血案做了真实报道。《新民报》第一版用了中央社的稿子，但在第四版发了7篇自己写的报道，详细反映了“五一八”事件后各方面的动态。天津《大公报》也发表评论，指出反饥饿、反内战已如日月经天、江河行地，成为全国人民普遍的呼声了。《大公报》总编辑王芸生自5月15日起，连续三天在北大、燕大、清华讲演，公开表态同情学生：“青年学生发出‘反内战、反饥饿’的吼声，这不单是青年学生的要求，实是全国善良人民的共同呼声。”北京大学校长胡适在蒋介石发表谈话的次日也声称：“所谓学生受共党煽惑，此说不甚公平，应当说是青年在困难无路中的烦闷较为合适，一个国家政治未上轨道，政治不满人意，学生必然要干涉政治。”

北平地下党学委在“五一八”血案后立即开会，冷静地分析形势，估计学生的觉悟程度，根据社会舆论及各院校方的态度，认为这次斗争经过充分酝酿和准备，大学普遍行动起来，中学也有所发动，社会的同情面很广，完全有条件把运动推向新的高潮。国民党颁布《戡乱时期维持社会秩序临时办法》和国民党军队的暴行，激怒了群众，群众要求进一步行动的情绪更加高涨。此时，如果后退，群众的积极性就会受到挫折，甚至会招致更残酷的镇压。因此，必须坚决贯彻中共中央指示，继续坚持斗争，给敌人以有力的回击。同时，也估计到反动当局有镇压的可能，必须提高警惕，严密组织，慎加防范。鉴于当时多数院校当局和北平行辕主任李宗仁都主张不用武力镇压，我们要充分利用矛盾，把合法斗争与非法斗争结合起来，进行“有理、有利、有节”的斗争。地下党组织果断决定马上发动各校学生，在5月20日举行全市学生“反饥饿、反内战”大游行，同南京、上海一致行动。

三、“五二〇”大游行

1947年5月20日，是国民参政会四届三次大会开幕的日子。这一天，痛恨时弊的广大学生在南京、上海和北平、天津同时举行“反饥饿、反内战”大游行，声势浩大，一南一北，遥相呼应，这在中国学生运动史上极为罕见。

在南京，来自南京、上海、杭州、苏州等地16所专科以上学校的学生6000多人走上街头，以书有“和平奋斗解放中国”的巨幅孙中山遗像做先导，高喊“反对饥饿”“反对内战”“要饭吃、要和平、要民主”等口号，举行联合示威大请愿，向教育部和国民党参政会请愿。国民党出动军警殴打请愿学生。游行队伍在国府路西口同军警、骑训队对峙6个小时，有120多学生受伤，28人被捕，酿成南京“五二〇”血案。在天津，南开、北洋和工商学院2500余名学生举行了游行，数十名学生被军警殴伤。

1947年5月20日，参加游行示威的南京学生与前来镇压的国民党军警搏斗的情形（新华社　提供）

在北平，上午9时，北平各院校和部分中学的游行队伍陆续到沙滩北大广场集合。先到达的队伍坐在操场上，观看北大剧艺社在游艺室门前演出的反内战话剧《凯旋》，许多学生感动得潸然泪下。一支支队伍进来了，住在城外的北大医学院的救护队来了，北大农学院的学生为防备三青团分子的迫害而分成几批绕道进城来了，师院的300名学生不顾国民党特务的殴打与威吓，含愤冲出校门并会合二院的200多人走到这里来了。辅仁大学的500多人在开会讨论游行时，突遭特务分子砖头、瓦块的袭击。学生们更加义愤，勇敢地冲出校门，会合到清华、燕大的大队中。华北文法学院、中国大学也有少数学生赶来参加游行。更艰难的是中学生们，他们冲破重重阻拦来到这里，铁道管理学院的几名学生从学校后门破门出校也来参加游行。各院校的一些教师也参加到游行队伍中来，受到学生们的热烈欢迎。人流汇成人的海洋，彼此用热烈的掌声传达着战友的感情。

下午1时半，一支15000多人的队伍浩浩荡荡出发了。游行大队由北大的宣传卡车开道，队前高举着“华北学生北平区反饥饿反内战大游行”的巨幅横标。一队清华的青年军复员学生，大约300人，“衣从军时之美式戎装，头戴钢盔，护卫于校名横额左右”[①]，特别引起市民和不少军人的注目。他们高喊：

抗日军人只打日本！
抗日军人不打内战！
复员军人要求民主！

这些复员军人，原是西南联大的学生，1944年投笔从戎，参加抗日战争。现在他们发表了《复员军人反内战宣言》，站到了反对国民党独裁统治和反动政策的前列。

接着是清华大学、汇文中学、第一助产学校救护队、北平师院、北平铁道管理学院、中法大学、北洋工学院、北大医学院救护队、燕京大学、北平艺专、朝阳学院、辅仁大学、女二中、女三中、贝满中学、北京大学，北大的青年军复员学生走在最后面。这一天的游行路线是由北大沙滩广场东门出发，经过弓弦胡同、东四、灯市口、八面槽、王府井、东长安街、西长安街、西单、丁字街、西安门、北海、景山回到沙滩北大。行程20多里，历时5个半小时。

游行队伍行进之处，“反饥饿”“反内战”“反迫害”“要民主”的口号声响彻古都。一批批宣传队员把标语、歌曲曲谱贴到牌楼与高墙上，电车、汽车上也贴满标语，成为流动在马路干道上的宣传牌。许多学生身上背着标语牌，衣服上写着标语。柏油路上用油墨、石灰水刷上大字口号。有3位身穿长衫的学生别出心裁，每人背上都用粉笔写上一个字，并排站到一起，合成“反内战”。很多学生立刻仿效，

---

① 《平津学生反内战反饥饿运动的初步调查材料》(1947年5月17—24日)，团中央青运史工作指导委员会等编：《中国青年运动历史资料》第17册，中国青年出版社2002年版，第167页。

称为“活标语”。艺专学生的宣传画贴在大街上，煞是醒目。

宣传队员还把反内战歌曲写在木板上，先讲解，后教唱，许多群众跟着唱起来。尽管国民党当局一再恫吓人们不许上街观看，街上还是挤满了围观的市民。不少人跟着喊口号，或用掌声来表示对学生正义行动的赞许与支持。一些店铺摆出“茶桌”，用北平人传统的方式表示慰问。卖汽水、酸梅汤的热情招呼学生去喝：“你们说的都是我想说的话，我听了痛快，不用给钱了。”

北平学生“反饥饿、反内战”大游行队伍通过天安门前

队伍走过天安门，学生们面对着城楼上悬挂的蒋介石的画像高喊：“打倒独裁！”“反对卖国！”接着唱起：“你！你！你！你这个坏东西……”

下午3点50分，大队从北平行辕前通过，守门卫兵端着上了刺刀的步枪戒备，请愿团派代表3人进入行辕递交了请愿书。因没有结果，又继续前进。队伍经过国民党北平市政府时，学生们一致高呼：“提高公教人员待遇！”“公教人员待遇按物价指数增长！”接着，唱起了《薪水是个大活宝，要和物价来赛跑》：“薪水是个大活宝，想和物价来赛跑，物价一天涨一天，薪水半年赶不到。”公务员们听后情不自禁地鼓起掌来。

队伍行进在西长安街上，国民大戏院（今首都电影院）门口一带，聚集的市民很多，讲演员走向路边做简短的讲演。这时忽然传来北洋工学院学生被打的消息，学生们更加愤恨，自动挽起了臂膊，沉着坚毅地大踏步向西单方向走去。虽然有少数特务躲在西单的几家商店内向游行队伍投掷石块，沿途林立的军警以及便衣特务，慑于游行队伍的浩大声势没有敢再动手。下午6点45分，游行队伍返抵北大沙滩广场。

北京大学留校学生在红楼前贴了“辛苦了！民主的战士！”“光荣属于你们！”等标语，欢迎游行队伍胜利归来。大家坐下后，华北学生反饥饿反内战联合会负责人宣布，请愿团向行辕请愿事实上毫无结果，明天继续罢课，希望各校尽力支持。学生们鼓掌齐呼：“支持到底！”北洋工学院代表报告了邓霄同学被打受伤的经过，辅仁、师院的代表控诉他们在校内受到反动党团分子围攻、驱赶的遭遇，引起全场同情，大家表示要声援两校同学斗争。最后，北大学生提议，把北大沙滩广场命名为“民主广场”，定6月2日国民参政会闭幕日为全国反内战日，并在这一天发动“四罢”：罢课、罢教、罢工、罢市！并发动全国蒋管区各大中城市一致行动。学生们再次热烈鼓掌通过。

国民党当局对南京、北平、天津学生运动的镇压，激起全国各大中城市广大学生的愤怒，重庆、杭州、福州、桂林、济南、长沙、昆明等地的学生纷纷以罢课、游行相支援，学生斗争的口号中又增加“反迫害”的内容。许多政治上处于中间状态的学生，出于正义感，也积极投身到运动中来。运动的规模和声势都大大超过年初的抗议美军暴行运动。①

北平地下党南、北系学委领导获悉在全国实行“六二四罢”决定

① 金冲及：《第二条战线——论解放战争时期的学生运动》，生活·读书·新知三联书店2016年版，第39页。

1947年6月1日，华北学联在民主广场升起民主旗帜

后，立即进行会商，认为应该巩固胜利成果，保存和发展进步力量。事先宣布“四罢”，把斗争计划暴露在敌人面前，必将招致国民党当局对人民群众更大的迫害。学委决定首先说服情绪激昂冲动的党员和学运骨干，改变“六二四罢”计划。经过北平各院校地下党组织细致的思想工作，6月1日，在北京大学沙滩广场举行“民主广场”命名典礼大会，各校派代表参加，同时宣布华北学联正式成立。当日晚，华北学联决定，取消2日游行计划，各校在校内举行适当活动。

刘仁得知北平学生要在6月2日发动“四罢”的消息后，立即指派孙国梁星夜赴平，指示学委务必撤销“四罢”决定。5月30日，孙国梁从城里回来汇报了学委已采取的措施，刘仁才放下心来。6月4日，刘仁再次派孙国梁进城，带去给学委的信。信中肯定了改变“四罢”的决定，强调“在此次运动中应抓住‘反饥饿要饭吃’的口号，再引‘反内战要和平’，其他政治要求可少提”，“过早硬碰对我是不利的”。中共中央上海局组织部部长钱瑛后来在听取北平地下党南系学委负责人王汉斌汇报时，也指出：“提出搞‘六二’全国反内战日的号召很不策略”，“在国统区总的力量对比仍是敌强我弱，我们的斗争只能采取突击的形式，速战速决，使敌人措手不及”。

6月2日，北平各城门紧闭，北京大学、清华大学、燕京大学等学校周围布满警察特务，各中学被勒令放假一天，形势十分紧张。在当局严密监视下，北京大学在民主广场举行了“反内战死亡烈士和内战死难的无辜军民追悼大会”，北大校方和教授也参加了大会。当两辆满载士兵的卡车要强行进校捕人时，被北大校长胡适阻止。其他学校也在校内举行不同形式的活动。这一天，气氛虽然紧张，却平安度过了，没有发生大的变故。

6月6日，华北学联宣布罢课结束，全市各校复课。北平“五二〇”运动胜利结束。

四、第二条战线正式形成

“反饥饿、反内战、反迫害”运动是席卷全国的大规模学生运动，有60多个大中城市掀起这一运动。北平地区有15000多人直接参加这场运动，是解放战争时期学生运动中参加人数最多的一次。它和北平历史上发生过的“五四”运动、“一二·九”运动一样，显示了学生的革命先锋作用。不同的是，它配合解放战争的胜利，使人们看到人民有如此强大的力量，看到国民党统治摇摇欲倒。

中共中央对这次运动做了充分肯定，指出它的重大历史作用在于开辟了第二条战线，促进了人民运动的高涨，加快了全国民主革命胜利的进程。毛泽东在1947年5月30日为新华社所写的评论《蒋介石政府已处在全民的包围中》指出：“中国境内已有了两条战线。蒋介石进犯军和人民解放军的战争，这是第一条战线。现在又出现了第二条战线，这就是伟大的正义的学生运动和蒋介石反动政府之间的尖锐斗争。学生运动的口号是要饭吃，要和平，要自由，亦即反饥饿，反内战，反迫害。蒋介石颁布了《维持社会秩序临时办法》。蒋介石的军警宪特同学生群众之间，到处发生冲突。蒋介石用逮捕、监禁、殴打、屠杀等项暴力行为对付赤手空拳的学生，学生运动因而日益扩大。一切社会同情都在学生方面，蒋介石及其走狗完全陷于孤立，蒋介石的狰狞面貌暴露无遗。学生运动是整个人民运动的一部分。学生运动的高涨，不可避免地要促进整个人民运动的高涨。”“中国事变的发展，比人们预料的要快些。”“为了建立一个和平的、民主的、独立的新中国，中国人民应当迅速地准备一切必要的条件。”[①]

这场成功的斗争，显示出北平地下党领导的学生运动进一步走向成熟，积累了宝贵经验。

第一，把经济斗争与政治斗争结合起来，把学生运动推向高潮。国民党当局为在内战中取得优势，加紧压迫和掠夺，造成经济失序、社会动荡，人民群众倍感生活之苦，反抗情绪日趋强烈。学生们喊出的“反饥饿、反内战”，击中时局要害，得到全社会的广泛同情和支持。诚如中共中央在1947年5月23日《关于蒋管区群众斗争方针的指示》中所说：

> 现在全国人民的斗争，不仅人民解放军的自卫战争是在搞垮蒋介石统治，就是蒋管区要饭吃、要和平、反对借外债打内战的任何一种斗争，不管其主观想法如何，其客观意义都在搞垮蒋介石统治。[②]

第二，根据迅速变化的形势，形成最广泛的统一战线。由于发动充分、动员广泛，争取了广大中间和落后群众参加斗争，清华大学参加“五二〇”游行和宣传队的人数占全校学生的90%以上，中法大学占80%以上，学生参与度比抗暴运动明显增加。各校都有专人负责联络校方、教授、讲师、助教、职员、工人，争取同情和支援。不少教授、讲师、助教人员参加游行、罢教，出席集会，发表宣言，形成强大的舆论力量，各院校负责人也发表一些有利于学生运动的谈话，对防止国民党反动派的镇压，保护学校和学生起到重要作用，形成反对蒋介石的最广泛的统一战线。

第三，发挥学生社团作用，在斗争实践中提高运动的组织能力。这次运动的发动阶段，各校都是经学生自治会（北大为院系联合会）

---

① 《毛泽东选集》第4卷，人民出版社1991年版，第1224—1225、1227页。

② 《建党以来重要文献选编（1921—1949）》第24册，中央文献出版社2011年版，第176—177页。

首先讨论，发动学生签名或召开代表大会、全体大会表决通过罢课等决定。运动展开后，在各校学生自治会的基础上，成立“华北学生反饥饿反内战联合会”“华北学生联合会”，使学生运动有了合法的统一的领导机构，改变各校各自为战的局面，形成统一领导斗争的态势。“五二〇”游行成立的主席团、总纠察队，把游行队伍组织得井然有序，抗议口号、歌声迭起，气势逼人，不砸不抢，不给国民党当局以可乘之机。这既保证了“五二〇”运动的胜利，也为以后的学生运动提供了经验。

第三节　反迫害保人权：“为死者复仇，为生者争命”

“五二〇”运动高潮过后，北平各校学生的基本处境并没有多少改善。于是，在北平地下党学委的领导下，1947年下半年，北平学生陆续开展一些合情合理合法、范围适度的学生运动，进一步为争取生存权而斗争。

一、“自己救自己”

国民党当局坚持与人民为敌的反动政策，招致军事失败，后方吃紧，政治、军事、经济危机日益加剧和教育。北平数千名大中学生面临失学的威胁。大批中学生尤为清苦，许多人因吃不饱饭，甚至吃不到饭，而去市社会局办的贫民食堂讨饭，到医院卖血。如何帮助、团结、教育这些贫苦学生，是北平地下党关注的重大问题。

在北平地下党学委的领导下，华北学联于1947年7月初召开一系列会议，研究将“反饥饿、反内战”运动继续深入下去的问题。参照上海试办过的自救、救人的助学经验，学委提出“抢救失学危机”的口号，决定在北平发起助学运动。华北学联与北平各大学和中学联谊会的学生们商量后，定于1947年暑假期间在北平兴办中学补习班和发起助学运动。7月28日，有各大学代表和汇文、贝满等中学代表参加的助学筹备委员会成立，号召各校学生积极参加助学运动。

8月8日，各大中学校代表大会在北京大学召开，北平助学委员会总会正式宣告成立。助学委员会总会设在北京大学沙滩区北楼，各大中学校设立分会，未设分会的学校成立宣募大队，办理本校助学事宜。会上确定的助学运动宗旨是：“基于同学互助互爱之精神，以集体力量协助清寒同学解决经济问题。”“凡参加助学工作之北平公、私立大学中学之清寒学生，均为助学对象。”助学委员会以劝购助学证章、特别募捐、义卖推销、戏剧音乐义演等方式向社会直接募集助学金，筹募所得由分配委员会公开分配。助学委员会先后发出公告和传单，对助学运动进行广泛的宣传。

北平地下党学委将助学运动确定为1947年暑假在大中学校的主要工作。对助学运动的行动策略，学委明确提出，要争取合法，要争取社会人士的支持，要有广泛的群众性，要充分发动群众参加。

为争取合法，8月12日，助学委员会派代表向北平行辕主任李宗仁和北平市市长何思源送去聘书，聘请他们为助学委员会名誉顾问。聘请市教育局局长王季高为赞助人。但是不久，他们的聘书均被退回。

北平地下党把分散的经济斗争和政治斗争结合起来，利用各种方式，领导广大学生开展了一系列反抗斗争（漫画）

为争取各界知名人士的同情和支持，助学委员会广泛活动，聘请北京大学校长胡适、清华大学校长梅贻琦、燕京大学校长陆志韦为名誉顾问；聘请中法大学校长李麟玉、辅仁大学代理校长张重一、北平师范学院院长袁敦礼、美国驻北平领事馆领事傅瑞门、燕京大学校务长窦威廉为顾问；聘请天津法律界耆宿张士骏、北京大学法律教授费青为法律顾问；聘请辅仁大学经济系主任赵锡禹为会计顾问；聘请何其巩、余心清、吴晗等知名人士和教授等为赞助人；天津《大公报》《益世报》《新星报》以及北平市立六中、汇文中学等校校长亦被聘为赞助人。金融界巨头张伯驹、实业界人士李烛尘、张仲鲁等也在暗中积极支持助学运动。

助学委员会成立后，各校立即行动起来。8月13日，清华大学组成450人的宣募大队。在北京大学，仅沙滩区便有600余人加入宣募大队的行列。燕京大学动员留校生的85%参加助学运动。至19日下午，宣募队总人数已达2738人，分布在31所大中学校，以后又陆续增加到3000余人。

8月21日，宣募队员走上街头，分区进行宣传。助学的标语、传单、壁报和歌声遍及全城，《助学特刊》被抢购一空。学生们自己编的《助学歌》传遍古城的大街小巷："物价天天涨啊，半年学费六石粮，多少青年学生没钱上学堂……"

整个北平城充满空前热烈的助学气氛。22日，学生们拿着助学章、荣誉助学章和捐册上街募捐。所到之处，那些自身并不富裕的工人、店员、主妇、市民们都慷慨解囊，捐资助学。第二天继续募捐，第三天开始义卖和销售。3天的募捐和推销总收入达3亿元（法币，下同）以上。此后，又在中山公园开办义卖市场。义演活动也广泛开展起来。助学音乐晚会和话剧《升官图》的演出，场场客满，座无虚席。清华大学还组成了远征队到天津进行特别募捐，他们的一个小队募捐收入即达6000万元。

在募捐过程中，学生们最初把眼睛盯在有钱人身上，可从他们那里遭到的白眼和奚落比得到的钞票要多得多。相反，学生们却从穷人那里得到更多的同情和支持。一次，当坐车的有钱人一再拒绝捐款时，三轮车师傅说："你把车钱给我，我来捐！"

助学运动是一次合法的、具有广泛群众性的社会统一战线的经济运动，又是一场揭露国民党反动派坚持反共、摧残教育的政治斗争。因此，运动深入开展以后，便遭到国民党当局的阻挠和破坏。国民党北平市党部对助学运动实行新闻封锁，北平市教育局密令各校校长"不应受聘为赞助人"。北平社会局训令各同业公会取缔私自募捐，一些保甲长阻止市民捐助。北平警察局声称"如有强捐引起纠纷时，应依法妥为办理"，局长汤永咸密令内五区分局阻止学生上街募捐，各分局加强勤务。北平市政府发言人也公然指责助学委员会无合法地位，侮辱学生形同乞丐、强迫募捐。

北平广大青年学生冲破当局的重重阻挠，坚持将助学运动进行到底。助学运动所得共达5亿余元，完成事先预定的数目。

助学金的分配分为个人申请、助学委员会调查、审核三个步骤。个人申请及第一调查由各校分会分配部负责。然后，提交助学总会分配委员会进行复查审核。申请及初步调查工作自8月16日开始，到8月27日结束。总会分配委员会8月31日开始审核，9月4日基本完成分配工作。

分配助学金时，助学委员会领导开展了礼让运动，号召大哥哥大姐姐让小弟弟小妹妹、经济困难的让给经济绝望的，公立大学的学生主动让给私立大学的学生，大学生让给中学生。申请者共1700余人，经审核1500余名学生得到助学金，多的得到100万元左右，少的也得到一二十万元，使他们解除了失学危机。

9月13日，助学运动胜利结束。这天下午，北平市助学委员会在北京大学第四院开助学运动总结大会，总结一个多月来助学运动的成绩和经验。

助学运动使陷于失学危机的贫困学生得到不同程度的资助，得以继续读书，为他们争得了实际利益，扩大了党和进步社团的影响。助学运动密切了大学与中学之间的联系与团结，学生们深入社会，深入群众，在实际工作中经受锻炼。助学运动也使广大市民群众认识到，学生贫困失学，是国民党当局的残酷统治和内战政策的结果，使国民党反动派在政治上更加孤立。

二、要求保障人权的斗争

1947年6月，国民党当局诬指民主党派为中共暴乱工具，开始在平津等地大肆逮捕民主人士，仅中国民主同盟成员就有100余人被捕。10月27日，竟悍然宣布最大的民主党派中国民主同盟为非法团体。

此举引起各界民主人士和革命群众的极大愤慨。北平的九三学社、中国民主促进会领导人许德珩、雷洁琼、严景耀等联络北平的教授47人，在《新民报》上联名发表《我们对于政府压迫民盟的看法》，指出：对民盟横施压迫，强加摧残，这是不民主、不合理、不明智的举动。政府当局动辄对持不同政见者加以“叛乱”罪名，并实施暴力戡乱行动，试问人民的权利何在？人民的自由何在？

1947年9月初，国民党南京当局公布《后方共产党处置办法》，北平当局随即开始大规模逮捕进步学生。9月10日，清华大学学生为抗议非法逮捕学生罢课3天。9月下旬，北平地下党南系学委负责人袁永熙和北京大学、清华大学、燕京大学、贝满女子中学的南系地下党员10余人被捕；燕京大学1名女学生被捕；北京大学5名学生被捕。北京大学等4所大中学校于9月底至10月初先后罢课，抗议北平当局非法逮捕学生的罪行，并积极开展营救活动。

10月2日、12日和13日，燕京大学、北京大学和清华大学学生分别成立“人权保障委员会”。燕京大学学生自治会人权保障委员会发表《告社会人士书》，指出：燕大、北大、清华等校学生以及一些社会人士最近遭到非法逮捕，我们感到人权没有丝毫保障，宪政、民主无异于空谈。政府在戡乱的借口下，正进行摧毁人权绞杀自由民主的暴行，我们应该共同团结，对此类暴行予以制止。《告社会人士书》还提出，立即释放无辜被捕学生，保障人身、集会、言论之自由，保证以后不再发生同样事件，并呼吁各界人士予以正义的支援。

北京大学校方则于10月11日发出布告称，务望全体学生照常上课，凡不上课者，一律以缺课论。校长胡适提出，学生不信赖学校则学校可不负责任。12日，胡适放手不管，飞往南京。学生情绪激愤，出壁报指出，胡适离校系与政府勾结，为逮捕学生开方便之门。10月12日晚，北京大学院系联合会举行院系代表大会，讨论胡适离校后的形势，决定延长罢课至被捕学生返校或移送法院公开审判。

12日，清华大学发行18开油印小报《保障人权快报》第1号，内容为罢课意义以及清华大学学生自治会讨论罢课经过等。北平师范学院致函北京大学学生，表示支持罢课。北京大学、清华大学学生人权保障委员会在保障人权的口号下，提出释放被捕学生，制止非法逮捕，确保师生自由和安全的要求。各校学生纷纷响应，一些教授也发表宣言表示支持。慑于社会舆论的巨大压力，国民党北平当局将被捕学生先后释放。全国学生联合会为团结全国学生统一行动，决定11月20日为人权保障日。

三、抗议杀害于子三

1947年10月底，浙江大学学生自治会主席于子三被国民党特务秘密逮捕杀害的消息传来，北平广大学生立即投入抗议斗争。这是解放战争时期第二条战线上反对国民党反动统治的又一次全国性的学生运动。

时年23岁的于子三，出生于山东牟平县初家镇（今属烟台市莱山区）前七夼村，是浙江大学农学院农艺系四年级学生，也是中国共产党的外围组织新民主青年社和进步社团新潮社的负责人，也是浙江大学学生自治会同全国学联的联系人。10月26日凌晨2时，于子三被国民党浙江省保安司令部秘密逮捕。于子三虽然不是共产党员，但是他知道许多革命组织内部的情况。在国民党特务的严刑逼供下，他始终坚贞不屈，没有吐露任何机密。10月29日下午，于子三在狱中被害。

于子三被害的噩耗传至浙江大学，激起师生员工的强烈愤慨。从11月3日起，浙大师生一致罢课、罢教、罢工、罢研。浙江大学校长竺可桢亲赴南京向教育部申诉，并向《申报》《大公报》等新闻媒体介绍惨案真相，揭穿国民党当局无耻编造的于子三是畏罪自杀的谎言。11月3日，中共中央上海局钱瑛召开青年组会议，部署发动国统区学生声援浙江大学的斗争，要求采取灵活多样的方式反击敌人的进攻。

平津学生首先发起声援。11月1日，北京大学、清华大学、燕京大学三校学生正聚集在清华大学举行西南联大校庆[①]，传来于子三被残害的消息，许多学生怀着极大的悲愤要求立即举行罢课和示威游行，抗议国民党当局的罪恶行径。11月3日，中共北平地下党学委根据近期国民党当局迫害活动加剧，学生反抗情绪普遍高涨，广大教授也发表宣言支持学生要求保障人权的情况，本着既要狠狠打击国民党反动派的迫害罪行，又要注意保护革命力量的原则，做出了号召各校于11月6日举行总罢课一天，并召开追悼、示威大会进行抗议的决定。华北学联发表《反迫害、反屠杀、反诬蔑罢课宣言》，各校教授163人也发表宣言，支持学生的抗议行动。

在11月6日总罢课尚在筹备时，北平各学校即已分别开展声援杭州学生反迫害斗争的抗议活动。清华大学宣布从11月4日起罢课3天。燕京大学从11月5日起罢课两天。11月3日，北京大学决定召开追悼会。5日，开始抗议反动派暴行的签名运动，300多名学生签名要求罢课。中法大学等院校的学生也纷纷加入抗议活动队伍。

11月6日，北京大学、清华大学、燕京大学、朝阳学院、辅仁大学、中法大学等各校学生约4000人在北京大学民主广场举行追悼、示威大会。国民党军警宪特布满北京大学四周，会场内还混入一些化装成听众的三青团分子。广大学生不顾危险，在庄严悲愤的气氛中一致通过了要求反动当局立即释放被捕学生的决议。在大会进行中，又传来11月5日清华大学有5名学生为援助于子三家属上街募捐时被捕、中法大学学生前来参加大会在校门口遭到毒打被迫撤回的消息，顿时群情鼎沸，一致通过华北学联提出的继续罢课的决议。

会后，与会者列队绕民主广场游行。国民党北平警宪当局派人到会场阻挠破坏，7名学生受伤。大会在“为死者复仇，为生者争命”的口号声中结束。当晚，北平地下党学委召集各校党组织负责人开

---

① 1937年11月1日，南迁中的北京大学、清华大学、南开大学在岳麓山下组成国立长沙临时大学。1938年2月，搬迁入滇，4月改名国立西南联合大学。因为1937年11月1日正式合校上课，所以这一天被定为西南联大校庆日。

会，分析形势，制订策略和行动计划，决定由华北学联出面督促各校校方保释被捕学生。11月7日，北京大学、清华大学等校教授184人发表宣言，声援学生反迫害行动，要求政府惩办凶手。燕京大学的教职员与学生一起联合发表宣言，要求政府保障人权。

11月底12月初，中共中央上海局青年组对于子三惨案引发的运动做了初步总结，认为运动给了国民党反动派一个回击，已经取得了胜利。北平学生抗议国民党杀害于子三的斗争在坚持近一个月后，转入深入的群众工作。

四、声援上海学生运动

1947年12月6日，国民党南京当局教育部颁布《学生自治会修正规则》，规定由校长负责指挥监督学生自治会各种会议及活动，学校可以撤销学生自治会决议，甚至可以随时解散学生自治会。这个规则遭到各地学生的普遍反对和抵制。

1948年1月29日，上海同济大学学生因特务破坏学生自治会选举一事去南京请愿，遭到反动军警围攻。上海军警宪特8000余人包围同济大学，对手无寸铁的学生动用了铁甲车部队，致使学生死伤数十人，被捕300余人，教授杨烈也遭殴打，酿成“同济血案”。2月3日，北京大学、清华大学、辅仁大学的6名学生被捕。同济血案和北平学生又遭逮捕一事，再次激起北平广大学生的极大义愤，纷纷要求展开斗争。北大、清华、燕大等校学生自治会发表联合声明，呼吁全国学生共同起来争取学生自治的权力，并成立华北学生争取民主反迫害声援同济血案后援会，开展募捐等活动，支持上海学生的斗争。

2月5日，北平地下党学委决定于7日举行声援“同济血案”控诉示威大会，向社会各界控诉国民党反动派对学生的迫害。6日，各校按预定计划顺利完成大会的一切准备工作。7日，上述5校及朝阳学院、华北文法学院、天津南开大学、北洋大学等各校学生5000余人在北京大学民主广场举行控诉示威大会，以争取社会各界的同情与支持。大会致函上海同济大学校长丁文渊，抗议国民党军警镇压同济学生的暴行。大会一致反对《学生自治会修正规则》，要求国民党北平当局释放被捕的北平学生。这次大会由于进行了迅速、周密的准备工作，开会时又有纠察队严密防守，使国民党北平当局指使军警、特务进行破坏的活动未能得逞。各校学生在“同存共生，共同联防”的口号下振奋了斗争精神，加强了革命团结。

在北平地下党学委的领导下，北平学生运动通过开展助学运动、要求保障人权、抗议杀害于子三和声援上海同济大学学生的斗争，团结了广大中间学生，壮大了革命力量，有力地反击了当局以戡乱救国为名疯狂镇压国民党统治区进步学生和进步人士的暴行，推动了第二条战线斗争的深入发展。

第四节 “四月风暴”：国民党“比丧失20万大军还惨”

解放战争的节节胜利，鼓舞着国民党统治区人民，激励着第二条战线上的青年学生。国民党的军事、政治、经济危机进一步加深。国民党当局加紧搜刮人民，人民起来反饥饿；国民党当局加剧迫害爱国民主的学生运动，学生起来反迫害。反饥饿反迫害相互交织，相互促进。3月25日，国民党当局颁布《特种刑事法庭组织条例》，随即在北平成立特种刑事法庭，查禁华北学联，逮捕学生，制造血案。广大师生奋起抗争，形成“四月风暴”。北平地下党组织支持广大学生的正义斗争，举行“四九”大请愿，沉重地打击了国民党当局，孤立了反动派，壮大了革命力量。

一、“一校受迫害，各校支援”

1947年，国民党统治区的物价普遍上涨20倍左右，严重的经济危机又引发教育危机。学生们因学费、膳费的困难，时时受着饥饿和失学的威胁。教职员工的收入解决不了生活所需。1948年1月中旬，国民党政府又取消对平津讲师、助教、职员两袋面粉的平价配售，更加重了教职员工的生活困难。许多普通教职员三餐不饱，儿女啼饥号寒，有的因生活所迫，精神失常，甚至服毒、跳楼自杀。

1948年1月26日，平津唐各院校长举行谈话会，要求政府维持每人配售两袋面粉。3月2日，平津唐地区的北京大学、清华大学、南开大学、北洋大学等13所院校教职员为争取续配面粉联合呈文国民党政府教育部和行政院。3月15日，北平市抢救教育危机联合会成立。24日，北平教育局为避免事态扩大也呈文行政院呼吁。这些正当要求均遭到行政院的拒绝，广大教职员因此非常气愤。

这种情况下，中共北平地下党学委通过华北学联，领导北平、天津各大学和一些中学开展了抢救教育危机运动。北京大学、清华大学、燕京大学、中法大学、师范学院、朝阳学院等校分别召开座谈会，揭露国民党政府摧残教育，使广大师生员工陷于贫困饥饿的事实。汇文、艺文、惠中、崇德、孔德等中学的学生发起助学运动，在本校和一些大学中进行募捐，救济因学膳费困难而失学的学生。

面对广大师生的抢救教育危机运动，国民党当局采取了高压手段。2月24日，南京政府教育部部长朱家骅发布所谓“整顿学风”训令，极力歪曲事实，对国统区学生运动大肆诬蔑、诽谤和威胁。国民党北平当局亦随之发表谈话，无理提出抢救教育危机须先平学潮，故政府应惩办少数之职业学生。3月25日，华北学联发表文章，严词驳斥了教育部的“整顿学风令”。同日，南京国民党政府又颁布《特种刑事法庭组织条例》《戡乱时期危害国家紧急治罪条例》，并建立特种刑事法庭，准备对学生运动和整个国统区的爱国民主运动实行更严厉的摧残。

为加强平津各校学生的团结，深入开展反饥饿、反失学、抢救教育危机的斗争，在地下党学委领导下，华北学联决定举行平津同学大联欢。3月27日，天津600余名学生来到北平。3月28日，天津学生先后到燕京大学、清华大学，与两校及北京大学、师范学院、东北大学等校的一些学生联欢。当日晚7时，北平各大学、中学及部分工人、市民1万余人在北京大学民主广场举行营火晚会。会上，执行主席报告了当前形势和全国学联、世界学联的活动情况，谴责国民党当局对中国学生的迫害。大会宣布“华北院校自治会保卫自治权利联合会”正式成立，平津唐九院校自治会实行联防。现场的万余名学生郑重宣誓：“同甘苦，共生存！一校受迫害，各校支援！一人被捕，全体营救！”这反映出群众已觉悟到团结的力量，有了组织起来保卫自己、保卫学校、打退敌人进攻的要求。

可以说，抢救教育危机运动和平津同学大联欢，为“四月风暴”的到来打下了群众基础。

二、保卫华北学联

1948年3月29日，国民党不顾各界强烈反对，强行召开“行宪国民大会”选举“总统”。国民党北平当局为了严防学生“闹事”，就在这一天，指令平津各报刊载北平警备司令部转行辕转中央令查禁华北学联的“指示”，称华北学联为“伪”组织。同日，国民党中央社还发表《学潮综合分析结果》，大肆诬蔑全国学联、华北学联和学生运动。

当天下午，华北学联在北京大学民主广场召开黄花岗72烈士死难37周年纪念大会。这时，国民党防护团和警察特务5000人包围了北京大学，装甲车来回查巡，荷枪实弹的军警严密检查过往行人，几挺机关枪对准北大三院的门口。在恐怖的气氛中，北京大学、师范学院等校的学生和居住在北京大学的天津学生3000余人如期开会。华北学联代表在会上强烈抗议国民党当局查禁华北学联，尖锐指出，查禁学联是进一步迫害华北学生的信号，呼吁学生们团结起来保卫学联，击退逆流，并再次声明：“学联永远与全体同学同在，在任何情况下，继续为华北学生争取民主、谋求生活福利而奋斗到底！”被激怒的全体到会学生不断高呼：“保卫学联！”“保卫自治会！”

进步教授许德珩、袁翰青、樊弘应邀到会讲话。他们指出：“今天知识分子只有一条路，便是与苦难人民同在。”“工、农、兵、学、商各阶层的人民联合起来，向独裁集团要回政权。愿意，就采取和平方式，不愿意，就用武力把政权给它夺过来！”三位教授的讲演，鼓舞了学生们的斗志。

3月30日，华北学联在北京大学召开会议，决定坚决揭穿国民党的阴谋，组织罢课，发动学生起来自卫。30日、31日两天，又连续发生汇文中学自治会的负责学生、艺文中学进步学生和北京大学学生被特务毒打的事件，各校学生更加愤怒。自31日起，燕京大学、清华大学、北平师范学院、中法大学等校学生自治会先后召开会议，酝酿罢课，抗议国民党的暴行和查禁华北学联。北平地下党学委正确运用斗争策略。一方面组织各校用学生自治会的合法名义，进行公开交涉；一方面组织学生积极访问一些教授，探明校方的态度，争取同情和支持；同时公开学联活动，招待记者，发表声明，宣传和动员群众起来保卫华北学联。

4月2日，北京大学、清华大学、燕京大学、中法大学、南开大学、北洋大学、北平师范学院等平津院校的学生自治会代表到行辕请愿，向行辕参谋长徐启明递交《平津七院校学生自治会为政府非法查禁华北学联抗议书》，要求收回查禁华北学联的成命。4月3日上午，学生自治会代表及中学联的代表在北京大学召开会议，决定五院校自即日起罢课3天。北京大学学生自治会发表《北京大学等五大学校学生自治会为抗议非法查禁学联罢课宣言》，呼吁广大学生联合起来，保卫华北学联，反饥饿、反迫害。各校罢课期间，成立了联防组织，分别召开保卫学联控诉大会或座谈会，组织学生张贴标语，散发宣传品。

4月5日，北京大学、清华大学、北平师范学院、燕京大学、南开大学、北洋大学、中法大学等校学生自治会联合发表《华北七大学学生自治会反饥饿、反迫害罢课宣言》（以下简称《宣言》），向国民党政府提出4项严重抗议：

（一）抗议政府非法查禁华北学联以及对学联的诬蔑；

（二）抗议军警包围学校；

（三）抗议政府一连串非法逮捕，非刑拷打的摧残人民的暴行；

（四）抗议政府为进行反人民战争而执行的饥饿政策。

《宣言》还提出6项严正要求：

（一）提高教育经费最低至宪法规定的百分之十五；

（二）合理提高大学教授、讲师、助教、职员待遇，配发面粉；

（三）国立学校学生给予全面公费；

（四）补助私立大中学校经费，增设奖学金；

（五）对市立中小学教员全体配发面；

（六）提高学校工警待遇，配发面粉。

宣言最后呼吁饥饿的人们团结起来反饥饿，反迫害，反独裁，反对美国军事援华！要饭吃，要自由，要民主，要民族独立！同日，各校代表联合招待中外记者，通报数日来各校保卫华北学联，反饥饿、反迫害的情况。

三、北平第一次“六罢合一”

国民党统治区经济危机日趋严重，物价飞涨。1948年第一季度接连发生6次涨风，米价从每担100万元涨到450万元。人民生活日趋艰难。1月，国民党政府公布全国公教人员薪金调整办法，取消两袋面粉的平价配售，更加重了公教人员的生活困难。在北平各大中学校，许多教职员工三餐不饱，大学生的伙食水平日益下降。为了争取生存，教职员工罢教、罢工，此起彼伏。

3月初，华北学联根据北平学委的意见，开展抢救教育危机运动。北大、清华、燕大、北平师院、中法大学、朝阳学院等校学生自治会分别举行抢救教育危机座谈会，邀请教授、讲师、助教参加，揭露国民党政府摧残教育，使广大师生陷于贫困饥饿的事实。6校自治会组织了许多访问小组，访问教职员工，共诉生活的苦难。平津唐13院校教授职员联名呈请教育部和行政院继续配售面粉两袋。

3月20日，北大全体教职员工又联名上书胡适，争取配售面粉。3月底，南京政府行政院驳回了各院校请求配售面粉的要求，激起了广大教职员工的不满。4月1日，北大讲师助教联合会全体集会，决定4月6日起罢教，提出3项要求：恢复每月配售面粉两袋；按照实际生活指数发薪；学术研究费亦按实际生活指数发给。北大工友校警代表在4月3日向学校当局请愿，也提出3项要求：增加底薪；配发实物；技术工人应得较普通工人为高的待遇。请愿没有结果，便决定自4月6日起罢工。北大职员工会决定和讲师、助教、工警共同行动，自4月6日起罢职。

北大教职员工的行动迅速扩展到各个院校。清华讲师助教联合会、清华职员公会、清华工警联合会、北平师院讲师助教联合会、北平师院工警福利委员会都先后决定同时罢教、罢职、罢工。燕大、中法因是私立大学，教职员工没有争取罢教、罢工，但都发表宣言，支持国立院校的罢教、罢职、罢工行动。北平研究院助理研究人员联合会决定同时罢研。北大附属医院医护人员决定同时罢诊。天津的南开、北洋、唐山交大等先后决定三罢。北大、清华、师院、燕大、中法、朝阳、铁院等校学生，为支持教职员工罢教罢工，均自6日起继续罢课。

在各校讲师助教的罢教斗争中，助教起了积极作用。他们毕业不久，和学生有着密切联系，不少年轻助教过去是学运的积极分子。北大工学院助教樊恭杰是“一二·一”运动的领导骨干之一，宋硕是反甄审运动的领导骨干之一。北大工学院的助教联合会早在1947年9月就已成立。其他各院校的助教联合会也都成立较早，都有地下党的领导。这次罢教首先是在助教中间酝酿发动，由助教而及讲师。各校工警的罢工斗争则和学生自治会举办的工友夜校有密切关系。许多工友都是经过在工友夜校学习，唤起了阶级觉悟，有些工友也参加了地下党。正是在这一基础上，各校建立了工警联合会，组织了这次罢工斗争。

4月5日，北大、清华、北平研究院3院校的7个教职员工组织联合举行记者招待会。会上发表了《为争取合理待遇告社会人士书》，指出：

> 我们这样做，完全是势迫出此。教育界同仁生活的困顿，不从今天起，而今天已到了忍无可忍的地步。
>
> 几个月来，教育界同仁除了普遍的穷困，三餐不给，儿女啼饥号寒之外，有的弄到神经失常，以至疯狂，有的服毒，有的跳楼自杀。这些惨状，都彰彰在人耳目。
>
> 两个月来，我们曾经一而再，再而三的呼吁、要求，

请政府维持原来配发面粉的办法，按照实际生活指数，按月调整薪给。唇也干了，笔也秃了，所得到的答复是一个不准。

为了中国学术文化的前途，使学校和研究机关能走上正常健康的轨道，我们这样做，在今天是必要的，虽然我们是在忍着痛如此做。

该宣言书痛陈生活的疾苦，强烈要求改善生活待遇，并决定自4月6日起，罢教、罢职、罢研、罢诊、罢工三天。

4月6日，师院讲师助教联合会筹备会发表《告社会人士书》，指出："本院讲师助教同仁，以教育为终身事业，学术研究为神圣职责，但为生活所迫，不得不负疚罢教。"各校讲师助教联合会还发表《告同学书》。各院校教职员工组织同时电呈南京政府行政院及教育部，并电告在南京参加"国大"的胡适、梅贻琦、李书华等人，请他们就近与政府交涉解决办法。

北大、清华、北平师院、燕大等学生自治会还分别举行了师生工警诉苦大会、师生工警生活问题座谈会、招待工警晚会等。在师院工警诉苦大会上，工友代表张嘉麟拿着一块冷白薯控诉："全家就仗着几块白薯活命！"新诗社学生朗诵了《献给工警弟兄们》长诗，全场工友和许多学生都哭了起来。清华在举行工警大会后，几百位学生和工友一起高呼"反饥饿、反迫害""工警学生是一家"等口号，在校内游行，群情激昂。

各校学生从校内到校外广泛展开了宣传活动。北大沙滩、北大四院、北大医学院、北大工学院、清华、燕大、北平师院、中法等校，把大字壁报、标语、漫画贴在校门外和附近街道上。师院大门两边门柱上贴着一副对联：

征粮征兵征税逼人民走投无路

罢工罢课罢教要政府还命于民

往来行人纷纷围观。北大红楼的对外广播经常有四五十人止步倾听，有时达数百人。

北大四院自治会在宣武门附近的城墙上用白灰刷了“反迫害”三个大字，每个字有丈余见方；两侧是“保卫华北学联”“团结就是力量”等字，也有4平方米大小。气势雄伟的大标语，收到了很好的宣传效果。反动政府派警察夜里把它涂掉，学生们白天重新刷上，一直坚持到运动结束。4月5日，北大罢委会组织了沙滩、四院、工学院700多位学生，在前门、东单、王府井、西单、宣武门、护国寺一带繁华地区散发宣传品1万多份。

各校学生为支持工友校警罢工，组织服务队，代替工友的各种工作，如下厨房做饭、打扫校园、清理厕所、烧锅炉、看电话、守校门等等。有些技术性强的工作，如蒸馒头、炒菜仍由大师傅指导，一般工作，学生们能愉快胜任。通过服务，工友们感受到学生们的热情，学生们体会到劳动的艰辛，学生和工友之间更加亲密。当时有些学生用《向劳动英雄学习》的曲子，填了新词，一边服务，一边歌唱：“向劳动工友学习。向劳动工友学习！”

讲师、助教、职员、工警的罢教罢工得到广大教授的同情和支持。清华教授30人签名，师院教授15人签名响应罢教。北大36名教授发表《致员工同仁同学书》，其中说：

> 你们在如此恶劣的环境中，在法律所允许的范围内，采取光明磊落的态度，发出正义的呼声，我们不能不寄以深切的同情。你们的痛苦与烦闷，就是我们的痛苦与烦闷。我们愿与各位站在同一的立场，互相勉励，来保卫学府尊严，争取人民自由，要求生存权利。

于是，从4月6日起，就形成了北平学运史上空前的“六罢合流”：罢教、罢职、罢研、罢诊、罢工、罢课。“六罢”期间，各校学生普遍举行招待工警营火晚会、联欢会、工友诉苦会、师生工警生活问题座谈会，并组织各种服务队代替工友工作，形成师生员工警大团结的局面。

四、北平师院的“四九”血案

国民党北平当局对“六罢合流”感到震惊和恐慌，决定以各个击破手法对广大师生的斗争进行镇压。4月7日晚，北平警备司令陈继承等命令北京大学校方将柯在铄等12名学生自治会理事、人权保障委员会负责人于8日中午12时前交到北平警备司令部。陈继承还威胁说：不答应交人，警备司令部就自行进校逮捕。学生自治会闻知后，决定立即召开全校学生紧急大会，发动群众保护这些学生。

4月8日上午10时，同学们纷纷从红楼、西斋、三院奔赴民主广场。会议决定，誓做12位同学的坚强后盾，坚决拒绝非法逮捕，并提出：“一人被捕，全校坐牢！”学生们用凳子围成许多圈，把12位同学围在中心，保卫着他们的安全。这时，扩音器里传来敌人让步的消息，将逮捕12人减为6人，限12点前交出。广场上顿时响起一片反对声。一位学生高喊：“不准逮捕一个人！”12位同学也坚决表示：“要去，一起去！”12点就要到了，学生们更紧密地围坐在12位学生四周。限定的时间过去了，国民党军警没敢前来抓人，学生们齐声唱起《团结就是力量》。

国民党军警迫害北京大学学生的阴谋被挫败后，又将目标锁定为北平师范学院。他们怀疑该校藏有电台，还确定了30多名逮捕对象。4月9日0时30分左右，国民党特务乘两辆大卡车来到师范学院。特务们分为两队，一队进校门直奔南部斋和一字楼学生宿舍，打伤学生，并绑架姚炯等8名学生；另一队由学校后墙跳进去直奔学生自治会炊委会、文科大楼的行知图书馆、国文学会、英语学会、历史学会和教育学会等处，砸毁玻璃，抢走收音机（特务们以为是电台）、留声机、唱片和炊委会公款309万元，绑架赵学勤同学。一些学生急忙敲打校钟和洗脸盆报警，住在其他宿舍的学生们闻声而起。特务们边鸣枪恐吓边殴打学生，乘车仓皇撤走。这就是震惊全市的“四九”血案。

血案发生后，北平师范学院学生非常愤怒。院学生自治会立即组织联防，保卫学校，并连夜通知学校当局和各校学生。学生自治会还决定早晨7时半召开全体学生紧急大会。凌晨2时半，师范学院代院长黎锦熙和院训导长、教务长、总务长等人赶到现场，首先组织人将受伤学生送往医院，然后做出决定：由校方赴北平行辕、警备司令部、北平市政府报告血案经过，提出抗议；布告学生，希等待校方交涉；分函北平行辕、警备司令部，请释放被捕学生，严惩凶手，赔偿损失。

早晨7时半，院学生自治会在文科大楼前召开全体学生大会，通报情况，研究对策。一位学生高举被捕学生的血衣，悲愤地控诉特务的暴行，全场一片呜咽声。大会主席高声说：“我们要把悲痛变成力量，现在我们面对被捕同学的血衣宣誓！”全体同学立即举起右手，齐声道：“我们全体同学抱定生同生、死同死的决心，誓死救八位同学，不达目的，决不终止！”

8时许，600名学生组成的请愿队伍，在“抗议‘四九’血案请愿团”和“反迫害要生命”两面门旗的引导下，悲壮地走出校门。他们沿途向行人出示血衣和凶器，控诉特务暴行。师范学院的教授、讲师、助教80多人也赴行辕请愿，并慰问请愿学生。

北平各校学生、教授、讲师、助教得知师范学院发生血案的消息后无比愤慨。早晨8时，北京大学四院学生数百人前往行辕请愿。上午10时至11时，华北学联召开会议，决定组织各校学生先到行辕请愿，然后游行。当日，铁道管理学院、朝阳学院、北京大学、中法大学、清华大学、燕京大学、北平艺术专科学校等校的学生陆续来到行辕，分别派代表进行辕交涉。北平地下党大学委负责人张大中、项子明随队伍来到新华门，就近指导。北京大学、清华大学、燕京大学等校的校方和教授、讲师、助教积极支持学生们的正义行动。清华大学教联会的30多位教师有的前赴行辕、市政府交涉，营救被捕学生，有的随队伍请愿。下午5时许，行辕前广场上聚集了6000余人。

在国民党大批军警包围下，师生们不畏强暴，高举“反饥饿、反迫害”“抗议‘四九’血案”等大幅横标，高呼“严惩凶手”“立即释放被捕同学”“要饭吃，要活命”等口号，《团结就是力量》《民族革命进行曲》的歌声此起彼伏。为了统一行动，由北京大学、清华大学、燕京大学、师范学院、中法大学、朝阳学院、铁道管理学院和天津的南开大学、北洋大学等校的代表11人组成请愿团，提出请愿要求：释放师院被捕同学；停止传讯北京大学12名同学；释放在南京被捕的朝阳学院两名同学；惩办凶手，赔偿公私损失，保证不再发生类似事件；收回查禁学联命令；提高教育经费，保障员工生活等。请愿团派师范学院、清华大学、燕京大学、中法大学、朝阳学院、北京大学学生代表7人进行辕交涉。

等候在门外的学生进一步开展宣传工作，用柏油和粉笔在新华门附近的大街上、墙壁上及每个人的后背上写下反迫害的标语。有的学生还在新华门前的4根朱红色大圆柱上写下了两副对联：

南京开国大，北平杀学生

朱门酒肉臭，路有冻死骨

一位学生把“冻”字改成“饿”字，又有一位学生把“饿”字改成“打”字，活灵活现地勾画出国民党军警的残暴面目。

行辕代表先是敷衍塞责，后经各校校方和教授学生代表的数次交涉，晚10点半，国民党北平当局才被迫答应释放8名被捕学生。晚11时，8名被捕学生终于被释放了，并被送往北大附属医院治疗。同时，行辕还被迫答应转呈中央，请求释放在南京被捕的两名朝阳学院同学；在学校的保证下不再传讯北京大学12名同学。据此，请愿团决定，其余关于惩办凶手、华北学联的存在、保障人权、争取全面公费、提高教育经费等项要求，授权9所大学的学生自治会联合交涉。

此时，新华门上空升起了两盏红色的灯笼，一盏写着“团结”，一盏写着“光明”，请愿队伍一片欢呼。晚12时，各校师生分别返校。长达16小时的请愿斗争终于取得胜利。

4月10日，师范学院教职员工、学生及各校部分师生员工在师范学院召开欢迎和慰问受难同学大会。北京大学、清华大学、燕京大学、中法大学、北平艺术专科学校5院校致电教育部，谴责特务暴行，要求行政院严令负责机关追究责任，制止再发生类似事件。

五、抗议“四一一”暴行

国民党特务制造的“四九”血案没有吓倒进步学生，反倒把反动当局搞得狼狈不堪。全国各地纷纷声援北平学生，谴责特务暴行。国际学联、留美同学会等团体也打来电报慰问。在南京出席伪国大的各校校长也要求政府“了解青年，保障其言论自由，学校由校长负责，不可以外力干涉，要学生守法，政府须先守法”。但国民党反动当局不顾舆论的强烈谴责，又导演了一场新的迫害丑剧。

4月11日上午10时，国民党北平市参议会、商会、青年联谊会、大车工会等御用团体，纠集特务流氓，强迫、裹胁部分工人、店员和大中学生，在天安门前召开“北平市学生民众清共大会”。会后，举行“反暴乱、反罢课、清共大游行”。暴徒闯到北京大学，又砸又打，北大四周的宪警竟视若无睹。这伙暴徒行凶后，又去和平门，包围师范学院。

当暴徒们在北京大学行凶时，北平师范学院学生自治会已获得消息，立即召开紧急会议做出决定，编组投入战斗准备。下午3时，一队队宪兵警察来到师范学院要求入校进行所谓保护，被学生自治会严词拒绝。5时10分，暴徒们打碎楼窗玻璃，冲进院内张贴反动标语，撕毁壁报、公告栏。院学生自治会考虑到暴徒们是在国民党宪警保护下公然行凶，劝阻学生们暂时不理他们的挑衅。暴徒们也看出学生们早有准备，没有敢再攻打丁字楼。7时左右，暴徒呼啸而去。这就是“四一一”事件。

“四一一”暴行进一步暴露了国民党当局迫害人民的丑恶嘴脸，教育了中间群众。北平各院校又掀起一场声讨国民党暴行的斗争。北京大学教授会、讲助会、职员会、工警联合会、北大附属医院先后在11日、12日召开会议，决定罢教、罢职、罢工、罢诊一个星期，抗议“四一一”暴行，要求国民党政府惩办凶手，赔偿损失，保证不再发生类似事件，呼吁各界予以支援，共伸正义。11日下午5时，北京大学数千名学生在民主广场集合，愤怒谴责“四一一”暴行，要求严惩凶手，追究责任，赔偿损失，并决定与教授一致行动罢课3天。北平师范学院学生自治会于12日下午在音乐堂招待记者，揭露“四九”血案和“四一一”暴行的真相，宣布成立“四九”血案抗暴会，要求当局赔偿损失8.593亿元。

4月12日，在华北学联的领导下，北京大学、清华大学、燕京大学、北平师范学院、中法大学、朝阳学院、河北工学院、南开大学、北洋大学、铁道管理学院、唐山工学院等11所院校学生自治会代表团到北平行辕请愿，抗议“四一一”暴行，提出严惩凶手、赔偿损失、保障安全等要求。行辕以法律解决为借口推卸责任。北平师范学院教授会于13日发表宣言，抗议“四一一”暴行。清华大学、燕京大学、中法大学等校教授、讲师、助教也相继罢教表示支援。13日至16日，北京大学、北平师范学院、清华大学、燕京大学等校先后几次召开师生员工团结大会、工警招待会，增进师生员工团结，共同保卫学校的安全。北京大学还成立了师生员工安全保障委员会，其他各校也成立或加强了联防自卫组织。

“四一一”暴行后，国民党当局通过御用新闻机构，极力掩盖真相，恐吓学生。14日，国民党中央社发表北平行辕参谋长徐启明关于学潮的谈话，胡说什么“四九”血案是罢课学生与反罢课学生之争造成的，北京大学被捣是北大一部分主持罢课学生对请愿队伍讥笑辱骂所致。16日，国民党青年部部长陈雪屏在接见北京大学、北平师范学院等校学生自治会代表时威胁说，政府一定要逮捕反政府学生，师大事件是一个开始。19日，国民党北平市党部主任吴铸人竟然胡说“四一一”暴行是什么爱国学生、爱国民众激于义愤，起而反抗，自动锄奸。他威胁进步师生员工不要玩火，更不要掏出“罢”字武器来。

各校师生员工对国民党当局颠倒黑白的欺骗、恐吓言论，针锋相对地做了揭露和强烈谴责。14日，北京大学师生员工安全保障委员会、清华大学讲师助教联合会、北平师范学院讲师助教联合会等在北京大学联合举行记者招待会，发表《驳斥歪曲事实之谈话及报道》，谴责国民党北平当局对广大师生员工的迫害和推卸纵容暴徒行凶的责任，再次揭露“四九”血案和“四一一”暴行的真相。15日，北平师范学院教授会、抗暴会、北京大学学生自治会就徐启明的谈话发表抗议声明，重申“四九”血案、“四一一”事件之真相不容歪曲。18日，师范学院学生自治会就“四九”血案和“四一一”事件向陈雪屏提出备忘录。19日，师范学院教授会致函陈雪屏，坚持惩凶、赔偿、保障安全3项条件，不达目的，绝不复教。院学生自治会坚决支持教授会的3项要求，表示不达目的，愿与教授共同到南京请愿。北京大学、清华大学、燕京大学等校90多名教授亦签名发表《驳吴铸人》的书面声明，谴责吴铸人的谈话是进一步破坏的先声，是预谋制造第二次闻一多事件。

北平广大师生员工的反饥饿、反迫害斗争，得到各地学校师生员工和各界的有力支援。天津、唐山、上海、南京、武汉、厦门、咸阳、四川、浙江等地17个城市的29个大专院校、7所中学的学生与此同时也纷纷开展了反饥饿、反迫害的斗争。居住在香港的民主党派负责人、民主人士和各界知名人士何香凝、柳亚子、谭平山、李济深、沈钧儒、陈其瑗、郭沫若、茅盾、马叙伦、胡绳等136人联名致信平津各校教授、学生、工友，强烈谴责国民党当局的暴行，坚决支持广大教职员工和学生们的正义斗争。各地的斗争起到了相互配合、相互支援的作用，沉重打击了国民党反动派。

在社会各界的愤怒谴责下，国民党北平当局不得不有所收敛。4月23日，北平市市长何思源、警备司令陈继承联合致函北平师范学院，表示职司治安，疏于保护，公私交责，愧憾无拟。同时表示要严究肇事责任，尽力防止嗣后再发生类似事件，负责妥当弥补损失。尽管这种允诺不可能兑现，但表面上总算接受了广大师生员工提出的3项要求。这等于承认学生罢课、教师罢教是合理合法的。24日，北平师范学院教授会开会通过接受何、陈的答复，决定26日复教。院学生自治会也决定与教授一致行动，于4月26日休罢，并发表了休罢宣言。与此同时，清华大学、北京大学、燕京大学、中法大学等校学生自治会考虑到斗争已经取得成果，为更好地团结教授、讲师、助教和员工，更好地团结中间学生，使进步力量得到休整，避免反动派的报复，也先后复课。

“四月风暴”是第二条战线在北平的深入发展。它虽然没有“五二〇”运动那么大的规模，但在斗争中第一次出现了“六罢合流”、共同向蒋介石抗议的局面。广大教职员工不再限于同情声援学生，而是直接投入到反饥饿、反迫害斗争行列中来了。这是国民党反动派的饥饿与迫害政策产生的后果，更是党的统一战线政策的胜利。这次斗争中，没有再提出反内战的口号，显示人民大众已基本丢掉对蒋介石国民党的幻想，打倒蒋政权已被越来越多的人所接受，国民党反动派进一步陷入全民包围之中。“四月风暴”后，就连陈雪屏也哀叹：国民党的失败，“比丧失20万大军还惨”[①]。

① 李凌：《抗暴运动亲历记》，中共中央党史研究室、中央档案馆编：《中共党史资料》2006年第4期，中共党史出版社2006年版，第84页。

第五节　反美扶日运动：不许西洋鬼子帮东洋鬼子

1948年五六月间，中国人民开展了反对美国扶植日本侵略势力复活的爱国运动。运动首先在上海爆发后，中共北平地下党领导学生起而响应，举行反美扶日大游行，共同把运动推向高潮。

实际上，随着清朝晚期国家实力不断衰微，民族主义不断高涨。尤其到了民国，不论是基层民众、青年学生，还是政府官员、社会清流，都认为美国已成西方帝国主义的象征。1948年5月，《北大半月刊》在沙滩区为反对美国扶植日本问题举行了一次民意测验，有317位学生接受了调查。测试的结果反映了当时中国学生对美国的印象。无论是日常斗争，还是反美运动，其矛头最终都要指向执政的国民党。

一、华北响应沪上

第二次世界大战后，美国积极扶植日本侵略势力复活，企图把日本作为它的反苏反共基地。在美国的扶植下，日本以各种名义隐蔽了参谋本部全体将校军官及大批军事人员；以扩充警察为名，重建日本陆军；又以防止海上走私为理由，重新建立了拥有巡洋舰135艘、扫雷艇100艘的海上武装，扩充了佐世保、横须贺、吴港等处海军基地；不仅保留了战时各地飞机场、飞机制造厂，而且在本州北部青森县增建了强大的空军基地。日本还在经济上恢复发展直接或间接的军事工业。在美国的庇护下，一些罪恶昭著的战犯，包括担任过侵华日军中国派遣军总司令官的畑俊六等，均未受到惩处。前台湾总督小林跻造等数十名要犯被释放，同样担任过侵华日军中国派遣军总司令官的冈村宁次、海军总司令长谷川清等上千名战犯则长期逍遥法外。

美国的扶日政策和日本企图复活军国主义的行为，严重地危及中国的安全，引起中国人民的警觉和愤怒。1948年4月30日，中共中央发布“五一”劳动节口号，提出“全国工人阶级和全国人民团结起来”“反对美帝国主义者扶植日本侵略势力的复活”。这一号召得到全国人民的拥护，迅速掀起一场声势浩大的全国性反美扶日运动。

5月上旬，上海学生率先发起反美扶日运动。5月4日，“上海市学生反对美国扶植日本抢救民族危机联合会”成立，发表宣言号召全国同胞一致行动起来，粉碎美帝的扶植日本侵华政策。北平地下党学委随即通过华北学联发动北平各院校师生响应，并将中共中央关于纪念“五一”劳动节口号秘密印发给北平一些学校的地下党组织。

5月20日，华北学联以平津唐13所院校学生自治会的名义发表《“五二〇”周年纪念告同学书》，指出美国扶日的严重性和危害性，擂响了华北地区反美扶日运动的战鼓。北平各校按照地下党学委和华北学联的部署以系级和社团为单位，普遍组织座谈会、讲演会，举办图片资料展览和民意测验，提高广大学生对反美扶日的认识。

5月30日，华北学联以纪念五卅运动23周年为名，在北京大学民主广场召开反美扶日示威大会，来自北平各大学和天津、唐山的学生代表1500余人参加。会上，成立“华北学生反对美国扶植日本抢救民族危机联合会”，通过《致美国国务院抗议电》、《致世界学联电》和《致美国人民美国各通讯社各人民团体电》，谴责美国扶日是违背《波茨坦公告》、出卖盟国人民的政策，将危害中华民族的独立与安全，危害世界和平；呼吁远东全世界爱好和平的人民以及美国爱好和平民主的人民，联合起来防止日本法西斯复活，反对美国政府扶植日本的政策。

广大学生反美扶日运动的兴起，使美国和国民党政府感到十分恐慌。6月4日，美国驻中国大使司徒雷登发表声明，极力为美国的扶日政策辩解。国民党政府为讨好美国，也极力为美国辩护，宣称要严禁一切反美扶日的宣传和运动，并于6月5日镇压了上海学生的反美扶日大示威，逮捕并打伤学生百余人。6月6日，平津唐13所院校学生自治会联合发表抗议司徒雷登的声明，严正指出：

中国学生自五四运动起，即是在帝国主义和军阀的刺刀枪杆下成长，在高压迫害下壮大起来的。中国人民和中国学生不是任何恐吓和暴力所能吓倒的。……承受行动之结果，不是中国人民和中国学生，而是帝国主义！

这一天，王亚南、巴金、周谷城、马寅初、费孝通等北平、天津、香港各地的教授、知名人士291人联合发表宣言，愤怒谴责美国的扶日政策，坚决支持学生们的爱国行动。6月6日至8日，北平各大学的学生采取多种形式，广泛进行反美扶日的宣传，随之一场声势浩大的反美扶日大游行爆发了。

二、“六九”反美扶日大游行

1948年6月8日下午，华北学联开会决定，6月9日起各校罢课两天。6月9日上午举行突击性的示威大游行，并对游行的出发时间、路线、口号等做了具体布置。会后，各校党组织、学生自治会积极做准备工作，组织行动委员会、宣传队、纠察队，组织部分学生做旗帜、写标语，印传单、写信函。不少学生彻夜忙碌，以精神饱满的状态完成各项筹备任务。

燕京大学在6月8日傍晚举行“夕阳会”，把学生按照系级分成几十个组，系级干部领导讨论“反美扶日”问题。经过讨论将记录送交主席台，负责学生总结后提出：

美国是不是在扶植日本？
假如是的，日本侵略势力复活，对中国是否有危险？
如有危险中国人是否应该有所表示？

这些问题得到全体赞同，学生们自动排成队伍，高呼口号，绕校园一周，成为“六九”大游行的序曲。

为保证游行的突击性，北平师院自治会在6月9日早晨才出布告，“今日有游行，不罢课”，号召学生们参加游行。当时有些事先未通知到的学生，知道有游行后，又陆续赶上游行队伍。

6月9日拂晓，各校分别召集学生，宣布当天游行。学生们非常兴奋，迅速集合。7时左右，游行队伍陆续出发。按照原定计划，游行队伍分为三路，每路均设两套主席团指挥，第一套在队首，负责现场指挥；第二套在队尾，作为候补，如果第一套被捕或被打散，就由第二套指挥。各路的组织和游行路线分别是：东路由北大沙滩、中法大学、朝阳学院、华北文法学院等校组成，从沙滩出发，经东四、王府井、东长安街、天安门，到东交民巷美国领事馆；西路由北大四院、北大医学院、北大工学院、北平师院、北平铁院、辅仁大学、沈阳中正大学等校组成，由和平门、府右街、西单至西直门，与由清华、燕大两校组成的队伍会合后，再南下西单、西长安街、天安门到东交民巷；三路集中后向美国领事馆递交抗议书，最后回民主广场。

1948年夏，北平学生举行反美扶日大游行（新华社　提供）

东路的800多名北大学生在民主广场集合后，4人一排整队出发。沿途学生高呼：

反对美国扶植日本！
反对美国干涉中国内政！
反对奴才外交，挽救民族危机！
杀死冈村宁次！
杀死掘内干城！
保护发展民族工商业！

宣传队不时散发《反对美国扶植日本宣言》《驳斥司徒大使之声明》等传单、宣言、诗歌、漫画等。他们还用沥青在交通要道，用粉笔在路旁的地下、门上、墙上写标语。游行学生还组织了街头宣传小组，北大大地合唱团满怀激情地高唱《游击队歌》《太行山上》《祖国的孩子们》《我们自由地走，纵情地唱》等歌曲。他们还自编自唱这样一首揭露美蒋罪恶的歌曲：

同胞们，细听我们告诉哟你：
抗战八年打败了日本，全靠我老百姓，
出兵又纳粮，出钱又出力，
为的是赶走了鬼子，好过那太平年哪！
打内战，打内战，没钱就不好办。
有些家伙天生着一副黑良心，
请来了美国兵，杀人又奸淫，
为的是讨他们喜欢，帮助来打内战哪！

宣传效果最好的是队伍前面的流动活报剧。剧的内容是：一个美国人和一个资本家带着一个全副武装的日本兵，日本兵在美国人与资本家的唆使下，凶狠残暴地抢走一位做小生意的老人的货品。当老人向日本兵要钱时，他不但分文不给，反而凶狠地用棍子打老人。这时一位青年学生过来干涉，日本兵反而打得更凶，拳打脚踢，老人昏倒在地上。但是日本兵并未停手，老人的一位十七八岁的孙女，跪在日本兵面前，哭泣着乞求饶她爷爷的性命。日本兵却毫无廉耻地调戏起这位少女来。少女又羞又怕逃到旁边，而美国人却哈哈大笑，连连赞赏着："顶好！顶好！"

演到这里，学生们悲愤地向群众说："同胞们啊，八年中我们同胞受尽了这样的凌辱，今天日本兵又要来了。"许多群众流下泪来，齐声高呼："反对美国扶植日本！""打倒日本帝国主义！"队伍行至王府井附近时，几个小孩见"日本人"打中国人，脸都气白了。其中一个小孩搬起石头，一定要打死这个"日本兵"，他哭着说："我的妈妈、爸爸都是让日本人打死的，今天我非要打死这个'日本兵'不可。"他拼命地往队伍里冲，学生们急忙将他拉住，解释这是演剧，不是日本人。小孩仍然哭着，眼里充满仇恨的泪花。

队伍行至青年会时，遇到青年军数人，他们被学生们的爱国行动所感动，也随着队伍高呼"反对美国扶植日本！"。游行途中，北大学生先后与中法大学学生、朝阳学院学生会合。三校队伍会合后经王府井、东华门大街进入南河沿。这时，南河沿北口已布满武装军警，企图阻止队伍前进。但学生们毫不畏惧，继续前进。军警急忙鸣枪恫吓，有的解下皮带抽打学生。励志社的一批特务，还向队伍中乱投石块，五六个学生受了伤。大家怒不可遏，气愤地说："我们是爱国学生，日本又要来了，从前我们都受过日本人的欺侮，挨过他们的耳光""我们都是中国人，我们都爱中国""请放我们过去"。军警瞪着眼，仍不放行。主席团决定派代表与军警交涉，并派学生回北大促使训导长贺麟出面与国民党北平警察局局长汤永咸交涉，保证学生安全。

交涉期间，学生就地宣传，围观的群众很多。许多儿童随着队伍高喊："打倒日本帝国主义！""反美扶日！"学生们把50多个儿童组成儿童游行团。两小时后，贺麟与汤永咸来了，汤对学生代表说：

“任何中国人都反对美国扶植日本，都爱中国，不过戡乱时期是不得有此举动的，我们已经让你们游行到这里了，不能再游行下去。”主席团没有理睬汤的威吓，决定不解散队伍，仍原地坚持，牵制敌人，减少敌人对其他各校的压力。

西郊的400名燕大学生上午7时在贝公楼前集合，随后整队到清华园与清华的1200名学生会合。1600人的游行队伍浩浩荡荡地出发了。沿途不断高呼：

反对美国扶植日本军国主义！
中国要有独立外交！
抗议屠杀爱国学生！
保护民族工商业！
清华、燕京是一家！

同时，学生们高唱《团结就是力量》。队伍行至西直门时，城门已被警察抢先关闭，大家异常气愤。

西路的北平师范学院、北大农学院和北大四院学生在四院集合，上午9时许出发，到六部口、府右街与沈阳中正大学、北大医学院、铁道学院的队伍会合，然后开始游行，沿途高呼口号，散发传单。游行队伍在太平仓又会合北大工学院的200多位学生，一起向西直门进发。

自行车队来到西直门时，几个守城警察见情况不妙，连忙跑下城楼准备关闭内城门，但已经来不及了，自行车队已经冲进瓮城。守城的警察只想到不许清华、燕大的队伍进来，没有防备到城内有人接应，所以外城门只插了门闩，没有上锁。学生们推开警察，抽出门闩，打开外城门，清华、燕大的队伍便涌了进来。这时，西路游行大队也赶到了。城内城外的两支游行队伍会师了。学生们激动得又是握手，又是跳跃，共享胜利的喜悦。两路游行队伍的主席团会商后，便重整队伍，开始浩浩荡荡的反美扶日大游行。

4000多人的游行队伍沿途散发传单，进行街头讲演，不断高呼："誓死防止第二次卢沟桥事变！""打倒日本帝国主义，抢救民族危机！"宣传队的学生更加忙碌，街道两旁的墙壁上、树上以及来往的车辆上都贴满或写满标语。队伍刚过新街口南大街不久，便见东路的骑自行车的联络员接二连三地赶来，报告东路队伍受阻，催促大队快去接应。于是大家便加快步伐，奔向南河沿。东路学生得到西路、西郊两路学生到来的消息后非常兴奋。许多学生高喊："冲！冲过去会师！"军警急忙朝天鸣枪恫吓学生。但学生来势汹涌，他们只好仓促后退。三路大军终于胜利会师了。学生们兴高采烈，掌声、歌声、欢呼声、口号声此起彼伏，接连不断。

三路大军会师后，主席团认真研究当时的形势，如按原计划去东交民巷美国领事馆递交抗议书，势必再遭警察拦阻。据西路联络员的报告，通往东交民巷的道路都已被军警严密封锁，如果坚持通过，很有可能发生流血惨案。考虑到这次分路游行示威，已经造成很大影响，收到预期效果，根据斗争需要"有理、有利、有节"的原则，游行队伍回北大为上策。主席团一致同意这个意见，于是5000多人的游行队伍威武雄壮地返回北大民主广场。下午3时半，在民主广场举行"华北学生反对美国扶植日本，抢救民族危机大会"。

北大四院学生史道铃代表主席团对这次游行做了简要总结，会上通过主席团提出的5项决议：

（一）反美扶日运动刚刚开始，号召全体学生继续奋斗；

（二）抗议北平当局对我们爱国运动的打击与破坏；

（三）响应上海同学发起的10万人签名运动；

（四）号召全国人民一致反对美国扶植日本；

（五）10日仍继续罢课一天。

随后由华北文法学院、沈阳中正大学的代表发言，朝阳大学教授费青和参加游行的北京大学教授楼邦彦进行演讲，指出"人民有权利批评政府，反对政府的政策"，号召所有的中国人都应反对美国的扶日政策，批评国民党政府的外交政策。楼邦彦还赞扬今天的游行，谴责“军警阻挠毫无道理”。

最后，大会主席带领全体学生庄严宣誓：“我们华北学生，同甘苦，共患难，团结一致，展开国民外交运动。誓死反对美国扶植日本，誓死反对出卖国家民族利益。为了我们国家的独立与民族的解放，我们不怕打击破坏，坚决奋斗到底。谨誓。”

这庄严的誓词，充分表达了中华民族不屈不挠英勇奋斗的爱国主义精神，显示出中国不可侮、人民不可欺的威力。

大会进行了1个多小时后，在《团结就是力量》的雄壮歌声中胜利结束。

国民党北平当局阻挠“六九”反美扶日游行，殴打爱国学生，激起学生们的无比愤慨。就在“六九”游行后的第二天，北平各校学生继续罢课，开展了响应上海反美扶日10万人签名运动。同日，华北学生反对美国扶植日本抢救民族危机联合会发表《抗议平沪两市当局迫害反美扶日爱国学生书》，指出：

> 反对美国扶植日本，抢救民族危机系保护民族工商业，亦为全国一致要求，但政府对美国扶植日本之错误政策，非但未表示反对以确保民族利益，反而坐视日本帝国主义之复活，以宽大自居，甚至为美国多方文饰。如此外交实令人痛心。

抗议书揭露了平沪两市武装警察镇压爱国学生的暴行，对两市当局提出严重抗议。

三、大学教职工的呼应

君子不食嗟来之食。1948年春天，美国一个具有政府背景的救济机构给北平、天津的大学生提供一些救济品，如无偿补助营养品和衣服，供应平价面粉等。发给各校学生的标准大体相等，营养品如何发放由校学生自治会的福利部或服务部自行决定。在当时普遍饥馑的年代里，这点补助确实有助于增加营养。平津的大学师生为抗议司徒雷登对中国学生的污蔑，维护中国人民的尊严和气节，纷纷觉醒，断然拒绝美国“救济”。

早在“六九”以前，北洋大学教授张国藩、陈荩民首先拒绝接受美国救济品。消息传到北平，北大四院学生起而响应，发表拒领美国救济品的声明，并将准备分发的几万只鸡蛋退了回去。

“六九”反美扶日大游行后不久，北京大学、北平师院、燕京大学、中法大学等院校学生团结广大教职员工，开展抗议北平当局暴行、拒绝美国救济品的行动。在燕京大学，各社团、团契和一些先进系级纷纷召开座谈会，请一些进步教授发表谈话，动员大家放弃美援。

6月12日，北平各大学教授、讲师和助教437人联名致函司徒雷登，谴责6月4日的声明；谴责美国对中国的“协助”是“干涉中国内政”，“已使中国内战拖延扩大，已使中国人民生灵涂炭”；谴责司徒雷登对中国学生的污蔑，赞扬中国学生的反美扶日运动“实为代表全中国人民之利益。其呼声实代表全中国人民之呼声”，并一针见血地揭露了司徒雷登的真面目①。

6月18日，燕大学生再次发表抗议司徒雷登声明。同日，新华社发表社论指出：

---

① 信函中指出：“阁下至少素以‘协助增进中国学生之幸福’自居，然阁下6月4日之书面声明对中国学生之反扶日运动，予以侮辱与威胁，使中国人民洞察阁下之真面目。”“阁下‘一生之大部分时间，消磨于中国学术界中’，而竟对中国实情如此盲昧不知，吾人深为阁下叹息。阁下为贵国政府之错误政策辩护，强词夺理，掩饰事实，使中国人民痛恨不置。”“阁下此种无理威胁中国学生与知识分子以至全体人民，决不介意，盖贵国政府之侵略魔爪早已伸入中国，吾人已领教有素矣。吾人深信中国人民之力量，足以击溃任何外来之干涉与压迫，吾人深信贵国绝大多数善良人民亦必与中国人民立于一条战线上，击溃贵国政府之反动政策。贵国政府若不立即改变其继续扶植日本军国主义之政策，吾人当以阁下之言，转告阁下曰，贵国政府‘必须准备承受行动之结果’。”参见《北平教授、讲师、助教四百三十七人致司徒雷登函》，北京市档案馆编：《解放战争时期北平学生运动》，光明日报出版社1991年版，第348—349页。

司徒雷登企图在中国人民面前辩护无法辩护的美国对日政策，表示他不但反动，并且愚蠢。正因为这样，这个金元大使，受了中国人民的一致唾骂。司徒长期以为政治资本的燕京大学生，这次面对面地驳斥了他的谬论。[①]

6月19日，张奚若、吴晗、朱自清等110名清华大学教职工联名发表拒领美国救济品的庄严声明："为了表示中国人民的尊严和气节，我们断然拒绝具有收买灵魂性质的一切施舍物资。"清华大学、北京大学、中法大学、铁道管理学院等校的爱国学生和教职员工也纷纷签名，拒领美国的救济品。各院校纷纷贴出"不食嗟来之食""中国人的良心不能收买""反对美国政府以救济为诱饵骗中国的人心，换取中国的主权"等壁报，充分显示出中华民族的爱国主义精神，显示出人穷志不穷，宁肯饿死不当奴才的高尚气节。

在一片"拒绝美援""不食嗟来之食"的呼声中，大多数学生纷纷将领取营养补助证贴到图书馆和教室楼的外墙上，拒绝了美援。北平师院543名学生签名，甚至连患肺病的学生也签名拒绝美国的"救济"。北大、铁院、中法、艺专等校的爱国学生和教职员工也纷纷签名，拒绝美国的"救济"。在反美扶日斗争中，广大师生认识到国民党之所以百事依顺尾随美国，甚至不惜奉送主权领土，是为了获得"美援"进行反革命内战。美国之所以猖狂地要挟国民党政府压制人民，甚至采取直接行动干涉中国内政，也是因为给过"美援"。

据1949年8月5日美国国务院发表的《美国与中国的关系》白皮书披露的材料，从抗战到1948年，国民党政府接受"美援"45亿多美元，实际上美国援蒋远不止这个数目。但这些"美援"绝大多数是杀人武器，用来统治人民，进攻人民解放军，发动反革命内战。"美

① 《爱国运动的新高涨》，中共中央党校党史教研室选编：《中共党史参考资料》第6册，人民出版社1979年版，第442页。

援”是中国人民的卖身契，带来的是大规模的全国内战和人民的苦难。“美援”使美国人在中国领土上为所欲为，“美援”还变成了恐吓爱国运动的工具。

北平学生的反美扶日运动取得的伟大胜利，既反映了广大学生的觉醒和成熟，也表明了北平地下党的领导艺术。在北平的学生运动史上又写下光辉灿烂的一页。上海、天津、唐山、南京、昆明等地的学生与北平学生积极配合，也先后开展反美扶日运动。爱国的火炬燃遍全国，沉重地打击了美蒋反动派，提高了广大人民的政治觉悟。

第六节 “七九”示威：东北学生恼了

1948年7月5日，国民党北平当局对从东北各地迁到北平的请愿学生进行镇压，造成死9人、伤130多人的惨案。在中共北平地下党领导下，北平和东北学生大团结，在7月9日进行“反剿民、要活命”的游行请愿斗争，抗议国民党反动政府的残酷暴行。

一、东北学生的北平冷遇

1948年春天，东北解放军攻克鞍山、辽阳、永吉、四平等重要城市，解放东北地区的广大农村，使东北的国民党军队困守在长春、沈阳、锦州等几个城市。当时，几座孤城城郊的学校成了国民党的兵营，城内各校变成了伤兵医院，学生们已经没有立足就学之地了。国民党当局提出把东北的一部分大中学校，如东北大学、长春大学、沈阳医学院、长白师院、中正大学等，相继迁校至北平。因为北平是文化古都，对东北院校的广大师生很有吸引力。加上当时国民党当局大搞欺骗宣传，散布“北平已有政府拨款，设有临大临中，聘有著名的大学教授讲课”等谎言，诱迫师生入关。

当时，东北各院校的学生不少人是徒步由东北入关的。他们在国民党统治区常遇土匪，所带的衣物和一点路费被一抢而光。经过解放区时，情况则大大不同，不但没有劫道的，而且还设立许多接待站，负责接待学生，有住、有吃、有喝。两相比较，解放区的情况给学生们留下了深刻的印象。解放军和地方干部的热情招待、诚恳的态度使学生们很受感动。有些学生不愿再到国统区去，就在解放区留下参加革命了。但大部分学生由于受了国民党宣传的欺骗，仍抱着幻想投奔北平。

到北平的东北大学生约有12000人。国民党当局对这些学生采取了冷漠、拖延、欺骗的态度，原先允诺设立的北平临时大学（简称

“临大”)、北平临时中学(简称“临中”)变得杳无音信。除2000多名学生投靠亲友外，万名学生则被安排住在寺庙、火车站、城门楼、防空洞等处，常常是一个屋子里挤着几十人甚至百余人。住在法源寺停灵小屋中的女生，日夜守着十几口棺材，臭气冲天，天天在恐怖之中度日。

学生吃饭问题更为严重，开始时国民党当局根本不予理睬，后经学生不断请愿和舆论呼吁，这些学生只得每天用发给的小米面换两个窝头，根本吃不饱，病倒的学生日益增多，没有医生也没有药品。原先鼓吹的到北平后“有政府照管”“生活不成问题”，变成了空话。

东北学生三番五次地到北平市政府、市教育局及临大负责人陈克孚处请愿，但得到的答复是“办学没经费”“没地方”。东北学生来北平求生存、求学习的幻想被彻底打碎了，他们得到的只是无助的失望和前途未卜的恐惧。

二、“七五”血案的枪声

在东北学生孤苦无依、进退两难之时，国民党当局又在策划着新的骗局。1948年7月3日，由北平市参议会议长许惠东主持，召开参议会第一届第三次大会。会上讨论了东北学生问题，通过所谓《北平市参议会关于救济东北来平学生办法案》，规定对东北学生予以严格军事训练，东北国立、公立学校停办，停发经费。

这一议案用心险恶，试图达到一箭三雕的目的：一可以用东北学生补充国民党军队的兵员，并对进步的学生加以迫害；二可将东北的教育经费全部充作军用，改教育经费为军训经费；三可用薪水控制东北的大中学教职员，令他们撤入关内，破坏解放区教育的恢复和建设。

这一办法在报上刊出后，立刻激起从东北流亡到北平的学生们的气愤。4日下午7时，东北来平各校学生代表在长白师范学院住所开会，讨论研究应当采取的对策。会议决定次日举行请愿游行，到北平市参议会抗议，要求许惠东当面道歉，撤销原议案。

7月5日晨，分住在北平各个角落的东北大学、中正大学、长春大学、长白师范学院、沈阳医学院、锦州大学先修班及东北联中等15个学校的学生分为东西两路，开始向位于西长安街新华门对面的北平市参议院进发。他们沿途张贴标语，用粉笔在地上、墙上、电线杆上写下自己的心声，一群群行人被宣传员的街头讲演所吸引，发出了一声声同情的感叹。上午8时许，市参议会门前已聚集了5000多人。学生代表要求许惠东出来答复质问，但一等再等，无人理会。愤怒的学生高喊：

反对市参议会非法决议！
我们要吃饭、要读书！
誓死不当炮灰！

9点多时，请愿的学生已达6000多人。参议会的拖延，使学生们的不满情绪越发强烈，参议会大楼上又有人不时向请愿队伍挑衅，更让学生们怒不可遏，砸开铁门拥进大楼。在大门口，几个学生搭起人梯，把门楣上“北平市参议会”6个字砸掉，用沥青写上“北平市土豪劣绅会”。

东北学生的行动，得到北平广大学生的声援和支持。11时左右，北京大学、清华大学等8院校学生自治会给他们送来一面写有“要自由，争生存”红字的绿色布旗和慰问信，大大鼓舞了东北学生的士气。

3个多钟头过去了，参议会无人出面，请愿毫无结果。由东北15所院校代表组成的主席团经过商量，决定立即折向李宗仁在北长街的官邸，改向李宗仁请愿。下午2点多钟，学生代表向李宗仁提出3项要求：撤销参议会议案，并向东北学生道歉；解决读书问题，立即成立临大临中，无条件地收容所有东北来平学生，并一律发给公费；彻底解决东北学生食宿问题。李宗仁的答复是：参议会是民意机关，政府不能干涉；成立临大、临中转教育部从速办理；我这个副总统是有职无权的，但我愿意尽力帮助。这种毫无实质意义的答复，没解决任何问题。

这时，忽然有人大喊：“同学们！许惠东就住在东交民巷一号，走呀，找许惠东算账去！”队伍像滚滚洪流，掉头向南奔去。那个“民意机关”议长许惠东住宅铁门紧闭，数百名荷枪实弹的军警守卫在四周。学生虽再三要求，但许始终拒而不见。宪兵鸣枪恫吓，请愿学生坚持不退。

下午5点多钟，北平市警备司令陈继承派出的青年军208师两个连及4辆装甲车，在搜索营营长的带领下赶到。他们杀气腾腾地将学生分割成东西两段。两辆装甲车停在许宅门口，两辆装甲车堵住西边学生的退路。士兵排成两道封锁线，将枪口对准手无寸铁的青年学生。学生们推出代表同国民党北平市警察局副局长交涉。这家伙装腔作势地说：“你们要许议长道歉吗？可是参议会是否真的通过了那样一个议案，现在还没有判明嘛，自然还谈不到道歉喽！”接着又恐吓道：“已接到警备司令陈司令令，今晚7时戒严，在戒严时间再请愿游行者，要以戒严法论处！你们不要以身试法，赶快回去吧！所有要求明天答复。”

这显然是托词，但代表们考虑到学生们一天滴水未进，疲惫不堪，应适可而止。于是向学生们传达了交涉结果，宣布整理队伍，返回住地。这时已是下午6时55分，正当各校学生拖着沉重的步子准备撤离许宅时，东交民巷东口突然响起枪声，有学生中弹受伤。枪声停止，当学生们起来救护伤者时，枪声又响起来。在这次惨案中，被屠杀的东北学生有8人、北平市民1人，受伤者达130多人。

“七五”血案发生后，反动当局一方面大造谣言，诬蔑学生，混淆视听；另一方面宣布戒严，派军警包围东北各校学生的住地，禁止学生的任何集体行动。7月6日清晨，大批警宪闯进东北大学等校学生住所捕走学生37人，制造更加恐怖的气氛，以图把学生斗争强压下去。

7月5日东北学生的请愿，北平地下党学委事先并不知道。惨案发生后，学委获知。7月6日，地下党学委召集东北学生中的地下党负责人开紧急会议，了解东北学生的情况，研究下一步对策，认为蒋介石用逮捕、监禁、殴打、屠杀等暴力行为对付赤手空拳的学生，必然激起群众的更大反抗，必将擦亮全国人民的眼睛，激起全国人民的强烈反对，一切社会同情都在学生方面。如不坚持斗争，学生运动就有被反动派镇压下去的危险。学委决定抓住这一事件，利用"国大"召开不久，国民党当局正用"行宪民主"来掩盖其法西斯独裁统治的机会，利用正在北平的副总统李宗仁和蒋介石之间的尖锐矛盾，反击国民党反动派的暴行，同时进一步团结东北来平学生，引导他们参加到爱国学生运动的行列中来。

同日，华北学联在北京大学沙滩北楼召开紧急会议，成立"北平八院校学生抗议'七五'惨案后援会"，决定通过多种形式支援东北学生的斗争，并将情况通报全国学联及世界学联。第二天，天津、唐山等地的院校也要求参加，后援会改称"华北十三院校学生抗议'七五'血案后援会"。7月6日，东北22所院校的学生代表在铁狮子胡同东大院东北大学的住地开会，成立"东北学生抗议'七五'血案联合会"，向华北学联发出要求支援的呼吁，并于次日发表《东北学生为抗议"七五"血案告家乡父老书》，控诉国民党反动派采取"这样狠毒手段，较之过去倭寇更甚"，表示"决心异地同争，血债要用血来偿还，追究杀人凶手偿命"，"你们的子弟在血屠下，却会更坚强地站起来"。

在中共北平地下党学委和华北学联的领导下，北平学生声援东北学生的活动迅速展开，一些学校成立支援东北学生的组织。各院校学生自治会组织了大规模募捐、宣传、慰问活动，向东北学生捐献了急需的衣服、面粉、书籍等物品。北京大学学生自治会派出自己的文艺团体艺联前往细瓦石、广化寺等地，访问和慰问中正大学、锦州大学先修班、长白师范学院、临中等院校的师生。清华大学学生自治会在8日组织宣传队、慰问队等，支援东北学生的正义斗争，进城宣传慰问的学生有240多人，为东北学生捐献钱物价值4亿多元（法币）。7月7日晚，燕京大学、清华大学两校联合在清华园召开纪念“七七”抗战、声援“七五”惨案控诉示威大会，有600多人参加。会上，东北学生报告惨案发生的前后经过，举行追悼仪式。学生自治会除成立东北同学互助会、捐钱捐物、出墙报外，还组织学生到监狱慰问被捕的东北学生，公布了探监报道。

“七五”血案震动华北、东北各界。沈阳10万工人罢工，商人罢市，反对国民党军队的暴行。朱自清、吴晗、梁思成、袁翰青、雷洁琼等串联北平各大学教授、讲师、助教，联合发表抗议书。驻北平的宪兵团东北籍士兵和天津的东北籍士兵，也激于义愤表示抗议，结果竟被缴械或包围。

三、“反剿民、要活命”大示威

在抗议“七五”血案的声势越来越大，参加的人数越来越多的有利情况下，北平地下党学委认真分析形势，毅然做出7月9日组织更大规模游行示威请愿活动的决定，并要求各校党组织进一步发动群众，行动前做好周密的准备和部署。要讲究斗争策略，把矛头对准蒋介石，不要对着李宗仁、傅作义，开展有理、有利、有节的斗争，不搞过火行动。

7月8日上午，以华北学联为核心的“华北十三院校学生抗议‘七五’血案后援会”召开会议，贯彻地下党学委决定，讨论部署“七九”游行示威请愿活动的具体安排。

7月9日早晨，北平、东北各院校同学集合好队伍，以急行军的方式，跑步直奔北京大学民主广场。一个小时内，民主广场上已聚集万余人。东北、华北学生抗议“七五”血案追悼控诉大会主席宣布主席团的临时决定：先进行游行示威，到北长街李宗仁住处请愿，然后回来召开追悼控诉大会。在场的学生热烈鼓掌通过。按照大会主席团的安排，请愿的队伍以清华大学、燕京大学领头，北京大学、北平师范学院殿后，其他华北、东北各院校相间而行，排列得井然有序。

“反剿民、要活命”大请愿游行队伍在民主广场集合，准备出发

以“反剿民、要活命”大字横幅为前导的游行请愿队伍一路小跑，如怒潮般浩浩荡荡向前奔涌，很快来到李宗仁公馆。请愿代表团入内交涉，门外的学生则在马路中间举行悼念死难学生的仪式。

请愿代表向李宗仁递交请愿书，提出严惩凶手，交还死亡学生尸体，解除对受伤学生的监视，立即释放被捕学生，撤销戒严令，成立临大、临中，收容所有东北学生并给予公费待遇等8项要求。公馆外面，对死难学生进行哀悼。一副醒目的挽联挂在李公馆大门口：

希烈士稳坐云端压阵脚

看生者索还血债慰英灵

时间过去很久，但任何一项具体问题都没有解决。主席团经过研究，再派第二批代表进入李宅，继续重申学生的请愿要求。但李宗仁的答复还是那句话，说他有职无权，愿尽力协助。而且对增加请愿代表表示不满，说是对他进行威胁。最后，李宗仁建议可成立一个由各方人士共同组成的善后委员会，来商议解决这些问题。善后委员会的组成人员他可找北平官方的负责人，由学生聘社会名流（如胡适）、东北“国大”代表、立法委员、监察委员，再加上学生代表。请愿又停顿下来。

随着时间推移，包围学生的军警越来越多。中午12时左右，开来4部装甲车，混杂在学生中的警察开始撤退。与此同时，参加游行请愿的清华大学、燕京大学的第二批学生400多人在12点多钟被堵在西直门外。当学生们吃午饭时，由地痞、流氓、特务组成的所谓人民服务大队捣毁了学校的汽车，向学生们投掷石块，几十名学生受伤。

参加游行请愿的北平地下党学委领导根据变化了的情况，立即决定新的行动方案，通过主席团中的地下党员做工作，主席团第三次派代表进入李宅，针对可能发生新的血案，明确要求李宗仁答复3件事：立即释放被捕同学；立即撤回装甲车；如发生血案，由地方当局完全负责。李宗仁见欺骗和恫吓均不奏效，被迫做出让步，表示东北学生如无罪，即令释放，如有罪证移交法院；答应撤回装甲车，208师不进城，并给北平警备司令陈继承打电话说：“我不怕学生，你派装甲车来干什么！你要担保今天不出事故。”

在有以上答复的情况下，主席团为避免遭受更大的损失，决定结束请愿，队伍经南长街、南北池子，返回北大民主广场。

下午5时，东北、华北学生抗议“七五”血案追悼控诉大会按计划在北京大学民主广场召开。大会主席总结了游行示威的成果。东北学生代表在台上沉痛地回顾入关后的经过，揭露“七五”血案发生的过程。他说：

我们对政府仅有的一点希望，现在已全部破灭了。血淋淋的事实教训了我们，使我们知道，今后只有靠我们自己的力量，才能争取我们的生存权利。这次血案，不只是东北同学的事情，也不只是华北同学的事情，而是全国同学的事情。为了替死者复仇，为了要读书，要活命，我们要团结起来，向统治者坚决抗争到底！①

《反剿民要活命》

团结起来，共同抗争，成了在场的所有东北、华北学生的共识。会上成立“东北华北学生抗议‘七五’血案联合会”。东北、华北学生共同宣誓：“坚决地站起来，齐心协力，团结一致，来保卫我们的基本人权，我们以钢铁的意志和坚强的决心，来坚持我们的斗争！”

四、保存力量迎接新风暴

“七五”血案发生后，蒋介石在庐山召开牯岭会议，决定对学生运动采取强硬手段，阴谋在全国范围内大批逮捕爱国学生，妄图把学生争取民主和自由的运动压下去。在北平，国民党当局一方面为平抑全国人民的愤怒，装模作样地说要调查处理“七五”事件；另一方面则千方百计破坏东北和华北学生的团结，分化和瓦解学生运动。12日至14日，大批军警及由流氓地痞组成的所谓人民服务队包围北京大学、清华大学、燕京大学等校，殴打教师，抓捕学生。一场新的镇压和迫害又要开始了。

在复杂的形势和激烈的斗争面前，北平地下党按照上级的指示，

① 中共北京市委党史研究室：《中国共产党北京历史》第1卷，北京出版社2011年版，第500页。

保持清醒的头脑。7月11日，中共中央城工部发出《对平津学运的意见》，明确指出：在暂时，北平的直接革命是不可能的，在那些宣传与组织群众的工作还没有做好的学校（或工厂），必须继续努力做好；而那些宣传与组织群众的工作比较好的学校（或工厂），就必须善于巩固和保存已得的阵地，善于忍耐和等待革命时机的到来，反对单独轻率前进的冒险主义和急性病，以免招致可能的损失和失败，要改变某些小解放区的工作方式，保卫这些阵地和力量到最后，在适当时机配合人民解放军解放北平和接管北平。

中共中央华北局城工部在《平津工作意见》中，更是明确规定了北平学运的方针和任务：争取大多数，关键在于争取中间学生和工作落后的学校；在工作中培养提拔新干部；有计划地输送毕业和未毕业的学生来解放区参加工作；向社会各阶层进行统战工作；动员全体党员，根据一切可能条件进行认真工作，以备将来应用；进行适当斗争，隐蔽坚持，准备最后斗争。

北平地下党学委根据上述指示，向北平各院校地下党组织提出改变斗争方式，暂时不搞大运动，以避免损失；团结东北学生，加强对校方及教授的统一战线工作，反对迫害学生，以便在大迫害来临时形成坚强的组织，进行有力的自卫和反击。地下党学委还决定，将北平各院校暑期工作的重点转到东北来平学生身上。要求地下党员主动接近东北学生，要耐心地、全心地、虚心地为东北学生服务，从生活上着手建立感情，同他们交朋友，打成一片，逐步用事实消除他们中的一些人对国民党的幻想，当他们觉悟到要反对国民党反动派时，要帮助他们讲究斗争策略。

“七九”大会上成立的“东北华北学生抗议‘七五’血案联合会”，在贯彻地下党的指示、协调各校的斗争方面，发挥了积极作用，在宣传、劝募、联络、组织请愿等方面做了大量工作。从7月11日至8月7日，联合会派出代表向北平行辕和北平市政府请愿6次，要求他们实践诺言，取消戒严令，释放被捕学生，解决东北学生的食宿，赔偿一切损失。为了争取全国人民的同情和支援，联合会还派出南下请愿团和北上访问团，分别前往南京和东北学生的老家沈阳等地，揭露反动当局屠杀迫害学生的暴行。

按照北平地下党学委的指示，北平各院校地下党员和进步学生到东北学生的住地去，从生活上关心东北来平学生。在短短一个月的时间里，为东北学生募集现款17亿余元（法币），衣物2084件，面粉3540斤，鞋502双，帮助东北学生解决了不少困难。北京大学医学院还专为东北学生组成医疗队，到他们的住地巡回看病，免费发药。北京大学、师范学院、中法大学、清华大学、燕京大学等校都开办了文化补习班，一方面为东北学生补习文化课程，一方面帮助东北学生认清形势，明晰时局，提高觉悟。不少中共地下党员、民主青年联盟[①]盟员和进步学生担任了补习班的授课任务，密切了和东北学生的关系，提高了党员、盟员在东北学生中的威信。

北平各院校的地下党员和进步学生经过多种形式和各个层次的工作，融洽了两地学生的关系，粉碎了国民党反动派离间东北、华北学生的企图。北平地下党不但团结了大多数东北学生，而且还在一些东北大中学校中发展了党员、盟员，建立了党的外围组织。“七五”血案前，东北大学只有10名地下党员，10多名民主青年联盟盟员。经过不到半年的时间，该校党员已增加到50多名，民主青年联盟盟员增至130名之多。东北来平学生由初期的迷惘、分散，逐步成熟起来，成为后来反对国民党反动派的一支坚强力量。

当1948年底北平即将解放之际，国民党又一次策划将东北、华北院校南迁，东北学生公开投票，否决了迁校的主张。200多名东北学生经北平地下党组织介绍，奔向解放区。

---

① 1947年4月到5月间，中共北平地下党学委根据刘仁的指示，参照中共中央南方局地下党组织“民主青年同盟”的经验，决定建立党的外围组织“民主青年联盟”（简称“民联”），并制定了章程。民联成立后，在中共北平地下党学委的领导下，其组织不断发展壮大，在斗争中发挥了重要作用。到1949年1月北平解放时，民联盟员已有3500余人，其中绝大部分是大、中学生，另外也有少数青年工人。

第三章

红色暗战：情报英雄多无名

解放战争时期，中国共产党的情报工作已发展得十分成熟，涉及政治、经济、文化以及军事等各个方面。尤其是军事情报，很好地配合了解放军一些重大战役，为取得战役乃至决战的胜利发挥了不可替代的作用。

情报战如同一个没有硝烟的战场。情报战的“士兵”，深入敌人内部，“神龙见首不见尾”。他们易面事敌，“与虎谋皮”，屡建奇功；他们变换角色，斗智斗勇，犹如踩着刀锋的舞者；他们大音希声，大道无形，倒下的是身躯，屹立的是信仰。

第一节　风声北平：神秘的隐蔽战线

在国民党政权摇摇欲坠的形势下，北平革命力量日益发展。中共北平地下党组织在发展进步力量、团结中间力量方面，进行了卓有成效的工作，取得了显著成绩。地下党员由1945年10月的234人，发展到到1949年2月的3300多人①，还有一大批党的外围组织和党直接领导的或在党领导下的进步社团，成为1920年北平党组织成立以来发展最快的时期。学校、工厂、铁路、市政、新闻、出版、服务行业、医院、电信部门都先后建立地下党组织。党组织还指派一些有条件的同志打入国民党的军政机关和部队。在各地下党组织的周围，团结和影响着一大批党的积极分子和同情分子。进步与反动，光明与黑暗，两种力量在进行最后的殊死斗争。

地下党组织在北平有着错综复杂的地下情报网，主要有中共晋察冀中央局社会部系统、城工部系统和解放军敌工部系统。社会部系统，工作对象主要是社会名流与上层人员，有中央社会部、晋察冀中央局社会部等。城工部系统，工作主要面对普通市民、学生、工人等，发展党的地下组织。1949年北平解放时，城工部发展党员超过2000人。敌工部系统，主要任务是策反以及获取军事情报。

一、神通广大的社会部

中共中央社会部是中共隐蔽战线工作的指挥机关，1939年2月在延安成立。中共中央书记处《关于成立社会部的决定》指出："目前日寇汉奸及顽固分子用一切方法派遣奸细企图混入我们的内部进行阴谋破坏工作，为了保障党的组织的巩固，中央决定在党的高级组织

① 中共北京市委组织部、中共北京市委党史资料征集委员会、北京市档案局编：《中国共产党北京市组织史资料》(1921—1987)，人民出版社1992年版，第174页。

内成立社会部。”中央社会部（简称中社部），部长康生，副部长李克农。中央社会部为保卫党中央领导人的安全，为夺取中国人民抗日战争和解放战争胜利做出重要贡献。

解放前夕的北平，是国民党反动派在北方的最大堡垒。东北、华北各地的军政要员、特务、溃败的散兵游勇、封建军阀、官僚政客、土豪劣绅、流氓地痞等，都陆续会聚到这里。辽沈战役结束后，解放军迅速入关，会同华北军区部队对平津形成分隔包围之势。国民党部队调兵遣将修筑工事，准备凭借城池与解放军决战。为及时掌握敌情，尽快解放北平，中共中央社会部所属在北平情报部门，认真贯彻“大胆放手，积极进攻，提高警惕，分清内外，区别远近，多线管理”的方针，紧紧依靠广大人民群众，英勇机智，深入虎穴，搜集情报，对解放军进行正确的军事判断和实施战略部署发挥了重要作用，为和平解放北平做出了重要贡献。

社会部系统在北平从事情报工作的单位有：晋察冀中央局社会部，部长许建国；晋冀鲁豫中央局社会部，部长杨奇清（1948年5月，晋察冀中央局和晋冀鲁豫中央局合并组成中央华北局，两个社会部相应合并成立了华北局社会部，部长许建国、副部长杨奇清）；中央社会部直属平津情报工作站（即原晋绥平津情报工作站，1948年6月归中央社会部直接领导，情报人员来自中共晋绥分局城工部、晋绥调查局、晋绥公安总局三个单位），站长冯基平；冀察热辽中央分局社会部冀东北平情报委员会，负责人安林。

社会部在情报工作方面成绩突出。1939年3月，中共中央派中社部战区部部长许建国率考察组来到晋察冀边区，应中共中央北方分局书记彭真和晋察冀军区司令员兼政治委员聂荣臻请求，并报中央社会部批准留了下来，以加强晋察冀抗日根据地的公安保卫工作和情报工作。1940年，以社会部考察组成员为骨干，在河北阜平县史家寨建立中共中央北方分局社会部，许建国任部长，统管晋察冀抗日根据地的公安保卫和情报工作。分局社会部成立后，组织干部到各分区进行调查，深入研究根据地的敌情和社会情况，抽调县级以上干部进行培训，建立各级公安保卫和情报工作机构，为开展边区公安保卫和情报工作打下了基础。

许建国在担任晋察冀分局社会部部长期间，兼任中央情报部晋察冀第一分局局长。他以主要精力积极开展华北、东北敌占城市的情报工作。此外，根据中共中央指示，还在华中、华南及海外建立地下情报组织。首先，晋察冀分局社会部遵循中共中央的战略部署，着眼全局，以根据地为基地，把数百名情报工作人员派往平、津、保、石以及上海、南京等敌占城市，建立情报联络点线，组织和联络当地秘密党员、进步青年、抗日爱国人士等，渗透到日伪的军、政、警、特组织内部，形成精干的情报队伍，获取战略战术情况，为晋察冀军区领导机关领导反“扫荡”斗争，提供了重要依据。同时，晋察冀分局社会部利用晋察冀抗日根据地与东北地区毗连的有利地理条件，积极开展对东北伪满和日军的情报。

1946年10月，中央社会部的工作由李克农主持。1948年5月，李克农任社会部部长。谭政文、陈刚、刘少文先后任副部长。新中国筹建之际，社会部被撤销，政治保卫部分归入公安部（在政府建立之前归军委建制），保留中央情报部，由李克农任部长。他们各有分工、团结协作，为党中央提供了很多重要情报。

二、运筹帷幄的城工部

中共中央华北局城工部的前身是1941年1月成立的中共中央晋察冀分局城市工作委员会，1944年9月改称城工部。1945年抗战胜利后，称为晋察冀中央局城工部；1948年5月，晋冀鲁豫中央局与晋察冀中央局合并，成立中共中央华北局，原晋察冀中央局城工部改称中共中央华北局城工部，城工部部长是刘仁。1948年5月，城工部成立7个工作室。

第一室包括总务、招待、交通等科。总务科分管机关事务和供应工作，招待科负责招待来往“客人”。这些“客人”有的是投向革命

中共中央华北局城工部机关的同志在一起

阵营的青年和各界人士，有的是常年冒着生命危险在敌占区做地下工作回来学习或汇报工作的同志。泊头附近的几个村如大庞、苏屯、姜桥和河东都设有招待所。“客人”多时，一个村能住上百人左右。交通科负责领导各地交通站的工作。城工部通过设在各地的秘密交通站与平津地下党联系，传送信件、护送来往人员等。向党中央供应国统区报纸成为交通站的一项特殊任务。各交通站将报刊汇集到交通科，再由交通科登记整理送给毛泽东、周恩来等党中央领导。这对党中央掌握全国战局、敌人动态和了解社会各阶层的情况起了积极作用。

第二室为学生室，日常工作是接待从城内出来的大中学生，使他们接受短期训练，有条件的再派回城内工作；不能回去的地下党员送华北局党校学习，不是党员的送往华北联合大学学习。在泊头期间，城工部输送的青年学生多达1000人。1948年暑期，学生室在大庞、小庞村开办较大规模的学运骨干训练班，训练班分平津大学组和平津中学组，共约200人，历时一个月。

第三室为工人室，日常工作主要是接待来往的“客人”，收集了解平津工人斗争情况，总结经验，提出问题，向主管领导汇报。

第四室为研究室，主要任务是把国统区报纸杂志进行剪辑整理，并将其中与城市工作有关的内容摘出，编印成简报送领导参考。

第五室为干部室，负责对来城工部的国统区的大中学生进行接待、登记、分配。

第六室包括电台、机要、化装、政治交通等工作。政治交通员来往于城工部与平津之间，完成一些特殊任务。1948年7月，刘仁急电北平地下学委委员兼秘书长崔月犁，交办一项紧急任务，送火箭发射器专家钟林及其家属去解放区。钟林一家在地下交通员的护送下，从北平到达天津，在去往泊头路上通过国民党军队设卡的闸口时，钟林夫妇安全通过后却不见了保姆和小孩。政治交通员季洪苦苦寻找，最后只身闯入国民党天津警备司令部，在院子里巧遇小孩和保姆，将他们接了出来。

后来又成立统战室，负责对民主人士的统战工作。1948年秋冬，先后接待吴晗、刘清扬、张申府、周建人、符定一、楚图南、李明灏、田汉、安娥、李公朴夫人、何基沣夫人、焦菊隐、马彦祥、蓝天野等。而后再由城工部派地下交通员把这些人护送到解放区。

平津战役期间，城工部指示平津地下党有重点地突击调查，调查内容为工厂、学校和一些重要部门的历史沿革、组织系统、主要设备、经费来源、人员名单等。对本单位附近的医院、仓库、监狱以及一些重要机关的地形、建筑、警卫等情况，国民党驻军的防区、兵力部署、军事设施、工事、武器装备、交通等情况，都要设法了解并尽可能绘制成地图。以上情况的调查材料，对平津解放以后的城市接管工作起了重要作用。天津地下党员麦璇琨多方搜集，实地验查，绘制成《天津城防堡垒化防御体系图》，交给地下党领导人，而后由地下交通员赵岩于1948年10月送到城工部，为解放天津起到重要作用。

在刘仁的直接领导和具体部署下，北平地下党对傅作义周围的上层关系开展工作，他们联系傅作义的一些亲近关系，如华北“剿总”

副总司令邓宝珊、傅作义的老师刘后同、联络处处长李腾九，还有傅作义的女儿傅冬菊等人。通过几方面的工作，促使傅作义与中国共产党进行谈判。傅冬菊随时了解傅作义的动态，及时向地下党汇报，再由地下电台向城工部发电报。这对于解放军做出正确判断，进行正确部署，具有重要作用。1949年1月15日，天津解放后，面临大兵压境之势，在各方促使下，傅作义第三次派代表出城与平津前委谈判，终于接受解放军提出的和平条件。1月31日，北平和平解放。北平和平解放与地下党的有力配合是密不可分的。

1948年春夏以后，中共中央、中共中央城工部、中共中央华北局城工部根据解放战争形势的发展，及时指导北平的学生运动、工人运动，推动着北平地下党的工作健康有序地发展。到10月，迎接北平解放的准备工作开始提上日程。10月25日，刘仁在城工部机关全体干部会上做报告，提出应该研究怎样从工人工作、学生工作和加强统战工作等方面做好迎接北平解放的准备。强调应该办工人培训班，培养大批工人干部，使他们解放后去管理工厂；要动员大批知识分子来解放区，知识分子干部要靠平津输送。

11月初，刘仁去中央汇报平津城内工作情况并参加研究解放平津的工作会议。刘少奇、周恩来先后听取汇报并就有关问题分别做指示。刘仁回来后即指示佘涤清去北平，成立由佘涤清为总负责人（佘被捕后由杨伯箴接任）、城内各工委负责人为成员的迎接北平解放指挥部，作为城内迎接解放的统一指挥机构。接着，他又向北平地下党学委发表关于目前平津学运的紧急任务的意见，任务是为迎接解放而立即进行具体的准备工作，以期于解放时能保护尽可能多的资产、财产，留下尽可能多的青年及公教人员和技术人员等有用的人才，并提高他们及各阶层群众的政治认识，使之了解中国共产党的政策而迎接解放军的来到。他要求地下党组织动员一切可能的力量去开展统战工作，发现与建立许许多多有助于解放工作的社会关系。

11月10日，华北局城工部又向城内地下党组织发出《我们在平津的工作方针》的指示，进一步明确当前的工作方法是“积极准备迎接解放军”；工作中心是“以党员和赤色群众为骨干，带动职员、工人群众，保护工厂、学校、机关”。这些指示和措施，对于进一步统一城内地下党组织的认识和行动步骤，做好迎接北平解放的各项准备工作，起了重要作用。

北平地下党组织认真贯彻上述指示。1948年秋，除个别因群众生活而又得到社会同情、能够取得成功的经济斗争以外，没有再发动大规模的斗争。11月以后，整个北平地下党组织全力投入迎接北平解放的准备工作。同时，采取各种方法，向群众宣传党的方针、政策，有组织有计划地动员学生，特别是理、工、医、法、交通管理等学科的学生到解放区参加工作。在这一段时间，北平地下党学委除输送一大批学生到解放区学习和参加工作外，还有组织地从城内撤出400余名党员和外围组织骨干到城工部学习，准备以后进城参加接管工作。

1948年12月，中共中央华北局城工部光荣地完成自己的历史使命。根据华北局决定，城工部机关分成去北平和天津两部分。城工部工作人员分配确定后，从泊头兵分两路向平津进发，一路由刘仁带队奔赴长辛店，准备参加接管北平的工作；一路由杨英带队到达胜芳，准备参加接管天津的工作。随着两市市委和军管会的成立，城工部全体工作人员分配到新的工作岗位，城工部工作至此结束。

三、深入虎穴的敌工部

解放战争时期，在中共中央正确领导下，在国统区地下党和各有关部门的共同配合及努力工作下，争取和策动大批国民党军政人员起义，这是党领导这一时期革命斗争的一个重要特点。其规模之大，级别之高，影响之深远，是中外战争史上前所未有的，对加速全国解放战争的胜利起了重大作用。

1945年10月，为争取和策动国民党军政人员起义，中共中央决定建立专门机构。除城工部、社会部系统和国统区各级地下党组织外，中共中央书记处决定在中央军委和各中央局内设立国军工作部，中央军委国军工作部由王世英[①]任部长，各中央局、中央分局及其以下党和军队机构内设立国军工作部，专门进行国民党军队的工作。

1947年4月29日，中共中央发出指示，中央和各级党委都要成立城市工作部，因此把原敌工部改称为城工部。它的主要任务是配合解放军战场上的作战，派遣人员进去“发动第二战场”，搞情报，特别是要搞争取和瓦解敌军的工作，准备里应外合，争取全国胜利。敌工部主要负责了解敌情，分析形势，研究敌军心理，及时提出对策；培“训政”治攻心骨干，总结和推广各部队的经验，不断提高斗争艺术、斗争水平，改进斗争方式；妥善安置投诚起义人员，检查和监督部队对俘虏政策、投诚起义人员政策的贯彻执行情况。

1948年1月，中共中央工委召开的敌军工作会议决定将“国军工作部”改为“敌军工作部”。同年底，各中央局、分局都成立相应机构。

---

① 王世英（1905—1968），山西洪洞人。1925年加入中国共产党。1927年7月被中共中央军委派到河南高桂滋部工作。1928年4月参加组织阜阳农民暴动，失败后到北平，在阎锡山部队中从事运兵工作。1931年10月被派往南京工作。1932年底调回上海，从事军事情报工作。1936年，任华北联络局副局长。1936年2月被派往西安，同杨虎城商谈红军与西北军联合抗日事宜。后转到陕北瓦窑堡，向党中央汇报白区工作。此后，被派往天津、香港、北平、太原等城市，继续从事情报、联络和统战的工作。

第二节　北平五烈士：黎明前倒下的“地下尖兵”

在战争年代，中国共产党的隐蔽战线有诸多可圈可点的经典之作、可歌可泣的动人故事。“北平五烈士”就是其中之一。这5位同在保定“绥靖”公署任职的中共优秀情报人员是：第一处少将作战处长谢士炎，军法处少将副处长丁行，第二处参谋主任石淳，作战科长朱建国，北平第二空军司令部参谋赵良璋。北平五烈士是情报工作的优秀代表，他们打入国民党的“心脏”部门，搜集国民党高级将领的部署、决策，掌握国民党军队的装备、调动以及联络信号、军用飞机动态，以及各路来往信息等大量有价值的情报，积极配合中央的各项部署，为革命做出特殊贡献。

堡垒最容易从内部被攻破，这句至理名言均适用于战争中的任何一方。1947年9月，设在北平东公街的中共中央社会部密台被国民党特务机关破获，台长兼报务员李政宣、报务员孟良玉，及译电员张厚佩（李妻）、李毓萍（孟妻）4人当场被抓。李政宣等被捕后，经特务连夜审讯，首先供出北平市地政局代局长、中共情报工作人员董剑平等人。特务随即于9月25日逮捕董剑平，9月26日拘捕董肇筠，9月27日拘捕余心清等2人。意志不坚定者供出谢士炎、丁行、石淳、朱建国、赵良璋。他们随即被捕。此案令蒋介石大惊：

谢士炎（1912—1948）

丁行（1908—1948）

石淳（1918—1948）

朱建国（1916—1948）

赵良璋（1921—1948）

“共产党都钻到我们上层军事机关主管作战的参谋处等部门，我们怎么会不打败仗！”

一、秘密加入中共的“武状元”

谢士炎是湖南双峰人。伯父谢绍安，中央陆军大学毕业，官至国民党军总司令部中将参谋长；父亲谢绍先，曾在湖北陆军任军需等职。因父母早逝，1927年15岁的谢士炎随伯父来到南京，先考入国民党工程兵学校，以后又入陆军大学第14期深造。

1937年夏，谢士炎从陆军大学毕业，适逢全民族抗日战争爆发。他目睹国土沦丧、民众惨遭日军杀戮的情景，义愤填膺，慨然请战。1942年，在浙江衢州之战中，时任第86军第16师第46团团长的谢士炎，出任第3战区步兵团团长，率1个团的兵力，坚守机场，打退日军数次进攻，深得第3战区司令长官的赏识，誉其“壮年有为，能文善武”，并以战功任他为少将参谋处长。

1945年6月，谢士炎在湖北恩施第6战区长官部晋升为陆军少将副参谋长。8月，任武汉前进指挥所办事处主任。抗战胜利后，在各地负责接收的国民党要员，大都贪污腐化，抢夺民财。谢士炎严于职守，与趁接收之机大肆贪污的国民党军统特务进行斗争，却反被诬告为“发接收大财”，遭到革职查办，关押达3个多月，后经营救获释。

1946年，谢士炎投奔河北省政府主席孙连仲，任第11战区长官部高参。当国统区民主运动迅速高涨、人民战争逐步显示威力时，他看到了出路，通过中共地下党寻找组织，并与北平军调处执行部的中共代表团取得联系，将国民党军《进攻张家口的作战计划》告知中共方面。随后又将蒋介石在涿州军事会议的军事部署情报送交解放军总部。

1947年2月，谢士炎由叶剑英等介绍，经中共中央批准加入中国共产党。从此，他化名谢天纵，成为中共在国民党高级军事机关的地下情报骨干，为华北、华东的解放做出了重要贡献，受到中共中央多次通电嘉奖。同年春末，第11战区长官部撤销，改名保定绥靖公署，他任公署少将作战处长，随部迁保定。

同年9月6日，中共北平地下组织的秘密电台被破获，由于叛徒告密，谢士炎被捕，关进北平监狱。谢士炎是被保密局北平站特别行动组组长谷正文抓捕的。在谷正文的回忆录中，对谢士炎有大段记述。谷正文的回忆录通篇极尽自我吹嘘之能事，唯独对谢士炎这个对手，极为恭敬赞赏：“我不是一个轻易以貌取人的人，可第一眼看到谢世南（谢士炎）时，却被他那从容凛然的气势给震慑住了。”

两人第一次交锋，是在北平第一看守所，谷正文审讯谢士炎。两名刑警一前一后地把谢士炎带进刑讯室。“当谢士炎那坚毅的双眼向四周逼视过来时，我顿时心慌意乱地犹豫起来，草草为自己找了一个借口，便匆匆从后门‘逃走’了。”

次日上午，二人再次交手，谷正文亲自为谢士炎冲泡了一杯咖啡，以此作为这次特殊对话的开场：“通常我只是一个人喝咖啡，只有碰上自己欣赏的人物，才会共饮。”

谢士炎点点头，然后说：“如果你在共产党，一定是一个杰出的情报干部。”谷正文问谢士炎，为何以国军将领身份替共产党做事？

谢士炎答道：“党的名称并不重要，它们只有好坏之分。我在国民党部队很多年，经历过很多阶层，所以我有资格批评它没有前途。

至于共产党，我至少欣赏它的活力、热情、组织与建设新中国的理想，因此，我选择我欣赏的党。而且，我认为国民党是妨害共产党早日建设新国家的最大阻力，所以，我用国军少将作战处长的身份，帮助共产党消灭国民党！”

两个多月严刑审讯和利诱，未能使他折服。11月，被押往南京木笼大厦看守所，他团结难友与狱方进行顽强斗争，迫使监狱取消“报数制度”，1948年2月转到国民党陆军中央监狱。他组织难友学习，宣讲“蒋军必败，革命必胜”的道理。

二、潜身敌营二十载的听风者

丁行是山西夏县人。早年在夏县堆云洞平民中学、师范讲习所读书。1927年8月，加入中国共产党，曾先后两次组织夏县农民暴动，失败后潜入西北军池峰城部，以文书、上校秘书等身份从事党的地下活动。丁行骨骼清奇，文采斐然，为人清廉简朴，洁身自好。1938年抗战之初，他邀请30余位作家成立了战地服务团，慰问前线将士。1939年9月，池部扩建30军，驻扎舞阳。丁行精心策划安排池峰城与朱德、彭德怀的代表见面谈判。

抗战胜利后，他奉命随国民党第11战区司令长官孙连仲北上。孙连仲十分赏识丁行的才华，任其为11战区长官部军法处少将副处长，兼任河北省政府机要秘书。同时，他又是孙连仲的家庭教师。丁行利用他的特殊身份，在从事地下情报工作的同时，还营救了不少被捕的同志。1946年初，北平军调部成立后，丁行即与中共代表薛子正、徐冰取得联系，多次提供国民党军在华北战场上的兵力部署、作战计划及其他政治、经济方面的重要情报。

1947年9月被叛徒出卖被捕后，丁行等人在狱中遭到严刑拷打，坚不吐实。在北平囚禁两个月之后，被用飞机押解到南京。即便是在国民党陆军中央监狱，丁行都始终没有暴露自己的身份。

他每日以读英文为消遣方式，时常对狱友说：“抓紧学习，努力读书，只要不死，出去总是有用处的。”当时监狱规定不允许与外面通信，丁行不买这个账。他说：“你们把生命看得很宝贵，而我们在里面的人，把死看得并不可怕。如果欺辱我们，我们不惜一拼！”以至狱方赶紧把外面来信分发给他们，允许通信。他在写给妻子浦洛宇的信中说：“八月二日函收悉，所寄葡萄干等物尚未收到，嗣后凡非我去信索要之物均无须寄。孩子保育问题须特为注意，务宜从小养成其独立奋斗之精神。此事应自其日常生活中训练，希注意。”

三、“不能不革反动派的命”的情报人

石淳原名孔繁蕤，河北沙河人，县立乡村师范毕业。1936年在湖北参加国民党军队，1937年考入中央陆军军官学校。全民族抗战爆发后，目睹大片国土迅速沦丧，而国民党顽固派却热衷于和共产党人闹摩擦，他感到十分愤懑，向老乡吐露心声说：“人家共产党领导的八路军、新四军正全力向华北、华中的日本人进攻，听说咱家乡一带都成了八路军的天下了，咱们这些中央军不跟日本人打，却向共产党背后捅刀子，真窝囊透了。”

抗战胜利后，石淳被调到北平任国民党第11战区长官部主任参谋。不久，他结识了共产党人徐冰，经徐冰介绍，他秘密加入中国共产党。石淳所在的二处是军统情报机关，他利用这个有利条件，在其他地下工作人员的协助下，通过秘密电台，向中共中央、中央军委联络部提供了不少国民党军在华北战场的重要情报。

1947年9月26日，余心清等人被捕，正因肺病住院的石淳也未能幸免。敌人对被捕人员连续审问，并动用酷刑，病魔缠身的石淳被折磨得已无法站立，但他宁死不屈。

在军法局的审问中，石淳大义凛然，昂然回答：“我是共产党员，我们为了大众的幸福，不能不革你们这些反动派的命。共产党是个有主义、有作为、有办法，而最后必能成功的党，她的最终目标，就是我奋斗的理想。”

四、坚信“只有共产党才能救中国”的卧底

朱建国是江苏睢宁人。全民族抗战爆发后，他愤于国土沦亡之痛，毅然投笔从戎。1938年初，参加第5战区抗敌青年军团，经过半年训练，又考入中央军校第6分校（桂林分校）第16期。1940年毕业后，分配到5战区长官部任见习参谋。由于他聪明干练，深受该部参谋处处长高松元的赏识，1942年升任上尉参谋，后又被保送到陆军大学西安参谋训练班学习。其间，朱建国结识同窗好友王啸、唐复华、刘建之，他们意气相投，志同道合，经常在一起阅读《大众哲学》等马列主义书籍，逐步认识到“只有共产党才能救中国”。

朱建国陆大参训班毕业后，和唐复华携带一份百万分之一的军用地图，冲破重重封锁，到达大别山中原军区根据地。但由于他们没有正式组织关系介绍，其身份又是国民党军官，中原党组织对他们热情接待并进行爱国主义教育后，将他们送回国统区。

朱建国等人并未因此而灰心，后几经曲折，找到时任国民党第3集团军司令部书记官的中共地下党员朱晦生。经朱晦生考察介绍，1945年8月17日，朱建国加入中国共产党。

抗战胜利后，朱建国接受党组织要求他打入国民党要害部门的指示，通过老上级高松元的推荐，来到北平国民党第11战区，被任命为司令部参谋处少校参谋并代理作战科长，后调任11战区天津前进指挥所任上校作战参谋。这时，朱建国已和北平军调部徐冰取得联系，他与王啸（当时任11战区参谋处中校参谋）、石淳、袁泽编为一个情报小组。其间，朱建国将11战区的作战计划、战斗序列、兵力部署、调动及《北平城防兵力配备火力网图》《天津警备区域划分及军事位置图》等重要情报，转送地下党组织。

1947年正太、青仓、保北战役期间，朱建国又及时提供了敌军的兵力部署及状态，并在清风店战役前，将保定绥靖公署的“清风店作战计划”送出，对战役取得胜利起到重要作用。

五、五烈士中最年轻的一位

赵良璋是江苏六合人，1921年出生，与中国共产党同岁，是五烈士中年纪最小的。6岁那年到附近一家私塾就读，在同学中数他年龄最小，但学习成绩最好。1934年，以优异成绩考入南京市五中，他更加刻苦努力，各科成绩都是名列前茅，并开始接触到一些进步刊物，接受反帝反侵略的思想教育，进步很快。1935年12月，他参加了南京各校为响应北平“一二·九”学生运动而举行的抗日救亡游行示威。轰轰烈烈的抗日救亡运动给他很大的启发和影响，使他经受了锻炼。1938年，救国心切的他投笔从戎，报考了国民党空军飞行学校，并被派到美国培训。

1941年毕业后，赵良璋被分配到国民党空军11大队任飞行员。1945年夏初，抗战胜利前夕，赵良璋毅然决定离开国民党空军，放弃安闲舒适的生活，准备北上延安参加革命。在有关人士的协助下，赵良璋借故请假，秘密从成都到了重庆，想通过中共在重庆的办事处再转延安。办事处的薛子正热情地接待了他，盛赞他的革命行动，动员他服从革命需要，仍留在国民党空军从事地下工作，能发挥更大的作用。

1945年9月，赵良璋随国民党空军第2军区司令部调往北平，任司令部参谋。根据党组织的安排，他及时和北平军调执行部中共工作人员取得联系。1946年10月，他加入中国共产党。为有利于获得情报，他又设法取得战斗情报科参谋的职务。他身居虎穴，不避艰险，机智地为党、为人民革命事业搜集了国民党空军部队的番号、驻地、飞机种类及数量、航空人员素质、人数等重要情报，有助于共产党部队在华北的战斗中取得主动权，对解放华北做出重大贡献。

赵良璋被捕后，狱方连续对他进行威逼审讯，严刑拷打，他始终坚贞不屈，后来在人证物证俱全的情况下，他才理直气壮地承认自己是共产党员。为掩护同时被捕的其他战友，他把一切责任全揽在自己身上。

在狱中，他还做了许多看守人员的思想工作，争取他们同情革命。经过赵良璋的教育，看守人员乐意为他购买书报，传递信件。审讯他的法官也被他的正义行为所感动，一次对营救赵良璋的友人说：“良璋年轻有为，确实是个人才，可以为国家做很多事，无奈蒋介石钦点的要犯，他会直接过问此案，要想放人比登天还难。”

六、划亮夜空的五颗流星

1948年秋，随着东北野战军攻克锦州，国民党在东北的统治大势已去，蒋介石极其惊恐，恼羞成怒，便旧案重提，追究搁置了1年多的“谢士炎泄露军机”案。

11月19日晨，五烈士英勇就义。在谢士炎的遗体的裤子口袋里，人们发现了这样一首血迹斑斑的遗诗：“人生自古谁无死，况复男儿失意时。多少头颅多少血，续成民主自由诗。”赵良璋在诀别信中写道：“我是带着勇敢与信心就义的，我虽倒了，但顽强的性格仍使我精神永不灭亡。”

这一年，丁行40岁，谢士炎36岁，朱建国32岁，石淳30岁，赵良璋26岁，他们在国民党军队中官高者已至少将，最低也是校官。谢士炎、赵良璋等主动投奔共产党、甘冒风险为党做事，根本不是利益诉求，而是信仰所系。他们坚信共产党代表着光明，代表着中国的未来。

1949年4月23日，解放军三野第8兵团跨越长江天险后，胜利地攻占南京。当天下午，兵团司令员陈士榘、政委袁仲贤接到叶剑英从北平发给他俩的专电，务请他们派人在敌人监狱里找到谢士炎。进驻南京的35军奉命立即派人去中央军人监狱寻找，最后从狱方的行刑记录上查到谢士炎等已于几个月前遇害。陈士榘立即回电。叶剑英拿着电报的手微微颤抖，动情地说：“谢士炎牺牲得太早了，哪怕再等个一年半载……”

今天的南京雨花台烈士纪念馆里，有一处“北平五烈士”的主题展览，展览用艺术化的手段，展现了1947年北平谍报案被捕的5位烈士就义时的情形。令人压抑的黑色闷罐式囚车以及布满弹孔的城墙，寓意着地下工作的凶险，远处监狱围墙投映出谢士炎、丁行、石淳、朱建国、赵良璋5位烈士的身影，刑场上空的曙光代表着黑暗即将过去，光明就要到来。

第三节 地下通道：事关成败的神秘纽带

中国共产党军事上战胜国民党，情报工作功不可没。情报的及时传送，离不开秘密交通线、地下电台等秘密渠道的开辟。北平解放前夕，在严酷的斗争环境中，隐蔽战线的战士，不断地向党中央迅速准确地发出影响战局乃至事关中国共产党命运的情报电波。如磐的黑暗中，那微微的嘀嗒声背后，是传奇般的故事。我们的情报人员深入敌人内部，宛若“在敌人刀尖上起舞的精灵”。

一、隐于市井乡间的交通线

在党的斗争史上，尤其是革命战争年代，交通工作极端重要。中共地下交通系统主要包括三大块：地下交通线、地下交通站和地下交通员。解放战争时期，晋察冀分局（中央局）及城委（城工部）通过建立地下秘密交通线，与平、津等城市地下党联系，传递指示、指挥调度、运输物资、护送人员等。地下交通线的建立和长期通畅运转，离不开地下交通站的中转和衔接，更离不开一批特殊的人群——地下交通员。他们均是由北平地下党选派的政治可靠、机智勇敢的干部，并以各种职业为掩护，脱产或不脱产地开展地下交通工作。

全民族抗战爆发后，为沟通根据地与平津地下党的联系，冀热察区党委在平西根据地与平津之间设立4条秘密的地下交通线：一条是北平—妙峰山（门头沟）—田家庄（门头沟）；一条是北平—镇边城（河北怀来）；一条是天津—北平—松林店（河北涿州）—张坊（房山）—平西；一条是北平—三家店（门头沟）—平西。在妙峰山、田家庄、镇边城、松林店、张坊、三家店等处，都设立秘密交通站或交通点。通过这4条交通线，平西根据地向平津唐派遣干部，传递党关于城市工作的指示；平津党组织向根据地输送干部和青年学生，护送平津唐点线工委人员到根据地汇报工作；平津的一些国际友人和外籍教授，也经平西交通线转赴晋察冀根据地。

抗战胜利后，城工部机关转移到北平西郊。满城、曲阳、保定、易县、涞源、白洋淀等处交通站的工作基本结束。由于平西与平津的中间地带，国民党尚无暇顾及，交通线比较顺畅。在交通任务不多的情况下，城工部交通科举办交通员训练班，并进行人员精减。1945年底，国民党加紧准备内战，平津形势紧张，刘仁率工作人员迁到张家口，交通科一同到达。当时来往于平张、平绥的商人和旅客络绎不绝，刘仁决定利用这种掩护条件，于11月派陆禹到怀来建交通站。怀来建站后，接待来往张家口和平津的大量人员。

1946年4月间，从北平到张家口参观的人数猛增，刘仁又派李本到康庄设立交通站。根据当时去张家口的人员数量大（相当一部分是北平各大中学校的青年学生）、身份目的不同的实际情况，交通站还拟定不同的接待方式。虽然任务繁重，却从来没有出过差错。国民党发动全面内战以后，随着城工部的迁移，在平西、望都、定县、新乐、泊镇、沧县、静海、信安、苏桥等地都先后建立过交通站。这些交通线、交通站随着战争形势的发展和城工部所在地的变动随建随撤。1948年春，平汉线战事不断，津浦线则相对稳定。当时，大车、自行车等交通工具混在一起，人员来来往往，敌人很难侦察。当时的沧县交通站被叫作平教会，在工农群众中有一定的影响力。1948年春天，中共中央提出要准备召开新政协、成立联合政府的口号，社会各界积极拥护。8、9月两个月，仅沧县交通站就接待过张申府、田汉、符定一、吴晗、刘清扬等爱国民主人士。刘仁当时为接送这些特殊的民主人士，特地在石家庄建立交通站，方便他们前往党中央及华北人民政府。

相信群众、依靠群众和发动群众，是中共进行一切工作的根本宗旨，地下交通工作也不例外。开展这项工作，必须隐蔽在群众之中，依靠群众做掩护。一个普通的农村，每天有百十人来来往往，却没有被敌人发现，最主要的原因就是有一支隐蔽在抗日人民群众中的交通员队伍。城工部的秘密交通工作是在刘仁领导关怀下建立展开的。

他对开通交通线的时机、位置、人员等提出具体的方案，同时他还特别重视交通员队伍建设。从最初的20多人，发展到1948年底的90多人。

这些交通员多是从农民、工人、大中学生及部队中选调的。刘仁教育他们："不仅要做交通员，还要当战斗员、侦察员、警卫员、宣传员、卫生员、供给员等'八大员'。"①他们遵照刘仁的教导，在护送人员的过程中，默默无闻地承担着安排住宿、烧火做饭、警戒放哨、搬运行李、赶喂牲口等工作，遇到携带家眷的，还要照顾老人、妇女和儿童。刘仁对交通员在工作上严格要求，在生活上体贴照顾。当时，交通员有两个主要困难，一是吃不饱，二是鞋不够穿。为了更好地开展工作，刘仁特批给交通员一天两斤食粮，鞋子一年8双。可以说，当时秘密交通线上的同志们虽然工作辛苦，但是大家都可以真实地感到组织的温暖和革命的希望。

平津解放后，近百名交通人员分别随北平市委、天津市委接管平津城市工作。至此，秘密交通线的工作胜利结束。地下秘密交通线的建立，对北平地下党的工作和根据地建设，都具有重大作用，为配合平津解放做出重要贡献。

二、永不消逝的电波

1947年2月17日，中共中央在给晋察冀中央局的指示中提出，可否在平津两地附近架设电台，专门与城内联络、搜集材料，并直接与中央通电。北平地下电台随即正式建立。两个月后，开始与晋察冀中央局城工部电台互相通报。

北平地下电台的建立，离不开刘仁的统筹安排。北平地下电台负责人及工作人员，是经过深思熟虑后确定的。电台隶属地下党学

① 中共北京市委《刘仁传》编写组编：《刘仁传》，北京出版社2000年版，第171页。

委，由崔月犁领导，李雪负责技术指导和日常工作。李雪原名爱新觉罗·恒贵，是晋察冀分局电台的机务员，典型的老北京人，懂技术，处事灵活。抗战前，他曾是协和医院的工人，由于对无线电技术感兴趣，利用业余时间自修无线电知识，对电台设备的运行和修理很精通。后来他在“燕声”民营广播电台担任技术员，结识旅日归国的梁纫武。通过梁又认识清华大学学生、中共地下党员熊大鹰。1939年，李雪与熊大鹰一起来到晋察冀抗日根据地，担任冀中军区电台报务员。1942年5月，刘仁将他调到城工部。

1943年春，刘仁又从冀中军分区调来了报务员赵振民。赵振民是最早的地下电台报务员，原是部队电台报务员。同年7月，赵振民被组织秘密派到天津，负责抄收新华社的明码电报，但不和根据地直接通信。他的主要任务是熟悉敌占区大城市的情况，为以后建立地下电台工作提前做准备。学委系统的地下党员王超向，是北平国民党中央社兼7区管理局稽查台报务员，有公开职业做掩护，1947年上半年转入地下电台工作。后来，刘仁又派在军区通信联络处学习过的艾山进城担任报务员。地下电台最初的译电员是岑铁炎，由学委书记佘涤清直接领导。随后，方亭和何钊被派进城内担任译电员。先后担任专门传送电报的交通员有张彬、徐书麟、吴宽德、沈千、丁文等人。

北平地下电台的选址，可谓费尽心思。城工部地下电台共有3部，分设在3处，各有一套工作班底。为保证地下电台安全隐蔽地工作，党组织精心为电台工作人员物色了可靠的掩护关系，建立了合法的立脚点。经党组织同意开设的龙云电料行和在西单商场的九九照相馆，都是地下电台的据点。比如，九九照相馆开在西单福寿商场的二楼一间小屋子里。1948年，因为生意冷淡，撑不下去只好转让。接手人正是李雪，他将铺面、营业执照、照相设备以及负责照相的李师傅都盘了过来。重新开业后，九九照相馆作为城工部地下电台的秘密身份却不为人知。1946年夏，刘仁派李雪和赵振民到北平，着手电台筹备事宜。经过组织同意，李雪在西四开了家龙云电料行，以便筹备收发报机的器材。利用电料行现有的材料，他与赵振民一起动手制作三部发报机。发报机的问题解决了，收报机的问题就来了。其中两台收报机是通过关系用黄金购买的，另外一台收报机是李雪利用短波收音机改装的。

地下电台制定了周密的措施和严格的纪律。在工作措施方面，包括建立三处电台，避免被“一锅端”；经常变更住处；变更工作时间；电台密码经常更换；传送电报一律密写；报务员和译电员的工作严格分开等等。

为逃避国民党特务的侦破，3部电台都搬过家。赵振民台先在旧鼓楼大街，后迁至地安门帽儿胡同。艾山台先设在地安门内北箭亭，后搬到东城洋溢胡同。王超向台也曾从牛街沙栏胡同搬到宣武门外西草场12条。方亭回忆说：“我刚到北平不久，在胡同偶遇一中学同学，为了避免不必要的麻烦，很快就迁移到新住址了。”地下电台的建立，为中共中央和晋察冀中央局领导机关及时掌握北平城内的敌我情况并给予有力的指导，发挥了重要作用。

1948年9月之前，地下电台工作量并不算很大，三个电台之间基本保持轮流作业，故意将工作时间错开安排，避免同时工作被敌侦测发现。而且当电台秘密工作时，来往的电文都做到尽量简短，电波信号不容易被发现，增加了敌人侦破的难度。这样一来，即使敌台偶尔侦测到可疑信号或蛛丝马迹，因为信号源模糊不定，很快就消失了。

秘密电台旧址之地安门帽儿胡同2号

为避免情报的泄露，保护地下电台及情报人员的安全，刘仁规定地下电台一律使用密码，并且不固定使用哪一套密码，时常更换。他负责编译密码制作的总统筹工作，亲自与李雪、何侃等人搜集了不同版本的字典，斟酌讨论后研究出几套不同的密码。他们用阿拉伯数字来编入密码，有时也加入英文字母。译电时共有四道工序，最后一道工序故意设置为乱码，再比照乱码表和电码表进行演算，经过一系列复杂译码之后，电文就译出了。总之，增加密码的侦破难度，是当时他们重要的防护措施。

报务员、译电员和交通员工作互相分离，互相保密。报务员只负责收发电报，译电员将电报译成密码或者电文，交通员负责传送电报内容。刘仁规定报务员与译电员工作分开，可以有效避免电台被侦破导致情报网络的灾难性破坏。1948年12月，平津战役已经打响，解放军逐渐完成了对北平的包围，驻守北平的国民党军队在北平城内戒严。为了争取战争的有利战机和情报工作的主动权，减少来回译电的时间浪费，组织批准译电员方亭搬到艾山台去住，但报务员艾山、王超向仍被禁止主动了解电报的细节及内容。负责电台日常工作的李雪，从不阅看电报，也从不过问机要文件和电报内容，只有学委崔月犁全权负责经交通员传来的来往电报。

传送电报一律加密处理。从电报的传送、电报密写的方法等都有严格规定。交通员对电报的内容并不知情，也不知道电台在哪？他们拿到的电报其实只是一块小而白的薄纸。当遇到意外情况时，方便就地灵活处理，即便丢失也不会发生太严重的问题。因为交通员不知道电台所在地，所以每次取送电报都是在胡同小巷里进行，加上地点经常变换，通常是按约定时间碰头，双方交换电报后随即离开。每次约定三个时间、三个地点，以防万一有什么变故而中断联系。第一次接不上头，可以依次按规定再碰头。为了避免不必要的麻烦，接头双方互相不打听对方身份，也不留任何信息。进城以后，译电员方亭在西单买了一套言情小说《惜分飞》，四本一套，买两套，自已留一套，送组织一套。从小说中找出其中的一集或一篇，搞成一个密码底，双方商量好怎么译，实际上就是自创了一套密码，第三者基本无法破译。关于电报密写的方法，是用富含淀粉的稀米汤或面汤写在白纸上，字迹晾干后基本没有痕迹，收到电报纸文后用碘酒涂擦，纸文内容就会清晰地显现。一张白纸片，携带起来很安全。此方法在实践中也屡试不爽，遇到几次敌军临时检查，都顺利躲过。

在工作纪律方面，刘仁为电台工作人员规定了严格的纪律，并要求电台在关键时刻发挥应有的作用。他规定一律停止组织生活，杜绝一切社会联系，不与亲友往来，不允许到公共场所活动，不上影剧院，不读进步书刊，深居简出，安分守己。方亭后来回忆说：“我与唯一的亲人母亲分别四年多，但同在北平城都不能见面。”在敌军严密控制的情况下，如果时间允许，要尽可能地减少电台的使用，电台人员尽量返回解放区汇报工作、听领任务，或由地下交通员传递重要工作信息。

搜寻及破坏中共地下电台是国民党情报部门的重要任务之一。敌人绞尽脑汁地搜寻中共地下电台，并且在大一点的城市都设有电信监察检查科，有专门的设备和人员监听侦寻未经登记的秘密电台。1948年春天，每天至少有10辆装载侦测仪器的吉普车，在北平城内进行流动侦察。考虑到当时的局势，刘仁从泊镇给地下电台发来电报：“据悉，现敌人经常出来吉普车十数辆侦察，电报区要研究规律，注意应付。对敌人之侦察必须有足够之估计与警惕。电台应多换地方，多换时间，不要被敌抓住规律。另一方面，对报务员之秘密纪律教育也须注意。”[①]

北平解放前的3个月，地下电台忙了起来。11月底，为了配合战事需要，刘仁派身边译电工作人员何钊赶往北平。临行前与其长谈，并让她做好牺牲的准备：“平津很快就要解放，需要电台更加发挥作用了，你准备好密码立即进城。虽然胜利在望，斗争还很残酷。这就是打仗上战场。”[②]11月29日，平津战役打响，形势日趋紧张，解放军平津前线司令部每天都获得大量关于国民党军的情报，许多都是由

---

① 中共北京市委《刘仁传》编写组编：《刘仁传》，北京出版社2000年版，第175—176页。

② 中共北京市委《刘仁传》编写组编：《刘仁传》，北京出版社2000年版，第177页。

北平地下电台发来的，这对于前线司令部“作出正确判断，下定正确的决心，进行正确的部署，具有重要的作用”①。

12月1日，平津交通线被切断，解放区领导机关与北平地下党组织之间的主要联系方式就变成了电报。12月中旬，百万大军兵临北平城下，北平对外的铁路完全切断，解放军与傅作义的谈判工作随即启动，此时解放区与城内的联络只能依靠电台了。电台工作人员通过平津铁路局的一个调度，每天都发出敌军调动及军车军列数量、型号及去向等情报，联络次数也增加到3次：早8点、晚8点和凌晨2点。方亭每天凌晨都要起来工作，译电工作结束后快速将电码表和乱码表藏进沙发靠背下的窄缝里。艾山工作的时候则把机器放在床上，下面垫上棉被，坐在小板凳上收发电报，工作完毕再把收发报机藏起来。

1949年1月，解放军占领南苑机场，傅作义命令部队紧急在东单修建临时机场。解放军对东单机场进行炮火封锁。但由于当时解放军炮兵的测量仪器比较落后，无法测量弹着点，造成炮弹打不准。地下党组织派人在东单地区进行秘密观察，通过艾山电台为炮兵校正大致方位，经过一次又一次的校正弹道，越打越准，终于用炮火封锁了这座短命机场。为配合解放军做攻城的准备，地下党组织接到一项特殊任务，对北平各个城门及城墙的位置、高度、厚度等进行摸排掌握，将详细情况通过电台发回解放区。

地下党情报工作甚至做到了国民党军平津地区最高统帅身边。北平地下党通过傅作义的女儿傅冬菊，掌握了华北“剿总”总司令傅作义的一举一动，通过地下电台传回城工部。比如傅作义的工作状态、情绪变化、日常习惯等等。北平解放后，聂荣臻称赞道：“在战场上，像这样迅速、准确地了解敌军最高指挥官的动态乃至情绪变化，在战争史上是罕见的。”②

---

① 聂荣臻：《战斗在第二条战线上——缅怀刘仁同志》，《人民日报》1979年1月24日。

② 聂荣臻：《战斗在第二条战线上——缅怀刘仁同志》，《人民日报》1979年1月24日。

1949年1月，傅作义又两次派代表与解放军平津前线领导人谈判。1月21日，解放军平津前线司令部与傅作义的代表，在《关于和平解决北平问题的协议》上签字，傅作义拟定了一份起义文稿，地下电台也将这些文件发给城工部。1月29日，李雪、艾山和方亭组成的地下电台小组，接到了从根据地发来的最后一封电报，也是至今都让他们难以忘却的一封电报。60年后，艾山回忆道："家里"的刘文昌用英语给我发来一份电报，说明天"老头儿"（即刘仁）要到你家去。我这一听，到我家来就说明要解放了，感到特别高兴。一高兴，结果把坐着的小矮板凳一下给蹬烂了，躺在地上哈哈地笑。李雪、方亭赶紧问：你在干吗呢？我跟他们说，要解放了，要解放了，明天"老头儿"上咱们家来。2月1日下午，刘仁、周荣鑫乘坐吉普车进城了，一见到李雪，刘仁第一句话就问：电台出事没有？接着高兴地说：通知电台，停止工作。

地下电台部分同志合影（方亭　提供）

在北平和平解放过程中，城工部地下电台发挥了重要的作用，这在攻打大城市的战役中是极为罕见的，也可以说是北平城工部地下电台的重大胜利。当然，胜利的取得，离不开刘仁的领导，更离不开秘密电台同志的贡献。

三、脑子中有张活地图

1947年，中共地下党员刘光人从解放区回到北平。他拿着西安华北新闻报社社长的举荐信，进入国民党中央社北平分社工作，并当上《东北民报》驻北平特派员。

1948年，因报道北平的“七五”血案，刘光人离开国民党中央社北平分社，处境一度很危险，但仍坚持留在城内工作。后来刘光人进入国民党华北“剿总”的机关报——《平明日报》，担任军政要闻记者。他以则民、刘泽民等笔名发表的大量消息和通讯，既揭露了敌人，又掩护了自己，特别是他采写的国民党从东北战场，尤其从沈阳撤退前后的一些“内幕新闻”大受欢迎，以致他本人一时成为北平新闻记者中的“新闻焦点人物”。

刘光人利用与北平城防司令楚溪春是同乡及世交的关系，经常以记者加老乡的身份前去采访、看望他，特别是利用楚溪春检查北平城防工事时，随同采访，形成一张清晰详细的城防工事图。但由于当时平西情报站与刘光人单线联系的交通员刘永和被挡在城外进不来，刘光人凭着华北“剿总”的“特别通行证”，带上记者证，骑着自行车，混过岗哨，出西直门而去，冒着沿途地雷和流弹的危险，来到平西情报站，现场绘出一张北平城防工事图[①]。

当时虽然傅作义和解放军正在和谈，但是，和谈能否成功尚是未知数，刘光人的图纸把国民党军队布阵情况标得一清二楚。不难想象，若当年双方一旦开战，刘光人冒死送出城的这张城防工事图的作用会有多大！

① 刘光人：《地下工作六年》，中共北京市委党史研究室编：《解放战争时期北平地下党斗争史料（文委）》，1993年编印，第285页。

第四节　情报工作：“胜抵十万兵马”

从中国共产党的情报工作史来看，解放战争时期是党情报工作发展的最高峰。中共北平地下党员潜伏在敌人身旁，利用各种渠道收集和传递军事情报信息，以“一人抵万兵”，加快了华北解放战争的胜利推进。尤其是多管齐下，及时获取国民党军队偷袭西柏坡的情报，为保护中共中央的安全发挥了至关重要的作用。

一、华北战场上的“暗哨奇兵”

刘光国、金××是打入国民党11战区参谋处的中共地下党员。1946年，刘光国等获得了蒋介石亲自下令，要求1946年1月13日夜里12点前夺取某制高点的密电，并及时送到了北平军调部叶剑英手上，据此揭露了国民党当时假谈真打的罪恶面目。1946年1月，刘光国等人又获得“北平城防方案”，上面附有详细的地图，对各城门的防守兵力、部队番号、武器装备、弹药储存、通信和运输等都有详细的标注。

1948年，打入国民党华北“剿总”司令部作战处的刘光国（右）

1946年9月，他们获得国民党军进攻张家口的详细计划，包括调动第93军、第16军从东线沿平绥线进攻张家口的具体部署。这个情报上报中央之后，中央通过巧妙的兵力部署，使国民党军损失了一个师的兵力，仍未能原计划越过平绥线。

1947年9月，蒋介石到北平，决定确保平津保三角地带，调驻守石家庄的第3军北撤增防保定，保定绥靖公署参谋处制订了行动计划。刘光国、金××得到情报后，报告给情报组组长甘陵，用电台向晋察冀中央局社会部部长许建国和聂荣臻司令员报告：石家庄的第3军军部、第7师（师部和3个整团）、第22师的第66团及军直属特务营，由中将军长罗历戎、副军长杨光钰指挥，于15日从石家庄北移保定。甘陵为防止电台发报有误，同时派政治交通员刘之骥携带电文，直送满城交通站，站长王兴华立即用电话报告给许建国和聂荣臻。与此同时，冀中社会部接到石家庄情报站刘金川发来电报：在石家庄驻防的国民党军队军官家属急于出卖家具和物品。这份电报表明石家庄国民党军队将有大的军事调动。

根据多方面的情报，聂荣臻果断决定，调19兵团速从察南急行军，以日行200里的速度，赶到满城以南的清风店。由于国民党军行动迟缓，从15日晨由石家庄出发，预定4天到达保定，但17日方到定县，18日即与解放军接触，开始了前哨战。10月20日，解放军发起全线总攻，全歼国民党第3军1.7万余人，军长罗历戎、副军长杨光钰等团以上高级军官均被俘虏。

这次行动得到中共中央的嘉奖，朱德还即兴赋诗祝贺。为此聂荣臻向社会部北平情报组发出嘉奖电，称赞他们为中国人民的革命事业做出了贡献。

1948年10月，冀热察社会部情报科，从华北"剿总"内线获得机密文件，当即经冀热察军区电台通报各野战部队及各军分区，对解放军攻打新保安、怀来等战役，发挥了作用。

二、"四管齐下"传险讯

在太行山脉绵延千里的深处，有这样一个小村庄，这里东部地域开阔，回旋余地大；西部山势险峻，天然屏障，进可攻退可守。这里"是毛主席和党中央进入北平，解放全中国的最后一个农村指挥所，指挥三大战役在此，开党的七届二中全会在此”[①]。这个村庄叫西柏坡，当时是中共中央和解放军总部所在地。

1948年10月中旬，正当辽沈战役打得难解难分之际，蒋介石飞赴北平与傅作义商讨计谋，决定趁冀中解放军兵力空虚之际，组织一支快速部队，以3个军、10个师和1个旅共10万余兵力，打着“援晋”的幌子突袭中共中央驻地河北省平山县西柏坡和华北人民政府所在地河北省石家庄。

蒋介石与傅作义密谋偷袭，并制订严密的作战计划。从局部战场来看，这个“穿心战术”的确是个狠招，但还没等傅作义想明白，甚至偷袭部队都没有出发，这套偷袭计划，很快就被中共情报部门侦破，而且是至少四条渠道同时获取。

第一条渠道是中社部甘陵情报组地下党员刘光国小组。当时在华北“剿总”参谋处担任司书的刘光国、金××观察到国民党“剿总”频繁用密码传递“穿心战术”时，只是觉得会有大的作战动作，但并不清楚细节。他们巧妙向处里的绘图员崔德义询问情况。崔毫无保留地把作战行动的目标区域告知刘光国他们，大致就在石家庄、阜平一带。10月22日，作战参谋何祖修将准备要发给第94军的偷袭计划交给刘光国等抄写，刘光国顺势速记下来。23日上午，华北“剿总”下达偷袭行动命令。距离预计27日的行动时间，只剩下3天，情况万分危急。而此时，甘陵情报组的王文密台的天线被隔壁一个可疑的人拉上一根线。为安全起见，报务员王文迅速撤回解放区。分手后，甘陵让情报组成员戴继清把情报密写下来，缝在一件内衣里。

当天中午，甘陵与情报组交通员刘之骥在中华门内小松树林接头。甘陵一边走，一边对刘之骥说：情况紧急，电台不行，你赶紧回边区送情报。刘之骥找到隐蔽在大蒋家胡同的华北局社会部徐水交通站交通员靳国璋，在前门东站乘下午3点火车出发。半夜12点左右，刘之骥、靳国璋到达高碑店。10月24日，天刚蒙蒙亮，他们俩就离

① 刘武生：《周恩来的革命春秋》，人民出版社2012年版，第734页。

开小店，直奔定兴县西边的南高洛村。中午时分，两人终于赶到了属于解放区的西洛堡村，找到定兴县公安局局长黎平琪。刘之骥借定兴县政府的电话，接通军分区报告华北军区聂荣臻司令员，又和满城情报站站长王兴华通电话，复述以上军情，让王兴华立即报告华北局社会部部长许建国。靳国璋赶往满城情报站，向王兴华提交藏在内衣里的那份密写详细情报，用情报站电台报告许建国部长。至此，刘光国小组的情报任务圆满完成。

第二条渠道是中共华北局城工部南系平津学委职业青年支部地下党员、《益世报》采访部主任刘时平。刘时平的直接领导是李炳泉，李的上级是崔月犁。10月23日晚，华北“剿总”部署偷袭石家庄的军事会议结束后，刘时平以绥远同学、同乡的关系，邀请整编骑兵第12旅旅长鄂友三、国防部保密局华北特别站站长兼华北“剿总”爆破大队队长杜长城、宪兵第3营营长刘建龙在骑兵第12旅驻平办事处聚会。这三人对“晋人治绥”特别是傅作义长期统治绥远极为不满，刘时平通过婉转试探，得到偷袭行动的大体情况。

10月24日晨，刘时平原计划直接找李炳泉汇报，但一想到杜长城在酒宴间曾说，他的爆破大队已在西直门车站装好车，待命出发，便决定前往打探究竟。他很快跑到西直门车站口，利用采访部主任的身份，顺利通过盘查进到车站内。只见站台上军人们来来往往，满载军用物资和车辆、马匹的列车已进行伪装。刘时平巧妙地弄清部队番号、列车的方向和开动时间后，立即向李炳泉住处急奔而去。就这样，华北局城工部、华北军区、中共中央军委第一时间收到来自地下电台的这份价值连城的密电。

第三条渠道是在国民党军中身居要职的中共中央华北局城工部情报关系人赵龙韬①。1947年11月，赵龙韬出任国民党军联勤总部第5

① 赵龙韬（1900—1987），辽宁海城人。1926年，考入东三省陆军讲武堂学习，次年任沈阳北大营少校连长，开始军旅生涯，曾参与西安事变。在陕北三次秘密与红军将领左权见面，对红军非常钦佩。全民族抗战期间，率部和日军作战，打了不少硬仗。抗战胜利后，他反对内战，主动为军调部中共代表叶剑英、滕代远提供情报。

补给区少将副司令，家住北平石碑胡同花园大院1号（今北京国家大剧院位置）。1947年冬，根据北平地下党学委负责人崔月犁的指示，赵明仁安排其父与华北局城工部专门负责军事策反工作的王甦建立秘密联系。从此，国民党华北“剿总”系统的后勤供应、军事调动等情报，源源不断地从赵府秘密传向华北局城工部。

对于傅作义部队偷袭石家庄、西柏坡这个情报，王甦在《我在党的领导下开展敌伪军工作》一文中这样写道：

> 1948年10月国民党在败局已定的情况下，仍图进行垂死挣扎，由傅作义集中了一些兵力准备突袭我石家庄和西柏坡党中央所在地。敌人命令联勤方面装好几车皮炸药待命。赵龙韬立刻将这一情况告诉我，我报告了城工部。城工部从其他渠道也获悉傅作义准备突袭西柏坡同样的情报。党中央采取了有力的措施，粉碎了敌人的阴谋。事后刘仁曾带来口信，对赵龙韬提供这项情报表示感谢。

1949年北平和平解放后，刘仁在王甦的陪同下，特意到赵龙韬家中探望。当时担任北平市市长的叶剑英，在六国饭店对新华社记者辛毅讲过这样一段话：“取信于民易，取信于敌难。南有基沣，北有龙韬。”

第四条渠道是国民党华北“剿总”二处石门情报站中校站长、中共地下党员李智①。1946年夏，李智受党组织派遣，打入国民党军统特务任福禄在石家庄的第5纵队谍报队，当上试用情报员。

1947年11月石家庄解放后，为把潜伏的国民党特务全部肃清，党组织决定李智仍潜伏在任福禄的特务组织内，专门侦破国民党特务组织。

任福禄逃到北平后，成了国民党华北“剿总”二处的特务，指

---

① 李智，河北束鹿（今辛集）人，曾用名李洪义、石峰、殷志杰。

示李智继续潜伏石家庄重建国民党保密局地下情报组织。中共中央晋察冀分局社会部部长许建国、石家庄市公安局局长陈守中研究后，同意由李智、殷明非、王耕、张治华、李中孚、李中业和马根山等人，组织起欺骗敌人的所谓“石门情报组”，由李智负责，然后报告给任福禄。由于“表现出色”，李智被委任为国民党保密局石门情报站中校站长。1948年春，任福禄令李智去北平领取一部电台。于是，李智把中共方面公开的并经过上级批准的情报，每3天通过电台向华北“剿总”二处汇报，并换回国民党的有关情报。

1948年10月，李智秘密电台突接国民党华北“剿总”二处密电，称：傅作义计划攻打石家庄，目的是缓和太原被围攻局势，要求李智用电台提供石家庄中共军政设防情报，并指示他离开石家庄继续隐蔽，不要暴露身份云云。

李智立即报告石家庄市公安局和中共石家庄市委。石家庄市委书记刘秀峰、市长柯庆施、警备司令曾涌泉等阅后，火速报送党中央。市公安局还指示李智按敌人命令携电台撤至藁城。在反偷袭斗争中，李智密台不但能及时获得国民党军队的情报，还在华北军区副司令员萧克指挥下，在陈叔亮、王应慈直接领导下，连续向华北“剿总”二处发电报17封，真真假假，以假乱真，迷惑敌人，为保卫石家庄、保卫党中央做出贡献。

中共中央、毛泽东得到傅作义部队企图偷袭的情报后，一面调动解放军、发动民兵阻击傅作义部队，一面连续让陕北新华广播电台播发消息，揭露国民党军队的偷袭阴谋。一手“枪杆子”、一手“笔杆子”，毛泽东上演的一出现代版“空城计”，迫使华北“剿总”的偷袭行动半途而废。

三、“巧取豪夺”获敌情

当北平城被解放军包围时，国民党北平市党部的主要负责人均已逃走，留下国民党北平市党部监察委员张玉贵看管档案材料，并接到命令在必要时烧掉档案。这种情况下，中共地下党员王福通过关系联系上张玉贵，公开自己的身份，并向他说明解放军即将胜利的形势，请他考虑自己的个人前途，要求他把国民党市党部的档案完好地保存下来争取立功赎罪。张怀疑地问："你说话算数吗？"王福表示可以向上级汇报，派人来谈，但必须保证来人安全。后由中社部派来的赵明和他谈了话，他交出了两麻袋档案。经过挑选，将其中重要的由赵明带走，其余的都存放在可靠的关系家中，北平解放后交给市公安局。

一大批打入国民党内部的中共地下党员，不仅为北平和平解放提供了众多有价值的情报，更重要的是为北平和平解放后肃清国民党特务提供了重要的线索。

1948年11月，中共冀中平保站地下党员陈颐华打入国民党内部，后以北平国民党学运组代组长身份，参加国民党特务组织的秘密会议，获取北平潜伏特务组织机构、特务化名、潜伏地址等重要情报。北平和平解放后，已被中共策反的保密局北平站少将站长徐宗尧拿出全部特务人员名单、枪支、电台、密码等，并通知所属一律停止活动，自动到市局登记，听候处理。他还动员潜伏在北平的国民党保密局沈阳和承德站两个少将站长，向中共投案自首。北平保密局的7个潜伏组和电台均被查获。美国远东情报局潜伏在北平的情报组也被破获，交出了电台、手枪及情报资料。

第五节　环环相扣的上层统战：傅作义被“包围”了

古老的神州大地，光明与黑暗正在殊死决战。1948年隆冬，辽沈战场硝烟未散，淮海大地激战正酣，解放军东北野战军以迅雷不及掩耳之势乘胜入关，与华北解放军配合，将国民党华北“剿总”总司令傅作义率领的60万部队，围困在北平、天津、张家口之间。

为促成北平和平解放，中共中央华北局城工部做了大量的工作。刘仁指派学委秘书长崔月犁，统筹部署对傅作义的争取工作。如傅作义的老师、“中将参议”刘后同，傅作义的女儿、中共地下党员傅冬菊，傅作义的副手、拜把子兄弟、副总司令邓宝珊等等。这些人为北平和平解放做出重要贡献。时任中共平津战役总前线委员会委员、华北军区司令员聂荣臻感慨道：“几十年来，我打过许多仗，能够如此及时了解对方最高指挥官的动态，还是不多的。这对我们做出正确的判断，下定正确的决心，进行正确部署，具有重要的作用。”①

北平和平解放四功臣：（左起）傅冬菊、刘后同、邓宝珊、阎又文

① 《聂荣臻回忆录》，解放军出版社2007年版，第557页。

一、“大忠大孝”傅冬菊

傅冬菊是傅作义长女、中共地下党员。当时不仅傅作义不明就里，就连中共地下党也很少有人知道她的真实身份。抗战期间就读于西南联大，1945年一二·一运动时，同班同学王汉斌介绍其参加党的外围组织民主青年同盟。毕业后应聘到天津大公报社当记者，表现一直很好，后来由王汉斌提出并由天津南系地下党发展其入党。由于傅冬菊的独特身份，可以接触和利用到一些资源，当时党的一些宣传品，常常由她拿到北平华北“剿总”印刷厂印刷。有关负责人印也不是，不印也不是。印，怕傅作义怪罪吃不消；不印，又怕傅大小姐到总司令那里告状同样吃不消。就这样，中共的宣传品在敌人的心脏中被成功制作。

1948年底，为加强对傅作义的争取工作，南系学委负责人之一的王汉斌把她从天津《大公报》调到北平，专门做傅作义的工作。在进入中南海之前，佘涤清找傅冬菊谈话，告诉她：现在解放战争形势发展很快，你父亲有接受和谈的可能，希望他放下武器，与共产党合作，和平解放北平。傅冬菊当即去找父亲，转达党的意图。傅作义当时怕是国民党特务通过他的女儿整他，便问：是真共产党还是保密局？你可别上当，要遇上假共产党就麻烦了。傅冬菊说：“是我们同学，是真共产党，不是保密局。”这是父女俩第一次单刀直入开诚布公的谈话。

随后，傅冬菊便和父亲一起住在中南海，她以特殊的父女之情，使傅作义在各种错综复杂的矛盾缠绕中，获得了很多安慰，排解了不少忧虑。1948年12月解放军攻占丰台不久，傅作义对傅冬菊说：“现在时局不好，我派飞机送你回天津去。”傅冬菊坚定地说：“父亲，我是您的大女儿，现在您遇到了这么大的困难，我一定要陪着您，绝不能离开！”她经常走到父亲的桌前，把几份解放区刚刚出版的报刊和小册子放在桌子中间醒目的地方，以起到调剂父亲“口味”的作用。一次，傅作义突然郑重地问傅冬菊：“有一件十分机密的事，能不能通过你的那位同学办一办？我想让你的那位同学，替我给毛泽东发一个电报。”傅冬菊连忙说：“行，当然行！”[1]就这样，傅作义准备议和的电报发了出去。

在争取傅作义走向和平之路的过程中，傅冬菊起到至关重要的作用。凭借血缘关系和父女之情，傅冬菊对傅作义晓以大义，进行耐心细致的说服工作，促使傅作义慢慢发生思想的转变。傅冬菊几乎每天都同学委领导接头，汇报傅作义的情况。比如，傅作义思想斗争激烈，唉声叹气，发脾气，咬火柴头，甚至想自杀，等等。这些情报让平津前线司令部、中共中央对傅作义的情况了如指掌，或战或和应付自如。傅冬菊在推动傅作义走向和平之路的工作中，深明大义，既为民族尽忠，又在更高层面上为父亲尽孝，做出了自己的特殊贡献。

二、“和平老人”刘后同

刘后同[2]是傅作义的高级政治顾问，担任华北“剿总”中将参议。刘当时已年近七旬，由于他与傅作义在政治上关系很深，是傅作义十分敬重的老师和多年的契友，关键时刻总能给傅作义出谋划策。

1948年秋天，北平地下党学委秘书长崔月犁与刘后同结识。崔月犁嘱托其劝傅作义尽早做和谈决断。刘后同告诉崔月犁，傅作义研读毛泽东的《论联合政府》后，想与共产党组成联合政府。不

---

① 袁德金、刘振华主编：《中国革命战争纪实·解放战争（华北卷）》，人民出版社2007年版，第484页。

② 刘后同（1882—1961），山西解县人。早年参加过辛亥革命，曾任甘肃省陆军部长兼总招讨使、北洋政府京畿卫戍总司令部高级参谋等。抗战期间，多次上书蒋介石，反对不抵抗政策。傅作义在天津任警备司令时，就与刘后同过从甚密。日军入侵华北后，傅作义给刘后同专门留下一部电台及一些人员。在以后长城抗战、绥远抗战等时期，刘后同常用这部电台向傅作义提供日、伪军情或提出参谋意见。又：关于刘后同名字的写法目前有另外一种为“刘厚同”，本书据平津战役纪念馆藏刘后同《北京古城和平纪略》手稿，其上署名为“刘后同”。

久，毛泽东致电平津前线领导人：与傅作义谈判必须以他们放下武器为基本原则，在这个原则下可以给傅宽大处理。1949年1月中旬，解放军攻克天津，傅作义的嫡系部队大部被歼灭。此时的他战无实力，退无余路，只剩下和谈一条路可走。

在北平地下党的安排下，刘后同特地从天津来到北平。刘一到北平，傅作义就迎进联谊处，安排刘和胞兄傅作仁一处下榻。就在刘同傅密谈后的第二天，崔月犁便来到联谊处与刘商谈，要其力劝傅作义抓住有利时机，放弃不切实际的幻想，尽早实现和谈。考虑到傅作义可能顾虑自己出路不明，左右两难。崔月犁请刘后同转告傅："只要共产党和平接管北平，共产党是不会亏待人民功臣的。"

傅作义的机要秘书王克俊，在说服傅作义走和平之路时，也与刘后同有过多次交流。他俩的意见没有原则分歧，但是在具体做法上未获得一致。刘后同主张发一个和平通电，停止内战就行了。王克俊说这是辛亥革命时代的做法，现在的局势比之前要复杂得多。这样做不可能达到使北平千年文物古迹不受损坏，人民财产不至于生灵涂炭的目的，甚至连傅作义的生命安全也难保障。王克俊对刘后同说："在发通电令前，先给毛泽东发个电报，请中共方面派人来谈判，以试探一下中共对和谈的态度，你看如何？"刘后同想了一下，缓慢地低声说："给毛先生发个求和电报，表明宜生的态度，并让毛先生派人来谈判，这倒是一个好办法。通过共产党领导稳住共军，特别是稳住东北共军，我们就可以赢得时间，从容不迫地使华北问题通过和平谈判得到解决。"

于是，他们商讨了电文内容，由王克俊草拟电文。电文不长，内容是表明要求和谈，不愿再打内战，为了国家和平统一，请求中共派南汉宸先生来谈判，并报告了傅作义在北平能控制的陆、空军数量。电文郑重表示："过去幻想以蒋介石为中心来挽救国家于危亡，拯人民于水火之中的做法，已经认识到是彻底错误的了。今后决定要以毛主席和共产党为中心来达到救国救民的目的。”[①]王克俊把拟好的电文，交给了傅作义。在争取民族大义和实现北平和平解放的过程中，“和平老人”刘后同的功劳值得后世永远铭记。

三、“老部下”邓宝珊

邓宝珊[②]是国民党陆军上将，国民党西北军重要将领。他同中国共产党一直保持着密切接触，多次合作共事。1948年4月，国民党政府在南京召开国大会议。邓宝珊目睹蒋政府“选举”中的各种阴暗丑陋的闹剧，对国民党的前途更加失望。当于右任征求他对竞选副总统一事的意见时，他说：“以现在的情况，于先生的上策是去香港卖字，中策是继续当监察院长，下策是出马竞选。”[③]南京回来后，他发誓不问政事，“抱病”在三原的家中。后任傅作义的副手、华北“剿总”副总司令，驻扎包头。

1948年11月3日，辽沈战役结束的第二天，傅作义被蒋介石召到南京商议放弃华北并南撤的计划。傅作义与蒋介石积怨已深，且为人正派，并不愿意放弃长期经营的华北，更担心中了蒋介石南撤“吃掉他”的圈套，因此，举棋不定，伺机待变。还没等他想明白前方的路，人民解放军百万大军已直逼平津。傅作义嫡系的两支王牌军——第35军和第104军被解放军悉数歼灭，其最得力的两个军长，一个被俘，一个自杀。待援无望之际，傅作义只能与中共接触商谋和谈事宜。初步接触，没有收到好的效果。他想到多年患难与共的老朋友——邓宝珊，立刻吩咐秘书长王克俊，发电报邀请，同时派出“追

① 袁德金、刘振华主编：《中国革命战争纪实·解放战争（华北卷）》，人民出版社2007年版，第546页。

② 邓宝珊（1894—1968），甘肃天水人。早年参加同盟会，任国民军联军驻陕北总司令部副总司令、华北“剿总”副总司令等职。新中国成立后，任甘肃省人民政府主席，第三、四届民革中央副主席和全国政协常委等。

③ 邢福有、谭文革、郭伟主编：《走向光明的历程——国民党起义将领传》，华文出版社2002年版，第24页。

云号”座机去接。

1948年12月28日下午，接邓宝珊的“追云号”座机停在天坛公园临时跑道上。傅作义亲自接上他，奔中南海疾驰而去。邓宝珊到达北平以后，接连几个晚上都到中南海与傅作义作彻夜长谈，讨论时局的变化发展，研究如何和平解决北平问题。经过反复商讨，傅作义下决心走和平道路，并请邓宝珊担任他的全权代表赴解放军平津前线司令部商谈。同时，邓宝珊还与中共北平地下党学委秘书长崔月犁保持秘密联系。崔带去中共中央的意见，并嘱托邓做好傅作义的工作。邓宝珊尽了全力，对促成傅作义下决心与中共和谈起到至关重要的作用。

1949年1月14日上午，邓宝珊在通县五里桥与解放军正式开始谈判。解放军方面参加会谈的高级将领是林彪、聂荣臻、罗荣桓，傅作义方面是邓宝珊、周北峰。1月19日，双方代表在北平城内正式形成《关于北平和平解决问题的协议》。22日，傅作义在和平协议上签字，并发表广播讲话。31日，解放军接管北平城防务。

四、“贴身秘书”阎又文

阎又文[①]是国民党军第12战区长官部主任、政治部副主任兼奋斗日报社社长，傅作义的机要秘书。由于为同乡关系，加之才华出众，阎又文深受傅作义器重，重大场合讲话、重要会议材料、绝密电报及文件的起草都是由他负责执笔。

1946年6月底，国民党撕毁停战协定，大举进攻解放区，全面内战爆发。8月，晋绥、晋察冀军区解放军展开反击，发起大同战役。

---

① 阎又文(1914—1962)，山西荣河人，傅作义身边的中共地下党员。全民族抗战期间，与党组织失去联系。1946年，在陕甘宁边区保安处工作的王玉接到上级组织的任务：马上到绥远傅作义部队中寻找阎又文。至此，与党组织失联7年后，阎又文这枚“闲棋冷子”被激活了。王玉进一步向阎又文交代中央指示精神：“一是建立秘密单线联系，不允许和任何地方党组织发生关系；二是了解傅部的实力和国民党战略动向；三是了解和掌握傅作义及蒋介石的关系，别的一律不要搞。”

蒋介石看到大同岌岌可危，便软硬兼施让傅作义率部攻打内蒙古重镇集宁，企图“围魏救赵”，解大同之围。傅部夺取卓资山后，解放军打援失利。9月17日，傅部攻入集宁城，随即挥师指向大同。华北解放军杨成武部不得不撤围东去。

集宁之战傅部偶然取胜，但双方损失惨重。傅作义授意阎又文起草一封致毛泽东的公开电，向毛泽东、蒋介石和美国人以及全国表明他的主张和态度。

这下阎又文犯难了：作为一名中共地下党员，怎么能写这样的文章呢？最后，决定由王玉向中央请示：写还是不写？周恩来直接指示：“这封信要写，而且要骂得狠一些，要让傅作义和他的官兵兴高采烈，得意忘形，让我们的指战员看后，在战场上恨不能把敌人一口吃掉。”

有了明确指示后，阎又文用生花之笔，挥就这篇“檄文”。9月20日，傅部机关报《奋斗日报》刊登了《致毛泽东的公开电》(下称《公开电》)。文章用揶揄的口吻写道：“被包围、被击溃、被消灭的不是国军，而是你们自夸的所谓参加‘两万五千里长征’的贺龙所部、聂荣臻所部……的全部主力。”第二天，国民党南京《中央日报》全文转载，大字标题为“傅作义电劝毛泽东希接受教训，放下武器参加政府促进宪政”。

这篇“檄文”字里行间极尽挖苦之能事，激起解放军将士极大愤慨。总司令朱德拿着电台抄录的《公开电》，对西北野战军领导说：“向连以上干部宣读，这叫激将法。人家骂我们经过两万五千里长征也不过如此。”毛泽东要求延安《解放日报》全文转载，说“奇文共欣赏，疑义相与析”。这封公开信的确起到了激发解放军将士斗志的作用。

1947年12月，傅作义就任国民党华北“剿总”总司令后，阎又文除继续担任傅作义的少将秘书外，还担任华北“剿总”办公室副主任、政工处副处长、新闻处处长和新闻发言人，是傅作义的心腹。

当辽沈战役激战正酣时，1948年10月，蒋介石三次飞抵北平，企图挽救东北败局，密谋偷袭西柏坡。中共中央社会部领导李克农派王玉到北平联系阎又文，并布置紧急任务：搜集傅部战略情报，包括傅作义的政治动向，国民党华北地区军事力量和作战计划，傅作义和蒋介石的关系，等等。要求王玉必须在两个星期之内回来。

一个星期后，阎又文就向王玉汇报了傅部详细作战部署，并透彻分析了傅作义的政治动向、军事打算：傅作义不会为蒋家王朝卖命，但他认为东北解放军不会很快入关，所以打算固守（北）平（天）津塘（沽）。若战局不力，则退到绥远、河套一带。

1948年11月2日，辽沈战役胜利结束。4日，蒋介石在南京召开最高军事会议。会前，傅作义得到消息，蒋可能要他撤到江南，但这违背他的意愿。出发前，傅作义、阎又文商议对策：尽量说服蒋介石坚守华北，同时也做好回不来的准备。阎又文找来非常信任的部属王彦生，将一家老小托付给他。

果不其然，会上，蒋介石希望傅作义率部南撤，将委任他东南军政长官之职。于是，傅作义提出“固守平津塘作战”方案，力陈“固守华北是全局，退保江南是偏安；非到万不得已时，华北军队不能南撤”。由于美国人考虑自身在华北的利益，主张不轻易放弃华北。最后，蒋介石只好答应加强装备，要傅作义坚守平津。于是，傅作义在张家口、北平、天津、塘沽一线摆下500公里长的“一字长蛇阵”，自以为固若金汤。

根据阎又文提供的战略情报，中央决定东北野战军提前结束休整，秘密入关。11月29日，解放军正式发起平津战役，对傅部“围而不打”“隔而不围”，迅速阻断其南逃西窜之路。12月13日，完成对北平的包围。

解放军兵临城下，傅作义虽然有意求和，但顾虑重重。根据中共中央争取和平解放北平问题的指示，阎又文耐心地给傅作义一一分析，摆明利害：南逃投蒋并非上策，我们不是他的嫡系，华北失守，蒋定不轻饶；如今华北被中共百万大军包围，西撤之路不通；

若固守，北平文化古城将遭到毁灭性破坏，您将成千古罪人。只有“和”才是唯一出路。另外，阎又文还利用工作之便，安排傅作义的老师、“中将参议”刘后同，华北学院教授、傅的同乡好友、中共地下党员杜任之等人，去做傅作义的工作。

第一次谈判，因为双方差距太大，没有取得实质进展，傅作义有些心灰意冷。关键时刻，阎又文十几天不回家，和傅作义的女儿傅冬菊日夜轮班守护在傅作义的身边，继续做他的工作。在这期间，阎又文的妻子丁宴秋生了重病，不到11岁的大女儿见到抽空回家的父亲，哭着说：“妈妈病了，爸爸你别走了，我害怕！”阎又文爱抚着女儿的头说：“现在傅伯伯离不开我，爸爸必须回去，你要负起照顾妈妈的责任。”

经过三次谈判，1949年1月21日，东北野战军参谋处处长苏静与华北“剿总”司令部政工处处长王克俊、平明日报社社长崔载之，在《关于北平和平解决问题的协议》上签字；阎又文参与协议的谈判和起草工作，并与苏静等解放军代表一起，商定实施和平解决的具体方案；22日，阎又文以华北“剿总”政工处副处长的身份，在中山公园水榭举行最后一场中外记者招待会，代表傅作义将军宣读《关于北平和平解决问题的协议》及文告。

1949年北平和平解放后，傅作义、邓宝珊赴西柏坡拜会毛泽东，阎又文随行。2月22日晚，毛泽东去后沟招待所看望傅作义，见到阎又文时，边握手，边一语双关地说：“不愧是个秀才，你的文章写得很好啊！”。

新中国成立后，地下党员陆续公开身份。作为北平和平解放的大功臣，阎又文严守组织纪律，一直没有对家人和外界公开自己的真实身份。他的真实身份是在他病逝30多年后才公开的。

五、为和平奔走的爱国人士

北平和平解放，起决定作用的是军事上的胜利，而奔走和平的爱国民主人士，在其中也发挥了极其重要的作用。

何思源[1]于1946年10月调任北平市市长，后因同情学生运动，向往民主和平，1948年秋被免职。1949年1月，北平成为一座被围的孤城时，何思源却从南京赶回北平，发起和平运动。他通过报纸、广播、市参议会广泛宣传和平主张，受到北平市民热烈赞扬，接着又在1月17日华北七省市参议会上以北平荣誉市民的身份，呼吁和平解决北平问题，得到与会代表响应，并被推选为和平代表团团长。就在何思源准备出城与解放军联络的当天夜里，何思源被蒋介石、毛人凤指使的特务炸伤（其一女儿被炸死）。何思源在医院仅住了一天，第二天就带伤率和平代表团出城到前线与中共代表谈判，促成了北平的和平解放。毛泽东说他是“真正代表了民意”。

周北峰[2]是傅作义的主要和谈代表。在北平和平解放过程中，时任少将政工处处长的他参与了北平和平解放谈判的全过程。他不顾个人安危，以国家民族大义为重，两次化装出城，参加谈判和草签协议等，做了大量工作，继而，他又作为傅作义代表之一，参加绥远和平起义的谈判。1949年9月他作为特邀代表，出席中国人民政治协商会议第一届全体会议。

---

① 何思源（1896—1982），山东菏泽人。早年考入北大，积极参加新文化运动和五四运动。1927年加入中国国民党，后长期主持山东教育工作。全民族抗战爆发后，在鲁北一带组织部队与日本作战。1944年12月任国民党山东省政府主席兼保安司令。1946年10月调任北平市市长。1948年秋，被免去北平市市长职务。

② 周北峰（1903—1986），山西永济人。在运城第二师范读书期间，被推举为山西省的学生代表，参加在北京召开的全国学生会临时代表大会。其间结识李大钊、张友渔等共产党员。1926年，加入中国共产党，后因白色恐怖失掉组织关系。1927年留学法国，1931年获得法国图卢兹大学法学院硕士学位并回国。1936年，他辞掉在山西大学的职务，到傅作义部任第2战区北路军第7集团军政治部主任，积极从事抗日活动。1938年1月，他作为傅作义将军的代表到延安与中国共产党商议联合抗日大计，毛泽东会见了他。

崔载之[1]在北平和平解放的初期谈判中是位不可替代的人物。1948年12月，崔载之作为傅作义的和谈代表，在中共地下党员李炳泉陪同下出城，几经周折，与平津前线指挥部取得联系。在谈判过程中，崔载之态度诚恳，积极寻求和平方案。他认为北平问题如不和平解决，傅作义没有出路。当崔载之得知新保安和张家口傅的嫡系部队已全部被歼，便连连发报给傅作义，催促其放下武器，并皆以守城无出路而劝其降。傅作义在军事上连连失利后，极想暂缓战局，提出欲通电全国，停止战斗，维护现状，成立联合政府。崔载之立即发报劝傅不要发通电，要考虑对方条件，否则和谈无希望，会产生不良后果。在此情况下，傅作义电示崔载之回北平，汇报谈判情况，崔载之征得解放军方面同意后赶回北平。崔载之充当傅作义首任谈判代表，给中国共产党人留下良好印象。大家都认为崔载之是老实人，知识面广，善于思考问题，比较坦率，对和谈相当积极。

① 崔载之，河北行唐人，1909年生。1932年从北平师范大学毕业后，到河北省立第八师范学校任教。1939年起，历任傅作义部绥远游击军政治部副主任、主任，第35军政治部副主任和暂编第3军政治部主任等职。1941年，接办《奋斗日报》，任报社社长。1946年，创办《平明日报》，宣传和平建国主张。

第六节 “攻心为上”：策动国民党军起义

解放战争的迅速发展，离不开正面战场的战斗胜利，也离不开特殊战场的策反胜利。这个特殊战场，就是中共地下党组织领导的对国民党军政人员的“起义战”。这一时期，策反国民党军的规模之大、影响之远，对加速全国解放战争的胜利起到了重要作用。

一、策反国民党军将领

抗战胜利后，中共地下党员王甦按照刘仁的安排继续留在北平城内开展敌工工作。当时，王甦与孟宪恭、杨群编为一组，王甦任组长。孟宪恭的公开身份是北京大学旁听生，杨群的公开身份是买卖房屋的掮客，其叔是国民党的少将参议。利用这层关系，王甦不仅弄了一套国民党军官制服，还弄了一张中校证明，以国民党军官的身份在北平活动，和中共北平地下党学委的崔月犁、张文松单线联系[①]。

前述为中共提供情报的国民党少将赵龙韬，就是王甦争取过来的。赵龙韬的儿子赵明仁，是民主青年联盟盟员。1947年下半年王甦和他结识，很快成为好友。当了解到赵龙韬原是东北军军官，当过张学良的副官，有一定进步思想后，王甦就以中共地下党的名义与赵龙韬正式会面，晓之以理，动之以情，陈说利害，做通赵龙韬的工作。随后，王甦还把地下交通员高启推荐给赵当了副官。

平时，赵龙韬的公事皮包由高启保管，皮包里的机密文件如华北“剿总”系统的后勤供应、军事调动等，高启都能看到。为了核实这些情况的准确性，王甦同时还联系着一个北平铁路局调度所的

---

① 王甦：《敌穴战斗的风风雨雨——在北平从事敌工工作的回忆片断》，《文史资料选编》（第5辑），北京出版社1979年版，第198—215页。

地下党员。他每天都用密写方式将铁路系统的调拨情况，如军用车的数量、去向，多少罐车、客车、平板车，车上装些什么等一一向王甦汇报，两个情报常常不谋而合。王甦将这些重要情报交给崔月犁，由崔月犁交给地下电台发往华北局城工部。

二、策动国民党第92军

到1948年7月，国共双方的力量对比发生重大变化，人民解放军机动作战部队的兵力数量已经超过国民党军队，国民党军上下的焦虑彷徨情绪蔓延，纷纷开始寻找新的出路。中共地下党组织充分利用有利时机，展开对国民党上下的“攻心计”，取得了不错成效。高树勋是解放战争时期第一个起义的国民党高级将领，当时在国民党内部引起极大震动。中共高度评价高树勋起义，并对这一起义的经验进行推广。毛泽东说：“须从国民党军队内部去准备和组织起义，开展高树勋运动，使大量国民党军队在战争紧急关头，仿照高树勋榜样，站到人民这方面来，反对内战，主张和平。”①北平地下党组织遵照中央的指示，利用和打通各种关系及渠道，争取和策动成千上万的国民党军队官兵起义。

策动国民党部队第92军全部起义，可谓一波三折。该军军长原为侯镜如，继任军长黄翔，是侯的朋友。侯镜如，1902年生，河南永城人，黄埔军校第一期毕业。1925年冬，由周恩来、郭俊介绍加入中国共产党。先后参加北伐战争、上海工人第三次武装起义、南昌起义。1931年在上海准备去苏区工作时，因党组织遭到破坏与党失去联系。后在国民党军中任职。刘仁曾派人给北平地下党学委领导下的中小教委书记薛承业送去一封由时任中共中央工作委员会秘书长安子文写给侯镜如的亲笔信。

此时，薛承业了解到，第92军军需副官李介人是侯镜如的外甥，

---

①《毛泽东选集》(第4卷)，人民出版社1991年版，第1174—1175页。

而李介人又是曾任北平市宛平县政府秘书韩自励的学生，于是决定通过韩来做李的工作，进而再做侯的工作。在薛承业、韩自励、王友石等人的教育下，李介人思想发生了很大变化，并于1948年7月经北平地下党学委批准，加入了中国共产党。8月，侯镜如的夫人李嵩云从李介人手中接到了那封安子文写来的信。侯镜如打开信一看，只见上面讲道："周贺二公关心你，让我给你写此信，如果能回来，表示欢迎，过去是可以原谅的……"[①]侯深受感动，下定决心与共产党重建联系，并提拔李介人为贴身副官。此后，李介人多次冒险穿过两军交战的前线，穿梭传送信息和情报。

1948年秋，侯镜如被蒋介石委任为第17兵团中将司令调往东北战场，司令部设在塘沽。平津战役开始后，侯镜如率第17兵团司令部及直属第318师守塘沽，而所属的基本部队第92军则担任天津的守备，后又被傅作义调往北平南部永定门一线。侯见情况有变，指示李介人去北平协助张伯权（第17兵团参谋长，侯的连襟）、黄翔立即直接与解放军联系。同时，与张伯权直接通电话："北平的事情，你和介人商量着办吧。"

随后，李介人和张伯权来到王府井梯子胡同第92军军长黄翔家中，做说服工作。李介人直奔主题："现在北平已经被围，形势这样危及急，军长有什么打算？"[②]黄翔明白国民党军大势已去，说道："除了当俘虏或者战死以外，还能有什么打算？"李介人说明来意，黄翔立即表示支持。为了能策反这支部队，北平地下党督促第92军派出代表与李介人、季洪秘密出城，与东北野战军第3纵队取得联系，接洽起义问题。后来，因为北平和平谈判达成协议，根据上层的指示，第92军不再单独起义，随同傅作义的部队一起接受改编。

① 侯伯文：《侯镜如在北平和平解放前后》，《人民政协报》2002年10月18日，B01版。

② 袁德金、刘振华主编：《中国革命战争纪实·解放战争（华北卷）》，人民出版社2007年版，第457页。

三、策动铁甲总队

在华北“剿总”直属部队中，有个铁甲车总队，下属第1、2、4三个大队。第1大队大队长于维哲，毕业于东北讲武堂第八期，1935年任东北军何柱国的第57军第109师通信连连长。直罗镇战役被红军俘虏，送到瓦窑堡“白军军官训练班”学习。学习期间参加了中国共产党，又被派回东北军进行秘密工作。后来同中共党组织失去联系，平津战役期间，到处寻找党的关系，后辗转找到北平地下党学委的魏焉。于是，崔月犁就让北平地下党员王甦和魏焉一起出面，跟于维哲联系。他们商谈的结果是，一旦解放军攻城，铁甲车第1大队就从前门攻向永定门，接应解放军进城；同时，以火力封锁东单的临时机场，防止达官贵人们逃走。于维哲还答应联系第4大队及第2大队各一个中队，一起参加起义。

不久，崔月犁给王甦一项特别任务，要他去接触一位国民党军的师长。这位师长的亲戚是一位中校军需官，其侄子是清华大学学生、民主青年同盟盟员。王甦的工作首先是从这位盟员做起的，军需官后来要求见地下党的负责人。王甦就在王府井一家广东饭馆和他会面，几句客套话说过，军需官就提出：“我们师长委托我和地下党联系，如果起义，能否保证生命财产安全？”

“能！”王甦果断地回答。

“愿意见见我们的师长吗？”

“当然可以。”

军需官打了个电话，那位师长便派车将他们俩接到了沙滩附近师长的公馆。

“你打算怎么办？”这次是王甦开门见山地问师长。

“我是蒋先生的学生，不能对不起他；但我也不想抵抗。你们能保证我们生命财产的安全吗？”

王甦郑重表示：“我们共产党的政策是一贯的，只要投诚起义，就可以保证生命财产的安全。”

最后议定，解放军发起总攻时，师长把全师军官召集到一起开会，使解放军和平通过他的防区进入北平城。后来，因为北平和平解放已成定局，原计划没有如期进行。

第四章

平津战役：胜战态势止干戈

1948年秋天，人民解放战争开始决战全国性胜利。中共中央军委和毛泽东着眼全国解放战争的全局，提出抑留国民军傅作义集团于华北地区就地解决的战略目标。为此，东北解放军提前秘密入关，与华北军区部队一起，对张家口、新保安、北平、天津、塘沽等地的傅作义部队进行分割包围，彻底截断其西逃南撤的退路。平津前线解放军按照先打两头、后取中间的攻击次序，先后攻占张家口、新保安和天津，给傅作义以沉重的军事打击；同时与傅作义的代表进行三次和平谈判，积极争取傅作义走和平道路。在中国共产党的军事打击和政治争取下，傅作义于1949年1月下旬在和平协议上签字，北平实现和平解放。

第一节　兵贵神速：东北野战军秘密入关

辽沈战役后，国民党军队总员额减少至290万余人，解放军增加至310万兵力。从此，人民解放军对国民党军不但在质量上占有优势，而且在数量上也取得优势。中国人民革命的军事形势达到一个新转折点。此时，华北国民党傅作义集团为东北人民解放军的胜利所震慑，已成“惊弓之鸟”，随时有可能从海上逃走或西缩归绥。以毛泽东为主席的中共中央军委审时度势，迅速做出指示，东北野战军排除万难也要提早入关，尽快联合华北野战部队，就地歼灭傅作义集团，解放平津，为解放全中国做战略准备。

一、“关内的文章从关外做起”

拖住平津之敌，以华北野战军既有的兵力是无法完成的。1948年11月16日，中央军委给东北野战军林彪、罗荣桓、刘亚楼发出一份紧急电报：

“我们曾考虑过你们主力早日入关，包围津、沽、唐山，在包围姿态下进行休整，则敌无从从海上逃跑。请你们考虑。你们究以早日入关为好，还是在东北完成休整计划然后入关为好，并以结果电告为盼。”①

17日，林彪、罗荣桓、刘亚楼、谭政致电中央军委，认为部队需要休整补充及入关教育和加强纪律教育，提早入关很困难。同日，中央军委再次致电林、罗、刘并告东北局、华北局，又提出东北野战军提前入关问题。电报要求他们考虑两个方案：一是东北野战军提前于本月25日起向关内开动；二是不管蒋、傅军是否撤走，仍按原计

---

① 中共中央文献研究室编：《毛泽东年谱（1893—1949）》（修订本）下卷，中央文献出版社2013年版，第392页。

划休整到12月中旬然后南进。

就在这时，一个新的情报促使毛泽东在未收到东北野战军复电时，便确定了东北野战军主力提前入关的决心。

18日，傅作义派彭泽湘、符定一来到石家庄，向中共转达他的口信，声称傅作义起义大致确定，目前考虑的是起义时间和如何处置傅部20多万军队与中央军以及与中共联系的问题。由于华北“剿总”的50万部队，傅所能控制的就是20多万嫡系部队，而剩余的30万中央军归属蒋介石。一旦傅通电起义，30余万蒋系部队一定会镇压，并将中央军从海上接走。

鉴于此，毛泽东于18日当天命令林彪、罗荣桓、刘亚楼：“望你们立即令各纵以一二天时间完成出发准备，于二十一日或二十二日全军或至少八个纵队取捷径以最快速度行进，突然包围唐山、塘沽、天津三处敌人，不使逃跑并争取使中央军不战投降（此种可能很大）。”[1]

19日，林、罗、刘复电中央军委，表示“我们决遵来电于22日出发”。

至此，中央最终确定抑留傅作义集团于华北就地歼灭的作战方针。

在接下来的几天中，毛泽东又致电东北野战军，嘱其采取秘密入关的方式，避免惊动傅作义。为不打草惊蛇，要求他们避开山海关，绕开唐山，待完成包围动作后再进行分头攻击。“傅、蒋在山海关的一个军尚未撤退，其目的是估计你们主力入关必走该地，让该部先挡一挡，争取主力逃跑或固守之余裕时间。”[2]与此同时，毛泽东要求新闻媒体制造假象，掩护东北野战军主力秘密入关，“因此除部队行动应十分荫蔽外，请东北局及林罗谭令新华社及东北各广播台在今后两星期内，多发沈阳、新民、营口、锦州各地我主力部队庆功祝捷练兵

① 中共中央文献研究室编：《毛泽东年谱（1893—1949）》（修订本）下卷，中央文献出版社2013年版，第395页。

② 《毛泽东军事文集》第5卷，军事科学出版社、中央文献出版社1993年版，第254页。

开会的消息，以迷惑敌人”[①]。

为了给东北野战军争取入关时间，并进一步抑留傅作义集团于华北，中央军委在11月9日电令华北军区第3兵团撤围归绥，16日电令华北军区第1兵团缓攻太原，18日电令冀中军区第7纵队停攻保定的基础上，于22日电令华北军区第3兵团：傅军有收缩各外围据点，集中平、津向南逃跑之可能。要求第3兵团主力向张家口秘密运动并包围之，迫使傅作义西援，进而拖住华北地区的国民党军。

二、大军入关压顶势

1948年11月23日[②]，东北野战军主力10个纵队和特种兵全部分别由锦州、沈阳、营口地区向冀东地区开进。80万官兵戴着狗皮帽子，穿着簇新的棉军装，携带各式美制新式武器，同10万匹战马、5000门火炮，130辆装甲战车，100辆坦克，组成一道钢铁洪流。后面跟着15万支前民工、3000辆汽车、8000辆大车和14万匹牲口，秘而不宣而又浩浩荡荡地向着长城蜿蜒而来。

其实，在大军启动之前，10月29日，中央军委就致电林、罗、刘，要东野派就近部队到冀东，配合华北野战军作战。11月1日，东北野战军第2兵团（即先遣兵团）司令员程子华率所属的第4、第11纵队开始先遣入关，并于8日到达冀东根据地。

就在东北野战军秘密入关的同时，11月25日，华北军区第3兵团司令员杨成武率部由绥东地区出发，分三路向张家口地区疾进。28日，杨成武下达包围张家口的作战命令。29日，华北3兵团第1纵队向怀安，第2、第6纵队向张家口以西之柴沟堡、郭磊庄地区守军发起攻击。平张战役打响，也即平津战役正式打响。

① 《毛泽东军事文集》第5卷，军事科学出版社、中央文献出版社1993年版，第254页。

② 因在沈阳开会的东北野战军各纵队、各师参谋长、政治部主任需要时间返回部队，经中央军委批准，将入关日期由11月22日推迟至23日。

此时，傅作义的基本作战方针是“保持海口”，西线则逐步放弃。但傅认为张家口是西线重镇，杨成武部的进攻不过是局部作战，完全可以趁林彪尚未入关，华北解放军处于分散状态时，派出主力部队在张家口速战速决，给杨成武部以歼灭性打击。于是，傅作义派出主力部队第35军主力和第104军一个师分别乘火车和汽车驰援张家口，同时把驻守昌平的第104军主力向北调往怀来，驻守涿县的第16军调往康庄和南口，以便能够随时向西策应。这样，傅系主力被牵制在平绥铁路一线。

12月3日，原来秘密集结在北平以北平谷地区的东北野战军先遣兵团奉命西进，日夜兼程，参与平张线作战。5日，攻克密云。傅作义判断他们将直下北平，急忙调整部署，命令第35军火速撤回北平，并从天津、塘沽等调集第92、62军和第94军主力增防北平。根据毛泽东和中央军委的部署，华北第3兵团迅速包围了张家口，华北第2兵团将从张家口匆忙东撤的傅作义嫡系主力第35军包围于新保安。接着，东北先遣兵团占领了怀来、康庄、南口。东北野战军指挥所属各纵队，以神速隐蔽的行动，分别由喜峰口、冷口向关内疾进，到达冀东集结。

这样，解放军便将傅作义集团主力分别包围或吸引在北平和张家口地区，使天津、塘沽、唐山各只有一个军（塘沽还有一个独立师），造成东北野战军主力可以切断平津、津塘之间联系的有利形势。毛泽东欣慰地说，此种形势“对于大局极为有利”。

三、“围而不打”与“隔而不围”

1948年12月10日，在长江以北、长城以南，国共两军的战场态势是：淮海战场，华东野战军和中原野战军已经歼灭了黄百韬兵团和黄维兵团大部，并将从徐州撤退的杜聿明集团包围在了陈官庄地区。平津战场，华北军区第2、第3兵团和东北野战军先遣兵团，已经把傅作义的主力分割包围在平张线上，东北野战军主力部队正在迅速入关，将对平、津、塘地区的国民军实施分割包围。

为避免北平与天津间的联系被切断，以确保最后时刻拥有天津的出海口，傅作义命令第4兵团司令官李文兼北平防守区司令官，放弃南口、昌平、通县、宛平等地，集中兵力固守北平；命令第17兵团司令官侯镜如兼津塘防守区司令官，放弃唐山、芦台、汉沽等地，将第86、第87军分别撤至天津和塘沽一线，第62军从北平回防天津，集中兵力固守天津、塘沽两点。

为将傅作义集团彻底消灭在平津地区，11日，毛泽东为中央军委起草了关于平津战役作战方针的电报，提出对傅作义集团实行“围而不打”“隔而不围”的战略部署：

> 从本日起的两星期内（十二月十一日至十二月二十五日）基本原则是围而不打（例如对张家口、新保安），有些则是隔而不围（即只作战略包围，隔断诸敌联系，而不作战役包围，例如对平、津、通州），以待部署完成之后各个歼敌。尤其不可将张家口、新保安、南口诸敌都打掉，这将迫使南口以东诸敌迅速决策狂跑，此点务求你们体会……唯一的或主要的是怕敌人从海上逃跑。因此，在目前两星期内一般应采围而不打或隔而不围的办法。①

所谓“隔而不围”，是以入关的东北野战军迅速插入北平、天津、塘沽、芦台和唐山诸点，割断敌人的相互联系，防止其逃跑，但不做战役性包围。

据这一原则，东北野战军自12日起，全力向平、津、塘地区开进：

左路由野战军直接指挥，直插天津、塘沽之间。第9纵队13日占领唐山；14日占领芦台和汉沽；19日占领津、塘之间的要地军粮城；

① 《毛泽东选集》第4卷，人民出版社1991年版，第1365页。

20日攻占天津东部外围各据点和飞机场；21日占领咸水沽、新城一线，割断了天津与塘沽之间的水陆联系。第8纵队向天津城郊推进，19日占领杨村，歼灭国民党军新编第333师2000余人，俘虏师长宋海潮；20日攻占北沟、北仓和宜兴埠；21日占领天津外围的杨柳青；22日进占白塘口、双港一线，切断了天津守军向大沽口的退路。

中路由第1兵团统一指挥，第3纵队13日占领北平以东的马驹桥、廊坊一线，17日占领北平以南的南苑机场，19日击退国民党军对南苑机场的反击，逼近北平东南郊。第10纵队14日占领廊坊，切断平津铁路；15日控制了廊坊、旧州一线。第6纵队16日占领永乐店、马头镇、张各庄、安平镇一线。冀中军区第7纵队13日占领房山、良乡，15日占领黄村、南苑、庞各庄、安定车站一线。第1纵队则赶至北平与天津之间，切断了北平守军退往出海口的路线。

右路由先遣兵团统一指挥，第4纵队14日占领南口、八达岭一线；第5、第11纵队分别从北平的西郊向丰台、宛平、石景山进攻；第11纵队14日占领西郊机场，15日占领海淀、门头沟、西黄村和石景山等地；第5纵队14日占领宛平和丰台。17日，第5、第11纵队逼近西直门和德胜门。

所谓“围而不打”，是以华北军区主力部队将张家口、新保安之敌严密包围，待命攻击。

15日，华北军区第3兵团相继占领张家口各外围据点，切断了张家口对外的所有联系；同时，北岳军区部队和骑兵第3、第4、第5师占领了张北、康保、商都等地，对张家口形成了第二道包围圈；西北野战军第8纵队和地方武装在集宁、丰镇、卓资山一线，形成了第三道包围圈。

为了加强对张家口的包围，东北野战军第4纵队的三个师于17日自南口出发，20日抵达宣化、张家口地区，包围张家口的兵力达到10万以上，张家口国民党守军被歼的命运已成定局，华北第2兵团则不断地收缩着对新保安的包围。第3纵队在新保安以东和东南、第4纵队在东和东北、第8纵队在西和西南，三个纵队层层筑垒，大修工事，把傅作义的第35军围成铁桶一般。

至此，华北战地的国民党军已被分割包围在张家口、新保安、北平、天津、塘沽5个相互孤立的地区。

当然，“隔而不围”不是永远不围，“围而不打”也不是永远不打，是在等待最佳战机。中央军委11日的电报规定：完成上述部署后，“攻击次序大约是：第一塘芦区，第二新保安，第三唐山区，第四天津、张家口两区，最后北平区”。“只要塘沽（最重要）、新保安两点攻克，就全局皆活了。”

毛泽东的这种“围而不打”与“隔而不围”的部署，是“出敌不意”的，在解放军最后完成部署以前，“敌人是很难觉察出来的”。叶剑英后来评论道：

> “兵贵神速”和“出敌不意”的军事原则，为一般军事家所熟知，但毛泽东同志运用之妙，却超乎寻常。“围而不打”和“隔而不围”的作战方针，以及延缓华东战场对杜聿明集团残部最后歼灭部署的指示，则更表现了军事指挥上的高度艺术。

第二节　歼灭第35军："东边的文章从西边做起"

一支部队，装备再精良，兵力再浩大，只要与人民为敌，逆历史潮流而动，早晚逃脱不了覆灭的命运。国民党第35军是傅作义手中的一张王牌，是其最精锐的部队之一。这只部队被人民解放军围歼，给傅作义军队以沉重的打击。

一、善于守城的"王牌"

第35军是傅作义起家的部队，历经百战，攻守兼备，在抗战中多次痛击日伪军，曾是著名的抗日常胜军。到抗战胜利后蒋介石发动内战时，该军已全是美式装备，完全机械化。

第一任军长就是傅作义，早年因擅长守城而战功赫赫，步步高升，年仅35岁就成为军长，被誉为"守城名将"。由他一手培养的这支军队，自然也就以"守城"闻名于世。第二任军长董其武、第三任军长鲁英麟，都是清一色的山西乡党。

第四任军长郭景云是西安人，人称"郭麻子"，打起仗来勇猛斗狠、敢闯敢拼，深受傅作义赏识。但他的缺点也很突出，缺乏军事素养、有勇无谋，又刚愎自用、孤傲自满。1948年1月，解放军在涞水战役中重创第35军，军长鲁英麟自杀。郭景云在继任军长的任职演说中说："35军是常胜军。常胜军的军长就那么好当吗？前任的军长已经给我们做出了榜样。如果你们给我丢了人，我就自杀。"[①]

在杨成武指挥第3兵团包围张垣（今张家口）时，傅作义首先想到的就是郭景云。傅作义亲自接见他，面授机宜，让他驰援张垣。他拍着胸脯，对傅作义说："别说杨成武，就是聂荣臻又有什么了不起。

① 张新吾主编：《傅作义传》，团结出版社2005年版，第283页。

凭35军的威名，此去定会马到成功。”①

二、解围反而被围

从表面看，郭景云率第35军的增援作战一开始比较顺利。11月29日，第35军乘400多辆汽车从北平出发，翻越八达岭一路向西进发，30日下午到达张家口地区。所属第101师继续向西朝万全推进，第105军第251师和整编骑兵第5旅一起向包围张家口的杨成武部展开攻击。很快，杨成武部向西南方向撤退。

第101师除留下一个营驻守万全县城，其余部队旋即“凯旋”张家口。12月2日，驻扎在张家口以南宁远堡的第105军遭到袭击，第101师再次出动，第35军军部率第267师跟随推进，战斗进行得也很顺利，没等天亮，杨成武部又向西撤退了，侦察兵报告说宁远堡以西15公里内已没有“共军”踪迹。3日，张家口附近比较平静，第35军拟于4日返回北平。由于傅作义乘飞机来张家口部署放弃该城的工作，以及张家口的军政人员及家眷要随军东撤，直到5日中午，第35军才像大搬家一样动身东返。此时，解放军就地歼灭第35军的天罗地网已经铺开。

大约在第35军的车队从张家口刚出发的时候，毛泽东就连续致电华北军区第2兵团，要求他们以最快的手段“全力控制宣化怀来地区”。宣化、怀来距离北平的天然门户八达岭近在咫尺，而且那里驻有傅作义的第104军，如果让第35军越过宣化、怀来与第104军会合，华北地区的战局将陷入困难境地。

此时，华北军区第2兵团绝大部分部队尚在涿鹿以南，只有第4纵队政治委员王昭和第12旅旅长曾宝堂率领第12旅在平张线上活动。以一个旅阻击敌人一个军，兵力悬殊太大了。

第2兵团立即命令主力徒涉洋河，急速赶往新保安地区；同时命

① 张新吾主编：《傅作义传》，团结出版社2005年版，第283页。

令第12旅不惜一切代价，在西八里、新保安和东八里地域把敌人纠缠住。

第12旅攻占新保安后，以西八里为前哨，火车站为主阵地，东八里为预备阵地，决心至少坚守一昼夜，等待兵团主力部队的到达。

敌人在大炮和飞机的助战下攻势凶猛，第12旅在付出巨大伤亡之后只能节节撤退，直撤到新保安城城外。

新保安城有2000多户人家，面积约有1平方公里。此城北靠大山，南邻洋河，地势狭隘，一旦进出两端的道路被堵，势必进退无路。第35军副军长建议连夜进发，以防夜长梦多。但郭景云自恃有美式装备，又是快速部队，不把解放军放在眼里，坚持让部队在城内住上一夜再走。这一决定，进一步把傅作义的这支主力推向了绝境。

凌晨3时，毛泽东严令华北军区第2兵团："务必全军立即行动，阻住该敌，如被突围，由你们负责。"华北第2兵团主力克服寒冷天气、道路拥挤且有河流阻挡的困难，于8日拂晓时分赶到新保安地区。为便于统一作战，中央军委决定整合现有的机动力量，将冀热察军区部队、华北第3兵团、东北先遣兵团暂由华北第2兵团统一指挥，共同参与新保安的包围任务。

由于傅作义给郭景云的命令是"火速"赶回北平，第35军进入新保安的第二天，便开始组织突围。最初，郭景云只是派其第101师的一个团打头阵，并命令其他部队上汽车跟进。失败后再派第101师的两个团突围，仍以失败告终。接连败下阵来，郭景云决定亲自带领第267师全部兵力加第101师两个团全力往东突击。这次"总动员"效果明显，一度攻破解放军的防线，但最终还是被堵回新保安。郭景云见突围无望，即闭城不出，企图固守待援。

见王牌嫡系被困，傅作义急令驻怀来的第104军和第16军西进接援第35军从新保安突围。同时紧急任命第104军军长安春山为西部地区总指挥，统一指挥第104、第16、第35军，"全力以赴，内外夹击，迅速击破当面共军，接应并掩护第35军安全返平"。随后又命令张家口的第105军向下花园、新保安方向发动攻击，策应第35军突围。

安春山率领第104军第250、第269师，借助飞机的高空掩护，于12月8日夜从怀来沿公路西进，沿途遭到解放军的顽强阻击。傅作义紧急电令郭景云伺机脱险并与安春山的援军会合，于是第35军从新保安拼命向东突围。此时，解放军实际上处于东西两方的夹击，但敌人依旧没能突破解放军阵地。华北第2兵团随后乘势发起反击，逼迫敌第104军后撤，第35军退回新保安。

战至11日，安春山的第104军被解放军东北先遣兵团歼灭大部，其余少数人从丰沙线逃回北平。此时，困守新保安的第35军，已真正处于孤立无援的境地了。

三、“全歼新保安之敌，甚慰”

平津战役“各个歼敌”的第一仗终于要打响了，进攻新保安的时刻到来了。为攻克新保安，歼灭傅作义的嫡系“王牌军”第35军，华北第2兵团做了认真部署：决定以4倍于国民党军的绝对优势，集中全部兵力参战。为加强炮火攻击力量，林彪、罗荣桓、刘亚楼决定东北先遣兵团第4纵队炮兵团配属华北第2兵团作战。第4纵队主攻城东南角；第3、第8纵队（缺第24旅）分别攻击西门和城西北角；第8纵队第24旅为兵团预备队，准备阻击国民党军向东突围。待各纵队集中兵力、火力扫清外围障碍后，有重点地从多路向新保安镇内突击，务求全歼守敌。

12月21日下午2时，第2兵团发起新保安外围战。第4纵队一举攻占外围重要据点东关，及东门附近的龙王庙；第3纵队在第8纵队的配合下，攻占城西的水温泉、和尚庙等据点。短短两三个小时，各纵队都以秋风扫落叶之势，扫清了各自正面进攻上的敌外围工事。郭景云见大势已去，急忙打电话给北平的傅作义，向他要飞机、要炮弹。傅作义回电说：“明早7时派飞机10架前往助战，另10吨弹药于明晨由青岛起飞运往。”挂了电话，郭景云知道凶多吉少了，今晚解放军攻击得这般猛烈，就怕等不到明天早上了。

22日早7时，6颗信号弹划破拂晓的薄雾，从新保安西北方向升空。伴随着连绵不绝的火炮声，解放军对第35军的总攻正式开始了。顷刻之间，100多门火炮从四面八方对着国民党第35军的前沿阵地和新保安城墙上的防御设施猛烈开火，很快东面城墙就被炸开一个大缺口。

早9时许，第4纵队第11旅率先突入城内，第10旅随即炸开东门入城。在巩固和扩大突破口后，第4纵队全部突入城内，进行巷战。第3纵队从西门、南门以东突破未能成功，遂从第4纵队突破口攻入城内。第8纵队从城西北角和城北突击，遭守敌暗堡火力封锁，连续突破未果，与守敌呈胶着状态。突入城内的各纵队穿插分割，继续向纵深发展。

这时，新保安城内满街汽车，有些正在燃烧，枪声、手榴弹爆炸声不绝于耳。国民党军躲藏在院落和城根地下工事里继续顽抗。第4纵队将预备队投入巷战，很快将国民党军第267师和第101师分割开来。战至中午，第4纵队便占领国民党军第35军核心工事钟鼓楼，并围歼第35军军部，生俘少将副军长王雷震，以及其他官兵8000余人。第3纵队第7旅猛攻敌第101师侧后，与随后突入城内的第9旅并肩突击。第8纵队于下午2时在城北重新发起进攻，不久也相继从西北角和城北突入城内。第3、第8纵队在发起总攻的10个小时内，全歼敌第35军主力第101师及其他残部7000余人。

22日下午5时，新保安宣告正式解放。城内的国民党军被解放军彻底打垮，第35军两个师1.6万多人全部被歼。郭景云在一座四合院内开枪自杀。下午6时，华北第2兵团向毛泽东发出电报。晚10时，毛泽东复电：全歼新保安之敌，甚慰。

第三节 解放天津：以打促谈“下猛药”

西线的战斗结束后，东线的解放军开始试攻塘沽，随即果断将攻击目标转为华北最大的工业城市——天津。经过激烈战斗，解放天津，成为促进和平解放北平以及解放华北的重要转折点。

一、决战时刻的到来

随着平绥线全部被解放军控制，傅作义西逃之路被切断了。中央军委决定华北第2、第3兵团继续西进，解放绥远。由此，平津战役重心发生转移，按照中央军委提出的“先取两头，后取中间”的作战计划，东北野战军集中全力围歼平、津、塘地区的蒋介石嫡系部队。

塘沽，地处天津以东海河入海口北侧，西距天津45公里，是华北地区重要的海运港口，也是重要的军事要塞。这里地势平坦低洼，东南两面滨海，西面和北面直至海岸都是草地和积水盐滩，冬季不结冰，地势开阔，易守难攻。既不能从侧后切断敌人的退路，又不便从正面展开兵力，同时，不能挖工事，基本不能使用大兵团作战。

林彪、罗荣桓、刘亚楼根据中央军委的指示，决定先取塘沽，再打天津，攻击时间基本定在27日后。为更好地了解敌情，23日第7纵队派出少量部队做试探性攻击，结果牺牲千余人。24日，再次发起攻击，又未成功。于是建议推迟攻击塘沽时间，改打天津对解放军更有利。26日，林彪在收到电报后，立即致电中央军委，建议推迟攻击塘沽的时间。当日，中央军委复电同意。28日，中央军委又批准林彪提议，调华北第2、第3兵团参加、平津作战，加强包围北平的兵力。

天津是国民党军坚固设防的城市，有完整的防御体系，守城部队共有10个正规师、4个特种兵团，还有地方部队，计13万兵力。守城的国民党军最高指挥官陈长捷，是傅作义在晋军时的亲信，曾对部下夸下海口：“这样坚强的碉堡阵地，充足的弹药器材，比起总司令当年仅仅一师守着的涿州城，不知优越多少倍。”

12月30日，东北野战军司令部决定刘亚楼担任天津前线司令员，以第1、2、7、8、9纵队22个师及特种兵部队12个团，共34万人攻打天津，参战的山炮、野炮、榴弹炮、加农炮等各种口径火炮538门，坦克30辆，装甲车16辆。在综合研判各种情报后，刘亚楼决定将主攻方向置于中部，采取“东西并进，拦腰斩断；先南后北，先打弱敌，后打强敌；先分割后围歼，先吃肉后啃骨头”的作战方针。

关于天津的基本作战计划获得中央军委批准后，刘亚楼立即做出具体部署。第1纵队组成西集团，为第一主攻方向，由西向东攻击，从和平门附近南运河西岸地区突破；第7纵队为第二主攻方向，由东向西进攻，从天津以东之王串场、民族门地区突破；第9纵队组成南集团，为助攻方向，由南向北攻击，配合东西两集团军，围歼南半城守军；第8纵队独立第4师、第7纵队独立第7师及野战军警卫团两个营，在城北民生门等处实施佯攻，迷惑牵制守军；第6纵队第17师为总预备队，准备随时加入第一主攻方向的作战；第12纵队位于军粮城地区，向塘沽方向警戒，防止天津守军向塘沽方向突围。

对于天津的工业，毛泽东非常重视。1月3日，毛泽东电告林彪：“请令刘亚楼研究在攻击天津时，是否有办法使工业区避免破坏或减少破坏程度。”①1月6日，毛泽东再电林彪，在攻打天津时注意保护工业区和学校，如果能使用劝降方法最好，遇到敌人顽抗，即使有所破坏也在所不惜。1月7日，刘亚楼向各攻城部队发出《天津攻城应注意的几个问题》的指示。

攻打天津是东北野战军主力入关以后的第一场大的战役，各级指挥员都高度重视。各部队到达计划指定地点后，随即投入到紧张激烈的攻城准备中。一场大战即将爆发，天津解放的日子即将来临！

---

① 中共中央文献研究室编：《毛泽东年谱（1893—1949）》（修订本）下卷，中央文献出版社1993年版，第435页。

二、29小时解放天津

1949年1月3日，东北人民解放军攻打天津各纵队、各师相继进行天津外围战，先后占领天津外围的小片区域，从四面八方抵近天津城防工事的前沿。至1月12日，天津外围战结束，共歼敌5000余人，活捉少将司令白英杰，基本上扫清国民党天津守敌在外围的工事据点。

为天津的工商业免于战火毁坏，最大限度地保护人民生命财产安全，1月6日，林彪、罗荣桓给国民党天津警备区主要将领陈长捷等写信，表达解放军从人民利益出发，可以与他们进行谈判。为拖延时间，借机探听解放军虚实，陈长捷决定用缓兵之计，先后于1月8日、10日、11日三次派人出城与解放军谈判，提出放下重武器，只携带轻武器撤到塘沽，然后由海上南撤。刘亚楼当即予以回绝，要求天津守军放下一切武器，并限令陈长捷在12日下午6时前给明确答复。

陈长捷连忙召集部属商讨对策，结果都表示“放下武器是耻辱，有为难处”。华北“剿总”要求天津守军“坚定守下去，就有办法”。最终，陈长捷决定“在军事上为傅负责到底”，拒绝放下武器。

经中央军委和东北野司批准后，1月14日上午10时，平津前线司令部正式下达了总攻天津的命令。

第一主攻方向上的西突击集团两个纵队——1纵和2纵，从和平门南北地区由西向东并肩突破。第二主攻方向上的东突击集团两个纵队——7纵队和8纵队负责突击民权门以及包括民族门、中正门在内的地段。助攻方向上的南突击集团，即9纵队和12纵队34师，从津南突破后向北发展。6纵队17师作为总预备队，在1纵队后跟进。炮火延伸后，各纵队按照预定的计划实施逐个突破。

战至下午1时，解放军围攻天津的各路纵队分别在东、南、西三个方向撕开敌人固若金汤的城防，并突破9个通路，如洪水一般涌进天津城内，展开激烈的纵深战斗。国民党军依然负隅顽抗，但已阻挡不住解放军的猛烈进攻。

15日凌晨5时，东西两路突击集团成功会师金汤桥。金汤桥横跨海河，钢身铁架，地理位置极其重要，是国民党军在城区的一道重要防御阵地。解放军金汤桥的会师，将国民党军的防御体系彻底拦腰斩断，使其全线发生动摇，陷入一片混乱。随后，解放军各路纵队战士按照既定目标，乘势全城追击，逐个击破。由于各攻击部队奋勇顽强，战斗发展十分迅速。

第1纵队第1师第2团副团长刘海清带领前卫营打到敌防司令部，抓到大批俘虏，活捉当时正在打电话的陈长捷。这位无可奈何的国民党军司令说道："我们缴枪，我通知部队不要再打了。"于是，他从俘虏中找来电报员和电话员，下达最后一道命令——"投降"。

天津攻坚战于15日下午3时胜利结束，耗时仅29个小时！人民解放军全歼守敌13万人，彻底粉碎了国民党军"大天津堡垒化"的神话，进一步加速国民党部队的瓦解。傅作义得知消息之后，无力地放下手里的电话，竟瘫倒在座椅上。

1949年1月，天津市解放后，解放军在街上乘卡车进行宣传（新华社　提供）

天津被解放军攻克之后，国民党塘沽守军第17兵团第87军等部5个师5万余人奉国民党统帅部的命令乘船南撤。负责监视塘沽守军的第12纵队主力立即给予火力打击和追击，由于受到地形障碍阻挡，仅歼其后卫部队3400余人，于17日解放塘沽。

天津战役的胜利，是解放军付出血与火的代价后取得的。“天津方式”沉重打击了傅作义，也教训了其他心存幻想的国民党残余力量。13万守军在29小时之内全部被歼，使傅作义真正认识到人民军队的强大和历史的不可扭转，为北平问题的和平解决奠定了基础。

三、北平成了孤城

华北第2、第3兵团取得新保安、张家口战胜利，切断了傅作义集团西逃的退路；东北野战军即将攻克天津，阻断北平国民党军东撤海上的通道。北平变得十分孤立了。

丰台是北平的南大门，是平津、平汉、平绥三大铁路线的交通枢纽，也是北平国民党军最大的军用仓库所在地，集中了大量的弹药、物资、粮草等军需。原来驻扎此地的郭景云第35军驰援张家口，造成丰台守军兵力减弱。

解放军窥此良机，断然出击。东北野战军第5纵队经过10天急行军，行程千余里，经三河、海淀红山口、西黄村、新北京（今永定路一带）、沙窝，于12月14日晨7时到达岳各庄，并于上午11时发起攻击，经过一天激烈战斗，晚上占领丰台。15日凌晨傅作义调兵反攻。正值双方激战之际，东北野战军第11纵队先头师所部1个团，投入战斗；华北野战军第7纵队赶来协防丰台火车站，其他后续部队相继参战。傍晚时分，击退国民党军反攻，守住了丰台。歼敌8000余人，缴获坦克106辆，装甲汽车24辆，火车头45个，火车皮501辆，各种炮75门，机枪225挺，步枪1667支及丰台东西仓库的大量武器、装备、被服、粮食等。

解放军占领丰台，不仅切断了敌人经由铁路线东逃之路，且可依

解放军在北平外围挖战壕（来源：《北平人民革命斗争》画册第140页）

托丰台逐渐向北平推进，直逼广安门和右安门，成为敌据守城垣的最大威胁。

接下来，解放军又相继夺取北平周围的大部地区，如南口、沙河、颐和园、海淀、石景山、宛平、通县、马驹桥、采育镇、廊坊、黄村等等。此时的北平已真正成为一座孤城。

解放军基本完成对北平的包围之后，没有立即展开攻击。这里有两点基本的考虑：一是战役战略部署。毛泽东关于平津战役的作战方针是“先打两头，后取中间”，即最后攻占北平。二出于保护历史文化古城的考虑。为避免战争破坏，解放军对傅作义展开积极的政治争取和多次和谈，力争尽可能地保留北平的完整性。但是，解放军在政治争取的同时，从没有放弃武力攻占北平的准备。按照中共中央军委和毛泽东的总体计划和作战部署，负责攻城的各部队都做了精心准备。

第四节　保护古城：社会名流的努力

古都北平素有“人文荟萃之地”的美誉，是辽、金、元、明、清等朝代的都城。在这里，故宫、颐和园等文化古迹错落有致，以北大、清华为代表的国内一流高等学府鳞次栉比。北平以其独特的文化底蕴，会聚众多文化名流与社会贤达，他们热爱这座古城，并与它共命运、同呼吸。北平被围城以后，梁思成、马衡、康同璧、傅增湘、潘龄皋、钟惠澜、徐悲鸿、韩寿萱等众多文化名流放弃明哲保身、远离战火的机会，义无反顾地选择留下来，纷纷投身到保护古城的工作中。

一、作战地图上的文物标记

北平被围后，有一批积极投身古城保护的文化名流自发组织起来。他们通电全国，成立北平文化古城保卫委员会，告国共双方将士以北平为非战斗区，重申不设防的主张。北平围城期间，为古城安危而心急如焚的莫过于梁思成。梁思成，这位中国著名的建筑史学家、建筑师、城市规划师和教育家，穷其一生致力于中国古代建筑和文化遗产的研究与保护。

梁思成

梁思成研究过的文物古迹遗存有几千多处，但对北平情有独钟。1943年，由他主编的第一本建筑史著作《中国建筑史》正式出版。梁思成在书中提到：“明之北京，在基本原则上实遵循唐长安之规划，清代因之，以至于今，为世界现存中古时代都市之最伟大者。”[①]1948年，北平被围，眼看这座历史名城要沦为炮火下的灰烬，梁思成愈发坐卧不安。

12月下旬的一个深夜，清华大学政治系主任张奚若来敲门，一同而来的还有两名解放军军官。张奚若告诉梁思成，这两位是解放军的干部，此行是来求你帮忙的。话语间，两位军人取出一份北平军事地图，说道：“我们的部队正在做进驻北平的准备，出于完好保护北平城中珍贵的文物古迹、书籍档案的考虑，党中央和毛主席主张和平解放北平，但是如果傅作义将军拒绝接受和平改编，我们只能强行攻城。我们早知先生是国内著名的建筑学家，现请先生把有重要文物古迹和古建筑的地方在地图上标出来，划出禁止炮击区域，以使之避开炮火。为了保护这些古迹，我们即使付出更大的牺牲也在所不惜。”[②]还没等他们讲完，梁思成已是热泪盈眶，他被中共保护文物的诚意所深深感动。想不到中国共产党对于文化遗迹的保护如此重视，竟做了他一直惴惴不安但又不敢奢望的大事。“从那时起，一心从事学术、很少过问政事的他，对中国共产党就‘一见倾心’了。”[③]

梁思成和夫人林徽因，把他们认为必须特别加以保护的地点，用红笔认真地在那幅军用地图上一一圈注了出来。这张地图随即变成了《北平重点文物图》，挂到西柏坡毛泽东指挥平津战役的指挥所墙壁上。随后，毛泽东命令把这幅图交给围城部队，指示部队在进行攻击练习时，一定要对目标计算精确，一定要注意保护这些重要的文化古迹。

沉默中，北平在等着一个新的生机。1949年1月16日，中共中央军委就保护北平文化古城问题指示平津前线司令部，要求：“此次攻城，必须做出精密计划，力求避免破坏故宫、大学及其他著名而有重大价值的文化古迹。你们务必使各纵队首长明了，并确守这一

① 梁思成：《中国建筑史》，清华大学建筑系教师学者参考资料1954年油印本，第147页。

② 李砚洪：《北平1949：危城抉择》，《北京日报》2007年1月30日。

③ 梁思成：《我为什么爱我们的党》，《北京日报》1957年7月14日。

点。……你们对于城区各部分要有精密的调查，要使每一部队的首长完全明了，哪些地方可以攻击，哪些地方不能攻击，绘图立说，人手一份，当作一项纪律去执行。为此，你们必须召集攻城部队的首长开会，给以精确的指示。”①

北平最终获得和平解放，是文化古都之幸。梁思成夫妇连夜圈点禁止炮轰图一事，成为保护民族文化遗产的永久佳话。

随着解放军在战场上捷报频传，越来越多的城市获得解放。为在解放战争中尽可能地保护文化遗产和历史遗迹，中共中央特地派人到清华大学请教梁思成，倾听他的意见和看法。梁思成打算编写一本《全国重要文物建筑简目》，提供给中共中央和人民解放军参考使用。这本书从内容、封面、版式设计等都由梁思成担纲完成，他带领清华大学建筑系的教师和中国建筑研究所的研究人员共同努力，仅用一个多月就创制完成了100多页的《全国重要文物建筑简目》。

1949年6月，由华北高教委文物处印发的《全国重要文物建筑简目》发给解放军。“这本简目不仅在解放各个城市、地方时对保护古建筑文物起到了切实作用，而且对新中国成立初期开展古建筑的调查、保护、研究工作也提供了指导和方便。”②

二、留住故宫文物

1948年9月，国内政治军事形势急剧变化。解放军发动的辽沈战役即将解放东北全境，平津战役与淮海战役正在准备进行之中。平津被围，徐蚌紧急，南京岌岌可危，南京政府准备逃往台湾。11月10日，国民党政府行政院长翁文灏邀集朱家骅（教育部部长）、王世杰（外交部部长）、傅斯年（中央研究院历史语言研究所所长）、徐森玉（故宫博物院副院长）等，以谈话会的方式密议，商定选择故宫精品，

① 范硕主编：《新北平首任市长叶剑英》，中央文献出版社1999年版，第399页。
② 刘东平：《罗哲文谈恩师梁思成》，《人民日报（海外版）》2000年12月27日。

以600箱为范围先运台湾，而以参加伦敦艺术展的80箱为主。

在紧张的战争环境中，12月22日，1949年1月6日、1月29日前后有三批存放在故宫博物院南京分院的文物起运台湾：第一批是320箱；第二批是1680箱；第三批是1700箱（实际运走972箱）。第四批还未着手，蒋介石已辞去总统职位，代理总统李宗仁下令停止文物运输。

为了保护北平故宫文物不使其南迁，故宫博物院院长马衡做了重要贡献。平津战役打响以后，南京政府频频来电来函，催令马衡南飞并空运故宫文物同赴台湾。古稀之年的马衡决定接受中国共产党的邀请，留在北平等待解放。然而，他对北平故宫文物迁运工作采取消极拖延的态度，安排布置古物馆、图书馆、文献馆的工作人员，编写可以装运的文物珍品名录，报南京行政院审定，然后又安排准备包装材料，并告诫有关人员“不要慌、不要求快”，决不能因装箱而损害文物。1948年底，他下令将故宫对外出入通道全部关闭，严禁通行，致使选装文物精品箱件无法运出。南京分院多次催促，马衡以机场形势危急，不适宜运出为由拖延。直到北平和平解放，故宫的文物始终没有运出一箱。

马衡

与马衡一道为保护故宫文物奔走呼号的还有朱家溍、李鸿庆、杨宗荣、汤有恩等人。他们先把文物编目报上去，然后以事务繁杂在准备中为由，故意拖延时间。北平和平解放后，大家打开天窗说亮话。

朱家溍问马衡：“是不是本来就不想空运古物？”

马衡点燃一支雪茄，微笑答道：“我们彼此会心不远吧。”

朱家溍说：“我早就接到一封从本市兴隆街发来的信，拆开才知道是中共城工部的信，大意是命我坚守岗位，保护文物。”①

马彦祥是马衡的次子，是著名的戏剧活动家，担任华北人民政府教育部戏剧音乐工作委员会主任。围城期间，马衡通过马彦祥充分了解共产党的文化政策，才坚定地留下来保护故宫文物。

3月6日，北平市军管会正式接管故宫，并宣布马衡继续担任故宫博物院院长，全体职员原职留任。这一天，故宫迎来了新生，中华历史瑰宝得到最好的保管和延续。

三、社会名流的奔走

平津战役一打响，国民党政府教育部就急电北平各高等学府准备南迁，徐悲鸿所在国立北平艺专作为官办的高等学府，也被一再催促。

最先离开北平的北京大学校长胡适，建议蒋介石增派一架专机，停在东单马路上，准备接走12个著名学者。徐悲鸿也在其列，却拒绝登机赴台。他同艺专的地下党员侯逸民，进步教师吴作人、李桦、王临乙、冯法祀、艾中信及学生们一起研究护校办法，还提议把教育部汇来的一笔“应变费”分发给全体教职员工和学生会，做购买粮食之用，保护好学校，迎接解放。

兵临城下，是战是和，傅作义举棋不定。他邀请北平文化名流到中南海开座谈会，徐悲鸿也接到了通知。会上，大家都互相看着，没人讲话。徐悲鸿却第一个发言了，他希望傅作义以民族利益为重，顺乎民心，使北平这座闻名于世的古城得以完整地保存。徐悲鸿的发言一结束，许多学者文人纷纷支持他的意见。

康同璧是康有为的女儿，是中国早期赴美留学的女性之一。1948年，康同璧已是古稀之年，仍以社会贤达的身份，积极投身为民请命的社会活动。北平围城后，康同璧为保护文化古城奔走呼吁。她认

① 朱家溍：《我记忆中的马衡院长》，《中国博物馆》1984年第4期。

为，北平不仅是中国的宝贝，也是全世界所仰慕的历史名城。

为了不让这座历史名城毁于一旦，康同璧联合北平各界的10余位代表，遍访驻北平各国领事，希望国际友人参与到保护文化古城中。她组织北平的商绅界以及慈善界六七十人成立“临时保护北平文化联合会”，向国共双方将领呼吁划北平近郊为非战区域。康同璧在宣言中慷慨激昂地说道：

“吾人有此名城，而不亟求保全，将何以对后生乎。夫文化者继往开来，人类进化之公有物也，中国之宝也，故吾民不忍坐视，睹此千年文化古城横遭浩劫，故奔走呼吁，恳求双方军事当局哀此古城，避免在市中作战。为人类，为国人，为后世，全其文化。”①

康同璧为保护北平所做的努力传为一段佳话，得到社会各界的广泛赞扬。1949年1月17日，她被推选为华北人民和平促进会和谈代表团成员，与何思源等人一道出城与中共接洽。

① 康同璧：《北平妇女界一鸣惊人——宣言吁请双方勿在北平用兵》，《明报》1949年1月7日。

第五节　三次和谈："不战而屈人之兵"

平津战役打响后，共产党在对国民军傅作义集团保持绝大军事压力的同时，为保护古都文化和人民生命财产安全，对傅作义展开了积极的争取工作。在中共高层深明大义的劝告和北平地下党细致入微的推动下，傅作义逐渐放下顾虑，选择走和平解放北平的道路。

一、第一次和谈："试探性接触"

早在1948年11月中旬，傅作义就通过民主人士彭泽湘、符定一前往石家庄华北军区驻地，意图直接探询中共中央对和平解放华北问题的态度。彭泽湘是中共早期党员，后来自动脱党。辽沈战役后，彭来到北平，自称是李济深的代表，向傅作义进言，要求傅作义独树一帜，走第三条道路，不追随蒋，也不皈依毛。符定一是毛泽东在湖南上学时的老师。彭、符来到石家庄后声称，傅作义起义大致确定，目前担忧的是何时起义、如何处置其20多万中央军以及如何与中共磋商的问题。傅作义想的是，一方面保留军事力量，另一方面中国共产党既然主张成立联合政府，他就可以以华北五省二市实力派的资格，参加联合政府。此时的谈判并无诚意。

中共中央认为，傅作义政治分权的想法是不切实际的，但这些举动已说明其跟蒋的立场发生动摇。此外，中共中央和毛泽东判断，傅作义走通电起义的路是行不通的。一方面，因为华北"剿总"50多万军队中，傅作义所能控制的不到一半，而且力量分散在平张线上，通过其嫡系部队协同其他国民党中央军一起起义是无法实现的。另一方面，一旦起义，蒋介石会下令镇压傅，并从海上接走中央军。为抑留傅作义集团于华北就地歼灭，11月18日，毛泽东以中央军委的名义给林彪、罗荣桓、刘亚楼起草一份电报："利用此机会稳定傅作义不走，以便迅速解决中央军……”①

11月19日，毛泽东以聂荣臻的名义致电彭泽湘：“某先生既有志于和平事业，希派可靠代表至石家庄先作第一步之接洽，敬希转达某先生。”②信中的“某先生”就是傅作义。11月26日，中央军委在致林彪、罗荣桓、刘亚楼的电报中表达了几个意思，一是如果傅作义真愿意谈判，我们应该分两步走：第一步分化傅作义和蒋介石，稳住傅作义不走，以利于歼灭蒋系部队；第二步当形势发展确实需要傅作义起义时，我们允许他起义，但不是现在。二是明确了不给傅作义任何政治上的借口，不主动派出和谈代表。

稍后在各方面影响下，傅作义的想法有所转变，决定派代表与解放军进行和谈。他把李腾九叫来，了解其堂弟李炳泉的情况。李腾九是华北“剿总”联络处少将处长，其堂弟李炳泉就在傅作义筹办的《平明日报》采访部工作，李炳泉真实身份是中共地下党员。李炳泉以亲属关系向李腾九阐明共产党的方针政策，逐步打通李腾九的思想，再让他去做傅作义的工作。

12月上旬，傅作义又找来李腾九了解李炳泉的近况。李腾九说：“炳泉希望与总司令面谈，他现在作为正式的中共北平地下党代表，可以述明中共的政策和具体要求，总司令也可以派代表同炳泉到解放区去，与中共方面有关领导直接会谈。”③

傅作义让李腾九叫李炳泉到他的办公室直接面谈，提出让平明日报社社长崔载之与李炳泉一同前往解放区。崔载之追随傅作义多年，深受傅的赏识。

12月15日清晨，天刚蒙蒙亮，崔载之、李炳泉同报务员、译电员和司机5人，携带一部电台，从北平南河沿南口乘汽车由德胜门出

---

① 中共中央文献研究室编：《毛泽东年谱（1893—1949）》（修订本）下卷，中央文献出版社2013年版，第395页。

② 中共中央文献研究室编：《毛泽东年谱（1893—1949）》（修订本）下卷，中央文献出版社2013年版，第397页。

③ 李建国：《平津战役研究》，湖南人民出版社2004年版，第621页。

城。在他们出城时，王克俊安排李腾九以患病为由，在同仁医院住下来，设立秘密电台，专门负责与崔载之携带的电台联系。他们原本直接去平山县西柏坡，希望直接见到中共中央负责人，但出城后，解放军让其去平津前线司令部接洽。

东北野战军作战处处长苏静在平津前线司令部负责接待傅作义的谈判代表，他将谈判的地点选在距离司令部不远的八里庄村。12月17日，双方在村民周庆海家中开始交换意见，没有议题，只是围在火炉旁交谈。崔载之再三向苏静表示："傅先生对谈判很重视，纯属诚意，绝非阴谋诡计。"[①]他说明了几个主要想法：要求解放军停止一切攻击行动，两军后撤，通过谈判，实现平津张塘一线和平解决。苏静随即把会谈情况，特别是傅作义提出的几个条件，向平津前线司令部做了紧急汇报。

12月19日，东北野战军参谋长刘亚楼来到八里庄，与崔载之、李炳泉会谈。同日，毛泽东致电聂荣臻并告林彪等，要求进一步明确同傅作义进行谈判的基本条件："但我们的基本方针是彻底解除他们的武装……决不允许这些人保存其反动力量，谈判和分化只是达到歼灭他们的一种手段。"[②]刘亚楼根据中央军委和毛泽东的指示，阐明解放军和平解决平津问题的基本原则："以放下武器、解除武装为前提，绝不允许保存其反动武装力量，更不允许通电全国建立华北联合政府。"崔载之将中共条件转给傅作义之后，傅作义回电表示，城内蒋系军队比他的兵力大十几倍，如要逮捕蒋系军、师长有困难，实在不宜实施等。但未提出其他问题。[③]

尽管崔载之、李炳泉在得到傅作义的复电后没有立即返回北平，但是由于傅作义开列的条件和要求与中共方面提出的基本方针差距较

① 李建国：《平津战役研究》，湖南人民出版社2004年版，第630页。

② 王淼生主编：《中国人民解放军全国解放战争史》第4卷，军事科学出版社1997年版，第472页。

③ 《中国人民解放军历史资料丛书·平津战役》，解放军出版社1991年版，第626页。

大，首次谈判基本结束。12月26日，崔载之返回北平。李炳泉及译电员、报务员留在八里庄，继续与解放军保持联系。

傅作义认为自己还有讨价还价的资本，寄希望于保存军事实力，与中国共产党组建联合政府。尽管第一次和谈没有取得实质性进展，但是毕竟开始了面对面的试探交谈，为最终和平解决北平问题打下了较好的基础。

二、第二次和谈："犹豫观望"

1948年12月22日，人民解放军全歼国民党第35军，军长郭景云自杀。傅作义犹如挨了当头一棒，痛心之极。他再三思虑之后，23日给毛泽东发了一封电报，大意是拟通电全国，停止战斗，全面和平统一，其放弃军队，细节问题盼进一步商谈解决。24日，国民党第105军在张家口突围战中也被全歼。至此，傅作义发家的嫡系主力部队基本被消灭。25日清晨，新华社广播以蒋介石为首的43名头等战犯名单，傅作义赫然在列。

在嫡系主力遭解放军毁灭性军事打击之后，傅作义本人又遭到来自中共的巨大政治打击，陷入了极度痛苦之中。此时，蒋介石先后派出前军令部部长徐永昌、国防部次长郑介民、次子蒋纬国、美太平洋舰队司令白吉尔前来稳定傅作义的情绪，希望他能继续绑在蒋家王朝的战车上。傅周围的同僚及朋友杜任之、刘后同、何思源、邓宝珊、马占山、李世杰等，也开始对其进行规劝。

就在傅作义左右为难进而绝望之际，毛泽东认为可以继续推动和谈了。1948年12月31日，毛泽东电告林彪："请你复电北平地下党，转告傅作义派有地位的能负责的代表和张东荪一道出城到你们那里来谈判。"[1]1949年1月1日，中央军委电令，提出与傅作义谈判的六点

① 中共中央文献研究室编：《毛泽东年谱（1893—1949）》（修订本）下卷，中央文献出版社2013年版，第429页。

方针，实际上是给傅作义释放了中共对他并未放弃宽大处理的政策信号。毛泽东告诉傅作义将其列为头等战犯是出于保护他的考虑，是一种策略。

林彪立即派李炳泉进城向傅作义转达中共六点方针。李炳泉到中南海见到傅作义，强调说目前不要发全国通电，因为通电一发，他就失去“合法地位”，并极有可能遭到蒋介石部队的围歼，基于此中国共产党不得不将他和阎锡山等列为头等战犯，这样便加强了他在蒋介石面前的地位，以掩护其与中共进行秘密和谈。傅作义听后，如释重负，情绪改观不少。他看到自己面前多了好几条路，前途变得光明起来。当然，傅作义并没有完全同意中共提出的六点方针，但是有了进一步和谈的意思，并期待再次和谈会更具体一点。

此时，国民党内部发生一系列重大变化。国民党要员纷纷以呼吁和平之名义逼迫蒋介石下野，蒋介石在重重压力之下被迫做出“引退”决定。傅作义此时也在暗中观察：一来看时局的发展，二来考虑自己未来的政治地位。他认为尽快启动第二次和谈的时机到来了。

经过慎重考虑，傅作义决定派华北“剿总”民事处少将处长周北峰和燕京大学教授、民盟中央常委张东荪出城谈判。周北峰是傅作义的山西老乡，曾留学法国，回国后任山西大学法学院教授。1937年，傅作义邀请他到绥远并作为代表前往延安，与中共商谈抗日合作问题。后来，在傅作义部负责战地政治工作委员会的工作，与中共部分干部有过大量交往。抗战胜利后，担任傅作义代表在集宁、张家口与解放军进行过多次会谈。

1949年1月5日深夜，已经睡下的周北峰被一阵急促的电话铃声从梦中惊醒，傅作义的秘书阎又文电召周立刻到中南海怀仁堂去。刚进门，傅作义就对他说：“蒋介石不行了……我考虑再三，还是与中共接头谈判为好。你准备一下，明天就和张东荪到蓟县去，怎样？”[①]

① 李建国：《平津战役研究》，湖南人民出版社2004年版，第648—649页。

1月6日，周北峰与张东荪出城到东北野战军第2兵团司令员程子华的司令部。程子华与周北峰是彼此熟悉的，算是老相识了，一见到周北峰，就热情地握手说："今天本来准备请你们从海淀向东去总部的，但时间晚了，要绕道北山脚下，路也不好走，你们在这里休息一夜，明天一早出发，大约明天下午就能到总部了。"①

1月7日，周、张二人在第2兵团护送下前往八里庄。当日凌晨，中央军委致电林彪、罗荣桓，再次明确谈判的基本方针："只要傅能让我们和平接收平、津，允许傅部编为一个军，他本人可赦免战犯罪，保存私人财产，住在北平或出外边由他自定。他的部属的生命家财不予侵犯。除此以外，不能再允许给他什么东西，亦不能称为起义。"②当日下午3时，中央军委又给林彪、聂荣臻发来《关于对傅作义代表周北峰应严正表示的四点意见》的电报。

1月8日，聂荣臻与周北峰、张东荪开始正式会谈。张东荪转达傅作义的几点要求：平、津、塘、绥一并解决；平津以后能有其他报纸；政府中要有进步人士；军队不用投降或城内缴枪的形式，可采取调出城外整编的方式解决。如同意，双方可再次派出代表拟订具体办法。林彪、罗荣桓当日将张东荪转达的几点要求转给中央军委和毛泽东。

1月9日凌晨，中央军委复电林、聂。当日上午，林彪、聂荣臻根据中央军委和毛泽东的电报指示，与周北峰、张东荪正式会谈。林彪说："所有军队一律解放军化，所有地方一律解放区化。按照这一总的原则，首先解决平津二市的问题；由傅作义将军下令把军队调出平津两城，开赴指定地点，采用整编方式，改编为人民解放军；对傅作义不做战犯对待，保全傅和部属的私有财产，并在政治上给他们一定的地位；新保安、张家口的被俘人员一律不咎既往，凡愿参加工作

---

① 袁德金、刘振华：《中国革命战争纪实·解放战争·华北卷》，人民出版社2007年版，第503页。

② 中共中央文献研究室编：《毛泽东年谱（1893—1949）》（修订本）下卷，中央文献出版社2013年版，第432页。

者，都可留下安排适当的工作，愿还乡者，发足路费，填发证明，资遣还乡，并通知地方政府不予歧视。”①

苏静（中）、李炳泉（中共地下党员）与国民党华北“剿总”代表崔载之（左）

最后，林彪还补充说，傅作义的先头部队必须于12日下午1时开始行动。聂荣臻着重讲了当前的形势，并指出：“傅作义将军除了按此办法解决平津的国民党军队还有可能为人民做件好事外，别无出路，希望傅作义将军早下决心。”②周北峰、张东荪听后，满意地说：“把驻守平津的国民党军全部调出城外，开到指定地点，按解放军的编制、制度改编为人民解放军，这个办法好，傅将军一定能够接受。”③

第二次会谈进行得比较顺利、融洽。即将结束时，聂荣臻问周北峰、张东荪还有什么要补充的，周说：“傅的希望与要求全部都谈了。”聂荣臻对周说：“下次来，请傅作义将军派他的全权代表来，我们可以谈得更具体一些。”④

会谈时，刘亚楼负责记录。会谈结束时，罗荣桓嘱咐刘亚楼尽快将会谈结果整理成一个《谈判纪要》，以便让傅作义方面草签。午饭后，林彪、罗荣桓、周北峰分别签了字，张东荪以自己是民盟成员只做中间人为由没有签字。

---

①《中国人民解放军历史资料丛书·平津战役》，解放军出版社1991年版，第629页。

② 周均伦主编：《聂荣臻年谱》上卷，人民出版社1999年版，第502页。

③《中国人民解放军历史资料丛书·平津战役》，解放军出版社1991年版，第630页。

④ 袁德金、刘振华：《中国革命战争纪实·解放战争·华北卷》，人民出版社2007年版，第510页。

1月10日下午，周北峰带着《谈判纪要》离开八里庄，11日上午回到北平向傅作义做了汇报。傅作义听了汇报之后，慢腾腾地把文件放到桌子上，什么话也没说，接连唉声叹气。周北峰提醒傅作义中共要求其回复的最终截止日期是14日的午夜，傅作义平静了一下说："可电告解放军，你已平安地回到北平。这个文件，我再好好考虑考虑，过两天再说。"①

由于对解放军方面提出的条件依然保留意见，傅作义再一次陷入极度的心理矛盾之中。接下来的几天，周北峰极度不安，他明显地感觉到傅作义的一系列行为是在故意拖延时间，甚至不排除背水一战的可能。周北峰与中共地下党员崔月犁数次联系，彼此交换意见和当前形势。此时，崔月犁又与傅作义女儿傅冬菊联系，要她继续去做其父亲的和解工作。

1月11日中午12时，林彪、聂荣臻给中央军委报告，傅作义心存幻想，只有攻克天津以后才可能真正考虑北平的和平解放问题。平津前线司令部建议将原定的天津守军离城时间推延一天，于12日下午1时前先头部队开始行动，13日中午12时前全部开出城外，否则解放军14日开始攻城。毛泽东表示同意。

经过两天的痛苦思索，傅作义对周北峰说："你可以电告林彪、罗荣桓、聂荣臻诸位将军……部队出城时间，须视准备工作进行之程度及双方细节问题具体商议约定，不日你将同邓宝珊再去会谈。"②1月13日凌晨，中共方面回复周北峰：电悉，欢迎邓将军前来。

周北峰、张东荪出城谈判的积极作用还是十分明显的，取得了建设性的进展，在大的方面达成基本一致。一是在和平谈判的原则问题上形成统一；二是基本确定解决国民党军队的有效途径；三是形成书面约定，签订《谈判纪要》。当然，对于平津国民党军队开出城外整

---

① 袁德金、刘振华：《中国革命战争纪实·解放战争·华北卷》，人民出版社2007年版，第512页。

② 袁德金、刘振华：《中国革命战争纪实·解放战争·华北卷》，人民出版社2007年版，第513页。

编的问题尚没有形成一致意见。

三、第三次和谈："和平改编"

1月10日，淮海战役胜利结束，华东、中原两大野战军歼灭国民党军55万余人。平津两地守军已处于解放军的严密包围之中。解放军平津前线司令部也随着战局发展，由蓟县前移至通县宋庄，谈判地点移至通县五里桥。

1月12日，傅作义致电林彪等，决定派华北"剿总"副总司令邓宝珊作为代表出城谈判。邓宝珊在国民党将领中资历较深，与共产党关系较好，处事沉稳，能言善辩，派他去进行第三次和谈，可以说是最佳人选。

当晚，傅作义与邓宝珊做彻夜长谈。两人都一致认为，蒋介石以及华北战场怕是难坚持下去了。邓宝珊看出傅作义有走和谈的意思，但又顾虑被人耻笑，便诚恳地宽慰他："你我若弃民心、大义于不顾，有何意义？北平是举世闻名的文化古都，一旦毁于炮火，宜生兄你即使成了'党国英烈'，也逃不掉'千古罪人'的骂名。"①邓宝珊的这一席话，对傅作义的触动极大，一定程度上打消了傅作义的各种疑虑。

1月13日，邓宝珊作为傅作义的全权代表，偕同周北峰等按照解放军指定的路线，经清河镇来到通县五里桥。这次和谈地点，选在通县五里桥张家大院。14日上午，林彪、罗荣桓、聂荣臻与邓宝珊等举行了简短会谈。首先，林彪对邓宝珊的到来表示欢迎。接着聂荣臻说，根据上次的谈判中规定的答复截止日期，现在还剩几个小时，这次再谈就不包括天津了，只谈北平的问题。邓宝珊再次提出要求解放军让出南苑机场和成立联合政府，被林彪回绝说：这次只谈北平守军

① 袁德金、刘振华：《中国革命战争纪实·解放战争·华北卷》，人民出版社2007年版，第516页。

开到城外的指定地点，接受解放军的改编，别的一概不谈。

邓宝珊问："你们要打天津了？"

林彪说："是，我们已经下达命令了。"

邓宝珊对固守天津异常自信，认为解放军不可能在短期内攻克天津。他说："你们打天津准备打几天？"

林彪说："3天。"

邓宝珊笑道："恐怕30天你们也打不下来。"

聂荣臻有点生气地说："30天打不下来就打半年，半年打不下来就打1年，非打下来不可。"

一阵沉默之后，邓宝珊让周北峰给傅作义打个电报，说明一下情况。傅作义很快回复："我弟与邓先生相商，斟酌办理。"当日，毛泽东发表《关于时局的声明》，提出进行和平谈判的八项条件。

1月15日上午，第三次和谈正式开始。参加和谈的解放军代表是林彪、罗荣桓、聂荣臻，傅作义方面代表是邓宝珊、周北峰，苏静与傅方刁可成分别担任记录。双方围绕国民党军队改编的原则、办法等展开讨论，会谈一直持续到当天深夜。

1月16日清晨，李炳泉告诉周北峰，天津已经被攻陷。随后苏静过来说，天津战事已接近尾声，国民党守军全部瓦解。天快亮的时候，中央军委给林、罗、聂发来电报，告诉谈判中的注意事项。下午，和谈继续。林、罗、聂与邓宝珊就北平国民党军队开出城外的时间、地点，进行改编的原则和具体办法等问题，初步达成协议。双方确定1月17日由邓宝珊、刁可成、王焕文同苏静、王朝纲进城，周北峰仍然留在五里桥，方便后续的联系接洽。

晚饭后，林彪拿出一封未封口的信，说："请邓先生转交给傅先生。"这封亲笔是毛泽东以平津前线司令员林彪、罗荣桓的名义，写给傅作义的公开信。

林彪走后，邓宝珊打开一看，感觉信中内容措辞过于严厉，与其说是公开信，不如说是最后通牒。邓宝珊对苏静说，回城以后不打算马上将信转给傅作义看，以免节外生枝，把事情搞砸，使谈判功亏一箦。苏静请示林彪后，告诉邓宝珊让其视情况变化做出决定。邓宝珊回城后，没有马上将公开信给傅作义。傅作义让苏静等人根据中共方面提出的14条，再商定一个切实可行的具体方案，只要有利于北平问题和平解决，怎样都行。当天，苏静、王克俊、阎又文、崔载之等人，草拟出《关于北平和平解决问题的协议书》。

1月21日上午，苏静作为平津前线司令部代表，王克俊和崔载之作为傅作义的代表，分别在协议书上签字。与此同时，傅作义在中南海怀仁堂会议厅召集高级军政人员开会，商讨《关于北平和平解决问题的协议》，绝大多数人表示赞同。当天，协议正式下达到各部队并要求执行。22日，北平《平明日报》等刊出协议的要点内容。

1月25日，苏静回到平津前线司令部汇报工作，林彪等令苏静催促邓宝珊将致傅通牒速交给傅作义，因为此函即将公布。26日，邓宝珊将公开信交给傅冬菊转交给傅作义。31日，毛泽东为新华社撰文《和平结束北平战事经过》新闻稿，全文公布致傅作义的公开信。2月1日，《人民日报》全文刊登了这封公开信。2日，解放区各报纸

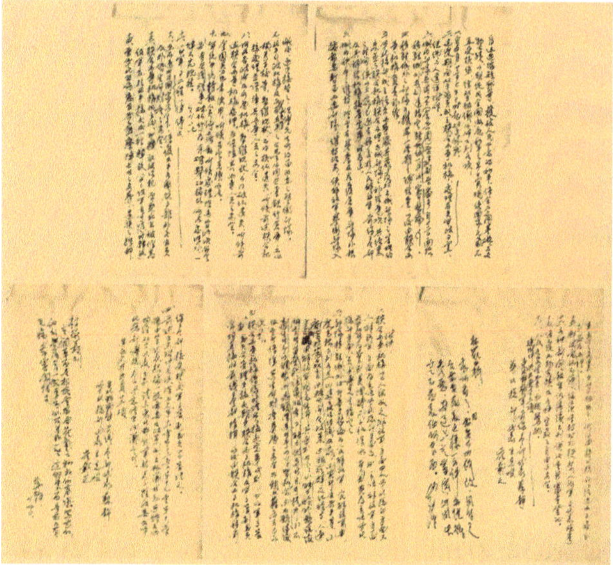

《关于北平和平解决问题的协议》文本

转载。果然，傅作义看到信后情绪比较激动，于3日致信林彪、罗荣桓：“两年半戡乱战争的严重灾难，我愿担当错误责任，愿意接受任何惩处。”①

协议公布后，广大北平市民对人民解放军入驻北平翘首以盼，对北平的美好明天更加期待。傅作义开始安排部属做尽快做好贯彻协议的准备，着手实施协议规定的内容。解放军也在紧锣密鼓地制定傅作义部队开出城外，接受和平改编的办法。

① 黄瑶主编：《罗荣桓年谱》，人民出版社2002年版，第691页。

第五章

古城新生：春风劲吹迎黎明

1948年秋，国民党在华北的溃败已成定局。为配合人民解放军解放平津，根据中共中央华北局城工部的指示，成立迎接北平解放委员会，任务是立足于“打”，发动群众开展护厂、护校，搜集情报，瓦解敌军，注意争取一部分守军在解放军发动进攻时做好内应。同时，积极保护古都北平的文化古迹，减少人民群众生命财产的损失，特别要做好傅作义的工作，争取和平解放北平。

北平的寒冬就要过去，即将迎来春天的红色黎明。北平要换主人了！这是当时北平各界民众心知肚明的事情。

第一节　不屈斗争：社会各界盼解放

国民党发起的内战，给人民带来的是灾难而不是福利。国统区交通阻隔，供应短缺，物价飞涨，老百姓吃饭都成为问题。当国共两党进行命运大决战时，老百姓自然会“用脚投票”。当北平迎来红色黎明的曙光，对即将到来历史性蜕变充满期待时，社会各界以极大热情投入到打破旧秩序、建立新秩序的革命斗争中时。

一、“大烟囱不能倒”

经济的崩溃，是工人团结起来参加斗争的直接诱因。北平地下党及时发动有生力量，组织工人保护工厂企业，防止国民党逃跑时破坏厂房机器设备、原料物资、文书档案等。

为支撑庞大的军费开支，国民党政府疯狂地印行法币，导致法币贬值到了崩溃的边缘。从1946年至1948年，仅仅3年的时间，南京政府法币发行量增加20倍。物价的涨幅已经不能用倍数来计算了，日常生活必需品价格惊人。1947年1月，面粉价格为每斤800元，12月已经到了13833元。脱缰的物价，让普通的工人群众难以招架，生活陷入难以为继。1948年8月，南京政府发行金圆券，以法币300万元兑换金圆券1元，同时采取“八一九”限价，采取冻结工资、限制物价、冻结生活指数等措施，但是没几天物价就报复性地暴涨。没有发行金圆券之前，北平地毯业工人平均月工资22.5万元，可以购买50斤面粉。发行金圆券之后，北平电力公司的工人月工资为30元左右，只够买11斤面粉。工人买到的生活物品在逐日减少，生活极其清苦。

煤矿工人的处境，几乎就是整个工人阶层的缩影。他们工作强度大，劳动收入少，物价暴涨，基本生活根本无法保障。后来有门头沟煤矿工人回忆说：“物价上涨，每天挣钱买不到一斤白薯。有的工人

国统区物价飞涨，货币贬值，居民不得不携带大捆钞票购物

没有饭吃，买一两炸丸子，多加些盐就吃，饿了多喝水可以充饥。那时工人有五头：铺的破席头，枕的破砖头，改的麻布头，露着脚指头，看着掌柜吃馒头。”这种条件下，饿死人的事情时有发生，门头沟煤矿前面的万人坑，就是埋葬病饿致死的煤矿工人的地方。有些外地来北平的工人实在是饿得不行了，就想回老家，身无分文只能沿路讨饭。

地处北平西郊的石景山、门头沟等地，厂矿密布，工人众多，是北平重要的工人聚居区和能源生产区。石景山发电厂是当时华北地区最大的火力发电厂，为了使这座电厂完整地回到人民手中，工厂地下党组织团结该厂管理人员，成立护厂委员会，提出的口号是：“大烟囱不能倒，工人饭碗不能丢，谁也不准破坏机器。”这个口号得到了电厂职工的积极拥护。同时，在护厂委员会的统一指挥下，工人们成立宣传、消防、救护、警卫等小组，派专人负责看守各个车辆，保护车间的各种文案资料和设施设备。12月15日，解放石景山的战斗打响后，解放军的一支8人小分队在电厂工人的帮助下，占领电厂的制高点——煤粉炉5楼。电厂工人小分队还送去基本生活物资，以确保小分队打持久战。16日，国民党军队溃逃，石景山发电厂保住了。

电信工人运动，为北平的和平解放做出突出贡献。刘少奇曾对刘仁说：“北平城内的工人中，市政工人是主要力量，要把重点放在电信系统工人工作上。”北平地下党组织在电信系统共安置4个地下党支部，为了保密及安全需要，支部之间互相不认识，实行单线联系。国民党政府尤其重视电信工作，对电信部门严加管控，建立了一支骨干力量队伍和严密的组织系统，并制定了一套森严的制度，门口有警察站岗放哨，还有宪兵把守。电业工人将非法斗争与合法斗争相结合，采取有理、有利、有节的斗争，通过占领阵地、获取情报、前哨战斗、改组工会等手段，与国民党反动派斗智斗勇。

北平电业工人组织纠察队保卫工厂

1948年12月14日，丰台解放。国民党军队溃逃时，为延缓解放军战备进攻，故意将平汉路上的永定河大桥拦腰炸塌。大桥倒塌以后，平汉路的通行被迫中断，严重影响部队的快速集结和战斗计划。千钧一发之际，解放军丰台指挥部立即安排有关单位抢修。丰台桥梁厂工人们接到任务后，积极报名参加，争先恐后地投入抢修生命线的战斗中。

第二天天还设亮，工人们自觉赶到工地，与其他地区的工友协同作战，开始抢修抢险工作。大桥钢梁、桥墩及基座等破坏严重，工人们群策群力，采取用道木垛代替桥墩和桥基座的办法，割掉破坏严重的旧的桥梁残架，同时铺设应急道路实现快速通车。抢修期间，国民党军队飞机不时来阻挠破坏，工人们冒着生命危险，置身冰天雪地，经过两天一夜的忘我奋战，终于将桥抢通。

二、忍无可忍的贫民和难民

抗战胜利后，国民党政府接收北平，腐败的高层官僚们大肆抢夺公私财产，导致民怨四起。法币贬值，物价飞涨，工厂停业，灾荒连年，对于原本收入就很低的北平市民而言，生活过得异常艰难。工人们好歹有份工作，可以勉强维持生活，而作为没有固定收入的普通市民，他们的处境就不是那么乐观，甚至饿死人的事情经常发生。

为缓解市民的不满情绪，北平当局采取了给贫民配发面粉的手段。已经饥饿到死亡边缘的市民听说政府要免费配面，都翘首以盼，但真正能配发给贫民的面粉量极少。只是从贫民中挑选不到1/10，每人配给10磅（1磅≈453.59克）洋面粉。这点粮食杯水车薪，远远不能救民于水火。即便这样，还存在着徇私舞弊，真正的贫民没有领到面粉，一些烧饼店老板却领到了救济面粉，民怨进一步加深。重压之下，贫民实在生活不下去了，有的选择自杀。

北平难民的生活更加悲惨，每天都饥寒交迫、垂死挣扎。时局日益糟糕，难民数量持续增加。北平的国民党军队还在傅作义的指挥下大修工事，拆除很多民宅，难民无家可归，流浪在城市街头引发了一系列的社会问题。1947年5月20日，全市学生举行反饥饿、反内战的游行示威，学生们在行进途中不断向市民散发传单，得到广大市民的普遍同情和支持。许多工人、农民、学生、教师、公务人员和普通市民，参加到游行示威的队伍中。在反对国民党政府腐朽统治的过程中，广大北平市民自然地团结在一起。

三、平民窘迫的生活

当时的北平，是一个商品经济发达，但是工业生产相对滞后的大城市。到1948年，全市有工厂和大小作坊1.3万多家，其中大部分是手工生产，粗放低端，规模小、产出少。百人以上的工厂，数得上的大约有几十家。除产业工人外，绝大多数的北平市民主要在商业服务性行业工作，收入普遍低，基本不够养家糊口。即便这样，资本家还要剥削克扣，所剩寥寥无几。为更好地领导工人、平民维护自己的权益，中共北平地下党组织成立平民工作委员会（简称平委）。在中共北平地下党组织领导下，社会各阶层积极行动起来，开展各种形式的斗争，争取基本的生存权利，一定程度上对国民党政权形成有力的打击，推动了北平的和平解放。

北平的浴池业工人数量多，生活很艰苦，社会地位极低，而且还要遭受剥削，劳动时间长，工作环境差。1947年1月11日，北平浴池业工会召开第一次会议，资方闻讯企图破坏会议并解雇积极分子。北平地下党组织及时发动了浴池业工人的反解雇罢工斗争，迫使北平市政府于1947年5月中旬批准成立浴池业工会。工会成立后，多次带领工人进行维护权益的斗争，鼓舞一大批工人参与到反对剥削的维权斗争中。除此之外，油盐酱醋行业的从业者也有很多，生活境遇与浴池业同样艰苦。通过平委的领导，广大从业人员大胆地站出来，敢于向反动势力硬碰硬，维护自身的合法权益。

教师算是社会的中上阶层，相对来说生活是有基本保障的。但是在物价飞涨的年代，他们的日子也十分清苦。政府多次答应给涨薪，但是相对于飞涨的物价而言，可以说是杯水车薪。由于生活陷入困境，不少教师也顾不上自己的身份，加入到维护自身权益的斗争中去。此外，电车司机算是比较体面的工作，工资基本够维持家庭温饱，但是物价飞涨，他们也不得不面临窘迫的生活。

第二节 “反对南迁”：护校护厂护资财

1948年10月，在人民解放军胜利进军的形势下，南京国民党当局打算把北平的一些大专院校和工厂紧急迁往南方。中共北平地下党组织迅速发动群众展开反对南迁厂校的斗争。

一、反对南迁

1948年11月，国民党急于将北平的工厂、学校劫持南迁，北平地下党组织积极开展反对南迁的斗争。北京大学地下党组织利用学生办的《北大清华联合报》等进步报刊，组织发表文章，介绍解放区新大学的新气象和东北学生在北平的不幸遭遇。两相对比，使人看到学校南迁不会有什么出路，留在北平才有光明的前途。它们还将进步教授反对南迁的声明在北平的报纸上公开发表，制造社会舆论，求得同情支持，并组织地下党员分别拜访教授，做细致的争取工作。这样，在全校形成普遍反对南迁的呼声。11月22日下午，胡适以校长身份主持召开校务会议。经过两个多小时的激烈辩论，会议最后做出不迁校的决定。

清华大学和燕京大学校内进步势力占优势，学校当局和大多数教授都不赞成南迁。国民党政府和美国教会虽极力主张将学校南迁，但却遭到学校当局和大多数教职员工的抵制，南迁的企图遂成泡影。在北平师范大学，地下党组织通过进步力量占据主要地位的校学生自治会进行公开的斗争。学生自治会专门召开会议讨论南迁问题，表明态度：不许学校当局南迁；不许迁走师生员工；不许转移图书、仪器、设备；不许破坏学校任何财产。同时，访问各院系教师，争取和团结广大师生反对南迁。党组织还发动党员、盟员对自己熟识的老师登门拜访，宣传革命形势和党的政策，向他们表示挽留之意。经过细致耐心的工作，学生自治会发表“反对南迁宣言”，国民党南迁的企图落空。

北平铁道管理学院内国民党的反动势力较强，但由于地下党支部的工作做得好，动员党员、盟员深入到班级向老师和学生做工作，争取到大多数人在反对南迁簿上签了名。北平艺术专科学校就南迁问题展开了一场大辩论。在辩论前，地下党员和盟员发动群众做了准备，在辩论中多数人反对南迁。在校务会议上，教授吴作人和列席会议的学生代表都明确反对南迁，起关键作用的校长徐悲鸿也表示坚决不走，使南迁的企图破灭。

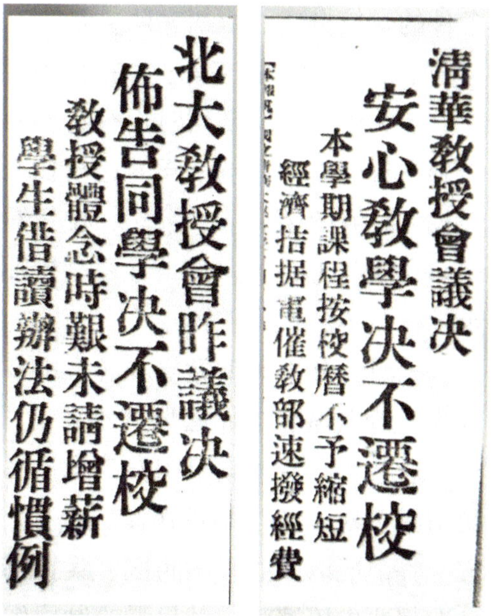

清華教授會議決
安心教學決不遷校
本學期課程按校曆不予縮短
經濟拮据電催教部速撥經費

北大教授會昨議決
佈告同學決不遷校
教授體念時艱未請增薪
學生借讀辦法仍循慣例

有关清华大学、北京大学教授决不南迁的报道

北平各大专院校的反南迁斗争，在各校地下党的领导下也有力而迅猛地展开。北平师大、北京大学、清华大学、燕京大学、北平铁道管理学院、北平艺专等校的反南迁斗争，大都由学生自治会出面，展开大辩论，得到大多数学生的拥护，并争取众多进步教授、讲师和助教的支持与合作，可以说取得了完全的胜利。

二、壮起腰杆保护学校

北平地下党根据各个学校的实际情况，把公开斗争与秘密斗争很好地结合起来。这一斗争的目的，就是保护学校的设备、仪器、教学资料等不受破坏，保护教职工和学生的人身财产的安全。一方面，通过学生会及其他合法组织开展宣传护校的工作；另一方面，由学校党支部或党总支书记带头，组织领导教工学生，直接参与护校行动。有条件的学校自发组织纠察队，日夜巡逻，负责保护物资财产、监视敌特分子的活动，学校秩序井井有条。

汇文中学是北平当时很有名的一所教会学校。为了促使该学校参与到护校行动中，地下党通过校长家的保姆，把宣传单和信件直接放在校长卧室的床头上。果然，校长看过以后，起到明显的作用，迅速组织全校师生召开大会，号召全校师生参与到保护学校的活动中，避免学校被不法人员破坏。

同时，北平地下党要求各大中专院校在护校的过程中，积极搜集情报，为攻城提前做必要的准备。根据迎接北平解放委员会的要求，学委通过各自所属党组织发动党员、盟员和群众利用各种社会关系搜集情报。对本单位附近医院、仓库、监狱、重要机关的地形、建筑、警卫等情况以及驻军的防区、兵力部署、军事设施、武器配备、交通情况都要求搞清楚，并尽量绘制成图。同时为了使解放后的接管工作能顺利进行，各学校的党组织，还对各单位的历史沿革、行政组织系统、主要设备设施、经费来源、人事情况（包括地位、作用、政治态度）进行详细调查，并整理成文字材料。所有这些都对北平接管工作的顺利进行发挥了重要作用。

三、“人不离机器，机器不离人”

1948年12月，中共华北局对北平地下党组织发出准备迎接解放军入城的工作意见，指出在1至3个月左右平津即将解放，特别要求电信、电灯、自来水等公用事业，应采取一切办法，保证不遭受破坏。尤其是电话业，要保证关键时期正常通话，不要因为被敌破坏而影响入城工作的正常进度。因此，要依靠广大党员和工人群众，采取各种办法，保证机器正常运行。

在市区，电信局、电车公司、七十兵工厂、中央印制局北平分厂等许多企业在地下党领导下，成立纠察队或护厂队。党组织提出了许多振奋人心的口号，“人不离机器，机器不离人”“机器就是我们的饭碗，谁敢砸我们的饭碗，就和他拼”。工人们在行政部门和厂长办公室等要害部门渗透进自己的地下人员，随时可以掌握领导层的动向，一有风吹草动，可以第一时间进行处理。为解放后能顺利地进行接管工作，北平地下党发动各厂矿的地下党员和积极分子搞研究，搜集情报，从本企业的厂房、设备、机构、人员、资金等到国民党特务和三青团、反动会道门的活动都搜集起来，有的还偷偷画了图纸。这些情报对围城部队做有针对性的备战至关重要。同时，中共地下党安排人员到国民党东北保安司令部负责的《新生报》搜集情报，组织员工联谊会，保护印刷机器设备，严防破坏，等待解放军的接管。

成立于1912年的北平被服厂，是一个军工企业，有12家子工厂，正式职工达到4300多人。1948年11月辽沈战役结束不久，北平地下党向工委系统的地下党组织发出了保卫工厂、保卫机器的号召。为搞好护厂工作，北平被服厂党支部认真研究敌我力量，并制定详细的办法。一方面，他们把厂警队动员到中共地下党组织中来。他们有百余名士兵，武器装备比较齐全。经过细致耐心的说教工作，厂警队基本被地下党掌握。白天，工人护厂，夜晚由厂警队负责看护厂区和机器设备。另一方面，发动工厂工人和下层军官。在工厂工人中，大多数是不愿意追随国民党逃跑的，经过中共地下工作人员的细致说服，大多数选择留下并投入到护厂的工作中。1948年，职工联谊会成立，具体负责管理工厂，维持职工生活，监督管理保护好工厂、机器等，避免遭到破坏。

第三节　留住人才：教授不给蒋介石

北平被解放军包围之后，国共两党都在加紧争取人才的工作。不同的是，代表进步力量的中国共产党，即将执掌国家政权，给民族带来光明；而反动的国民党即将要败退台湾。很多知名的教授学者，既是中共统战和挽留的对象，又是国民党当局"抢救"的对象。双方通过各种方式方法，争分夺秒地展开人才抢夺战。

一、教授、学者要多争取

1948年11月，中共中央华北局城工部部长刘仁在听取北平地下党学委委员项子明的工作汇报后指出，要特别重视对教授学者的统战工作。发动学校教职员工和学生共同护校，不光是校舍、图书、科学仪器不能让敌人破坏或搬走，更重要的是团结争取教授、学者、专家能全部留下来。即使在政治上反对过我们的人，也要争取留下来。我们的国家是缺少知识分子的，团结这些人对党对人民是有利的。各校地下党组织通过进步教授在教授、讲师中广泛地进行工作，还选派一些学习成绩好、教授熟悉或信任的学生党员和"民青""民联"盟员，登门访问师长，坦诚地宣传解放战争发展形势和党的政策，尊之以师礼，恳切挽留自己的师长在北平从事新中国的教育事业。

国民党政府策划的大专院校南迁计划搁浅之后，又抛出"抢救平津学术教育界知名人士"的计划，对象包括各院校馆所行政负责人、中央研究院院士和知名学者教授。南京政府教育部代部长陈雪屏在12月初专程飞抵北平，敦促"抢救"对象南下，并派出两架专机来接。

12月，解放军兵临北平城下。中共中央华北局城工部配合解放军紧锣密鼓地开展统战工作。通过向城内的知识分子、社会贤达等宣传解放军的城市政策，表达对校长、教师、职员等的崇高敬意，"人民解放军决予保护，不加侵犯”，呼吁“全国劳动人民、知识分子、自由资产阶级、各民主党派、社会贤达以及爱国人士团结起来”①，为建设新中国而共同奋斗。这些宣传无论对于同情或倾向革命的知识分子，还是对于持中立立场的自由知识分子，都产生了良好效果。

燕京大学校长陆志韦、清华大学校长梅贻琦选择留下来。时任北平地下党学委委员兼秘书长的崔月犁，曾亲自上门与二人商谈，并表达了请求他们留下的强烈愿望，希望二人积极参新中国的建设。辅仁大学校长陈垣本来已经买好南飞的机票，刘仁指示地下党派人与其面谈后，结果陈垣退掉机票，决定留下。后来胡适邀请他同机飞走时，再次被他拒绝。徐悲鸿多次婉拒南飞邀请选择留下。其他还有张奚若、许德珩、吴晗、屠守锷、费孝通、雷洁琼等学者教授，他们思想倾向进步，相信代表进步力量的中国共产党一定能够带领人民迎来新的中国，积极投入到迎接解放的工作中。

一批独立的自由知识分子和独立学者也在中共地下党的挽留下，选择留下来，共同建设即将到来的新中国。比如，北大训导长贺麟，是北平著名的哲学教授，因在国民党中央政治学校讲学，曾多次受到蒋介石的称赞。他为人正直，一心学术，对仕途并不关心。12月13日，南京政府专机来北平接学者，特别提到贺麟，但是被他拒绝。80多岁时还加入中国共产党。哲学家金岳霖，清华园里不食人间烟火的“怪物”，整天沉浸在哲学的逻辑思维中。国民党派人登门邀请南迁时，被他拒绝了，“他决定留下来，理由是共产党毕竟是同胞，不是洋人侵略，还是可以接受的”②。还有梁思成、林徽因夫妇，留守北平，带着空前的热忱参加了新中国国徽和人民英雄纪念碑的设计工作。

1948年由南京政府任命的81位著名学者组成的中央研究院第一

---

① 王效挺、黄文一主编：《战斗的足迹——北大地下党有关史料选编》，北京大学出版社2001年版，第475页。

② 刘培育主编：《金岳霖的回忆与回忆金岳霖》，四川教育出版社1986年版，第100页。

届院士，有近60人留在大陆，其中包括金岳霖、陈寅恪、顾颉刚、马寅初等，他们大都当选为中华人民共和国第一届中科院院士。这81人中，除了部分定居国外，随国民党撤往台湾的仅仅有10余人。

二、技术专家很重要

为更好地吸引人才，为新中国做好人才储备，中国共产党对业务主管和工程技术骨干的政策有了进一步完善和发展。1948年1月公布的《中共东北中央局关于知识分子的决定》明确指出：

"对技术专家（工程师、技师、医生等等）应争取其继续工作，并根据其技术能力给予适当的优待。"①

中共北平地下党针对一些重要的经济管理部门和工厂企业开展工作，争取了一批业务主管人员和工程技术人员留下来。如石景山发电厂副主任于运海、冀北电力公司总经理鲍国宝、北平火车站站长许贻然、平津区铁路局特派员石志仁等。冀北电力公司总经理鲍国宝在北平解放前夕接到宋子文电报邀请，要他去广东担任建设厅厅长。经地下党员蒋弘彬一再劝说，鲍毅然不就任广东官职，选择留下来。鲍的行动对全公司影响很大，对公司的工程技术人员和管理人员起了稳定作用，他们都坚守岗位，直到解放。

1949年初夏，在一次知名教授、民主人士参加的招待会上，周恩来在听取刘仁的汇报后，幽默地说："你把教授们都留下来了，一个也不肯给蒋介石，难怪有人说你名叫'留人'呀！"②

---

① 《东北解放区教育资料选编》，教育科学出版社1983年版，第20页。

② 中共北京市委党史研究室：《中国共产党北京历史》第1卷，北京出版社2011年版，第529页。

第四节　北平入城：装甲车轧过东交民巷

古城迎新春，旧貌换新颜。1949年1月31日，是北平古城既普通又不平凡的一个日子，北平宣告解放。从此，黑暗时代一去不复返了，北平永远成为人民的北平。作为当时人民解放军成功解放的最大城市，北平的解放具有重大的历史意义，它标志着平津战役的伟大胜利，北平的历史就此翻开新的篇章。

一、接管的准备

从一个夺取政权的革命党转变为一个管理国家的执政党，是对中国共产党的重要考验。鉴于抗战胜利后，国民党以“接收”之名，行“劫收”之实，引起社会极大的动荡，埋下了失败的伏笔，所以中国共产党人对北平的接收，自然引起全中国乃至全世界的关注。

1948年12月13日，毛泽东在西柏坡那间简陋的办公室里对彭真和叶剑英说：“这次接管北平，影响到中外，你们务必要达到像沈阳、济南那样的接收和管理成绩，不要落在沈阳和济南之后，特别要注意防止出现一些‘左’的做法。”[①]当天下午，中共中央任命彭真为北平市委书记，叶剑英为第一副书记兼北平市军事管制委员会主任及市长。彭真、叶剑英都曾在北平工作过，比较熟悉北平的情况，都有丰富的党政工作经验。也是在这一天，中共中央华北局明确指示平津地下党，要认识到平津作为工业区和大城市的重要性和复杂性，要做好接管工作。

对北平的接管，主要包括以下几项内容：通过制定对城市的保护政策，加强对接管工作的领导，制定城市接管工作纪律，确立城市的军事管制制度，对城市官僚资本企业的接管等。

---

① 《叶剑英传》，当代中国出版社2015年版，第249页。

为接管配备德才兼备的干部，是党进行接管的组织保证。北平市领导班子确定以后，中共中央开始抽调干部进行北平的接管工作。先后从西柏坡中央机关、华北局党校、华北大学、华北局城工部等抽调大批干部参加北平的接管工作。

在接管北平的准备过程中，新任北平市委组织部部长刘仁领导地下党工作战线协助彭真、叶剑英做了大量工作。当时，最困难的工作就是配备干部。刘仁领导组织北平城内的地下党员，加上从老区抽调的准备参加接管的干部，加起来总共2000多人，集中在良乡接受培训，整装待命，彭、叶等向他们做了如何进行接管的报告。培训期间，重点强调接管北平的形势、任务和纪律要求。这部分干部，成为解放初期北平市干部队伍的主体。

制定城市接管工作纪律，并要求接管干部学习和遵守这些纪律，是党进行城市接管的一项重要准备工作。同时也是保证党的城市接管工作能够顺利进行的一个重要因素。从更深远的意义来说，这是中国共产党在工作重心由农村转入城市的过程中，能够保持党的艰苦奋斗的优良传统和作风、防止党的组织和干部腐化的一项重要措施。在接管北平、天津等大城市时，中共中央十分重视接管工作的纪律，要求北平和天津市委注意加强对接管人员的纪律教育。

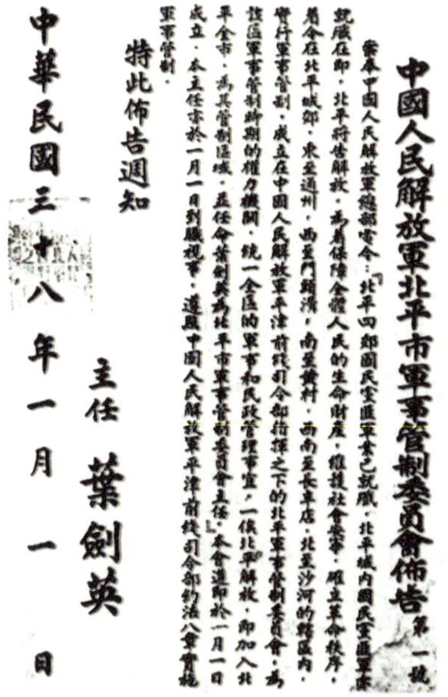
中國人民解放軍北平市軍事管制委員會佈告 第一號

奉中國人民解放軍總部電令：「北平四郊國民黨匪軍業已就殲，北平城內國民黨匪軍亦就殲在即，北平將告解放，為着保障全體人民的生命財產，維護社會安寧，建立革命秩序，着令在北平城郊，東至通州，西至門頭溝，南至黃村，西南至長辛店，北至沙河的轄區內，實行軍事管制，成立在中國人民解放軍平津前綫司令部指揮之下的北平軍事管制委員會，為該區軍事管制時期的權力機關，統一全區的軍事和民政管理事宜，一俟北平解放，即加入北平全市，為其管制區域，並任命葉劍英為北平市軍事管制委員會主任」。本會遵即於一月一日成立，本主任亦於一月一日到職視事，遵照中國人民解放軍平津前綫司令部約法八章實施軍事管制。

特此佈告週知

主任 葉劍英

中華民國三十八年一月一日

《中国人民解放军北平市军事管制委员会布告》

确立城市的军事管制制度，是对接收和管理城市所采取的一项主要的政策。1949年1月1日，叶剑英以北平市军事管制委员会主任的名义发布《中国人民解放军北平市军事管制委员会布告》，宣布对北平地区实行军事管制。北平市军事管制委员会是北平军事管制时期的权力机关，下辖市政府、警备司令部、纠察总队、物资接管委员会和文化接管委员会等部门。

对城市的官僚资本企业进行接管，是城市接管工作的一项重要内容。在北平接管前夕，毛泽东在同中共中央华北局负责人薄一波谈话时提出，城市接收工作主要是接收官僚资本；对民族工商业要好好保护，接收工作要“原封原样，原封不动”，让他们开工，恢复生产，以后再慢慢来。中共中央为保证对官僚资本企业接收的完整和顺利，又先后发出《关于接收官僚资本企业的指示》《关于接收平津企业经验介绍》等文件，具体规定了有关接收官僚资本企业的方针、政策和措施。北平市官僚资本工业企业由军管会物资接管委员会接管，该委员会下设立企业处，专门负责接管国民党官僚资本工业企业。

二、和平接管中的“插曲”

1949年1月21日，苏静作为解放军平津前线司令部的代表，王克俊、崔载之作为傅作义的代表，分别在《关于北平和平解决问题的协议》上正式签字。和平接管、和平改编工作随即紧锣密鼓地展开。

究竟由哪支部队代表中国人民解放军入城接管呢？1948年12月14日，东北野司就颁布了《关于部队入城纪律》；22日，林彪、罗荣桓以平津前线司令部司令员和政治委员名义，又颁布“约法八章”。英勇善战而又纪律严明的东北野战军第4纵队①（之前已整编为第41军②）被选作入城部队。根据东北野司指示，纵队政委莫文骅主

① 在辽沈战役塔山阻击战中，第4纵队第10师第28团（后改称第41军第121师第361团）被授予“守备英雄团”称号。在平津战役中，第4纵队某团路过老乡果园，战士们强忍饥渴，无一人上前采摘苹果，因此被授予“秋毫无犯团”称号。毛泽东曾经赞扬过的不吃老乡一个苹果的就是这支部队。

② 1948年11月13日，东北野战军所属第1至第12纵队，按照中央军委规定的统一序列，改称中国人民解放军第38、第39、第40、第41、第42、第43、第44、第45、第46、第47、第48、第49军。为了便于战场指挥，在平津战役期间还一直使用原来的“纵队”称谓。

持召开党委会，统一思想并形成共识，并在全军范围内开展政策纪律教育。

平津前线司令部原本计划于1月29日接管，正巧这天是春节，为了不打扰市民过年，决定推迟两天。1月31日（农历正月初三）中午12时30分，东北野战军第4纵队第10师开始从傅作义的执勤部队手中接管北平防务。但是，当解放军接管北平西部的西直门、阜成门和复兴门的时候，却遭遇国民党守军拒绝。解放军官兵当即包围了这3座城门的国民党守军。双方僵持起来。

带队前来接管的纵队政委莫文骅随即驱车向军管会副主任陶铸报告。陶铸听后立即找傅方交涉。对方很快答复："我们忙乱了套，一时忘了通知西三门的官兵放下武器。"并一再道歉。

不一会儿，负责接管阜成门的解放军第10师的一个营长与负责北平所有城门防务、维持北平城治安的国民党第311师师长孙英年一起来到军管会。陶铸一见孙便厉声说："为什么不交西三门？"代表傅作义担任北平联合办事处副主任的郭宗汾也在一旁说："我们的人马出城时要你守城门，现在城都空了，不交那三个城门干什么用？"陶铸接着说："孙师长，你现在已是解放军了，一切行动都得服从命令，赶快通知交城门，迟了真缴你的枪！"孙英年立即赶往阜成门。同时电话通知西直门、复兴门即刻交接城防。

陶铸随后对莫文骅说："对方已答应移交西三门。你们尽快接防完毕，做好以公开的武装力量对付暗藏敌人的准备。"就这样西三门傅作义的部队与解放军交接城防。等到莫文骅返回西直门时城楼上已经飘起了解放军的旗帜，岗哨也换成佩戴着"平警"臂章的人民解放军战士。

这时，从城里赶来的学生和市民举着彩色的小旗，扭着欢快的大秧歌，歌唱着"解放区的天是明朗的天"，高呼着"欢迎解放军进城"的口号，锣鼓声、鞭炮声响成一片，汇聚成胜利的海洋。人民解放军首先从西直门开进北平城。

北平和平解放，历时64天的平津战役宣告胜利结束！1月31日，新华社报道北平解放："世界驰名的文化古都，拥有200余万人口的北平，本日宣告解放。"[①]2月2日，中共中央电贺平津解放。当日，东北野战军第4纵队第11、第12师相继入城，北平市军事管制委员会及北平市人民政府也入城办公。

三、威武雄壮的入城式

2月3日，正月初六，传统的"破五"刚过，期待已久的历史性时刻，终于到来了。一清早，北平居民便一群群一队队，从四面八方涌向前门广场，见证解放战争史上举世瞩目的重大事件——北平入城式。

为什么1月31日交接城防后，还要再办一次盛大的入城式呢？这是基于北平当时的情况做出的决定：那时北平敌特的数量之多，系统之庞杂，竟然居全国之首。由于国民党在解放战争中屡失城池，从东北、华北、西北撤下来的特务，纷纷聚集在北平。据掌握的材料，除保密局、军统、中统三大系统的特务外，还有华北"剿总"、"清共先锋队"以及英美间谍等8000余名特务。再加上国民党北平市党部、河北省党部、三青团、民社党、青年党等反动骨干分子，特务总数不下1.6万人。北平警备司令员兼政委程子华在工作总结中写道："把军队在城内摆一下，展现我们的威力，目的是给人民群众增强信心，同时给反革命分子一个镇压。"

入城仪式由东北野战军第4纵队司令员程子华担任总指挥。上午9时许，林彪、罗荣桓、聂荣臻、叶剑英、彭真、刘亚楼、刘仁等党政军领导，还有傅方代表郭宗汾、周北峰等由北京饭店乘车来到前门箭楼下面，健步登上前门箭楼。10时，4颗信号弹腾空而起，直冲蓝天，庄严、隆重的入城式开始了。以第4纵队为主的解放军步、炮、

① 《中国人民解放军历史资料丛书·平津战役》，解放军出版社1991年版，第265页。

骑等部队从永定门进城，精神抖擞、雄伟庄严、步伐整齐地通过前门，向各个主要街道前进。

入城编队以1辆装甲车和4辆载有毛泽东主席、朱德总司令画像的大彩车以及军乐队为前导，机械化部队、摩托化步兵、汽车曳引的炮兵部队、轻中重型坦克部队、骑兵和步兵，组成雄伟的行列，经正阳门大桥、东交民巷、崇文门大街、东四牌楼、西长安街、和平门、骡马市大街，最后由广安门出城。

部队入城从上午10时开始，一直延续到下午4时，前面的队伍过了平安里，后头的队伍还在向前门走。北平的街道，变成了人的河流，整个北平城，成了歌声的海洋。汽车的马达声、坦克的履带声、战士的脚步声、群众的欢呼声以及北风的呼啸声，汇集成震天动地的巨响。前门箭楼上站着平津前线司令部的领导人。大街小巷挤满人群，成群结队的工人、学生、市民天一亮就跑到城门口盼望。几千名

1949年2月3日，解放军举行盛大的北平入城式（新华社　提供）

铁路职工赶到前门车站后，立刻整队等候人民解放军的到来。清华大学和燕京大学的2000名师生，头一天就赶到城内，等待入城式。从华北人民政府赶来的各民主党派人士周建人、吴晗等与学者钱伟长、屠守锷、李广田等也都加入了欢迎的队列。

当入城的部队经过各街道时，沿路响起了热烈的锣鼓声、掌声和歌声。各式各样的化装秧歌队、高跷队纵情地扭着、唱着，簇拥着行进的行列。有的市民爬上装甲车和解放军战士欢谈，有的战士的背上被写上欢迎和感谢的字句，许多学生跟在缓缓行进的车子旁边，争着和解放军战士握手。由百余门各式各样的大炮组成的炮兵部队，引起群众的注目和欢迎。因为这是清一色的美国货，是通过“运输大队长”蒋介石送到了解放军手里而参加北平入城式的。这就庄严地向全世界宣告，在这场战争中，蒋介石失败了，支持蒋介石的帝国主义者也失败了，中国人民胜利了。有的学生爬上炮车，在炮筒上写了“打

学生爬上入城的坦克，庆祝北平解放（新华社　提供）

倒蒋介石，解放全中国”的字句，并坐在上面一起行进。可以说这是战争史上一次别开生面的入城式。

顷刻，坦克和炮车上贴满各式各样的标语，变得红红绿绿，特别鲜艳。尽管是寒风怒吼，滴水成冰，但伫立在大街两旁的居民，为欢迎入城部队，忘记了寒冷，忘记了疲劳。有的人嗓子喊哑了，但还在高呼“庆祝北平解放！”“欢迎人民解放军！”“毛主席万岁！”“中国共产党万岁！”

入城式向全市人民再次宣告，古都北平正式回到了人民的怀抱，古都北平获得新生。向全国人民宣告，新中国快要诞生了！向全世界人民宣告，中国人民革命胜利了！一家外国通讯社的记者对解放军入城式有这样的评论：“中国解放军入城，规模空前未有、士气高涨、装备异常精良，实为一支强大的有战斗力的部队。”“中国革命方兴未艾，南京当局大势已去。”[①]

1949 年 2 月 3 日，中国人民解放军举行北平入城式，图为入城部队经过前门大街（新华社　提供）

① 何东、陈明显：《北平和平解放始末》，解放军出版社 1985 年版，第 140 页。

之前，人民解放军解放济南、沈阳、天津等大城市都没有举行入城式，北平作为当时解放军和平解放的最大城市，举行入城式具有标志性的历史意义。这标志着中国共产党在辽沈、淮海、平津三大战役的战略决战中取得了全面胜利，国民党军队大部被歼，国民政府的统治即将覆灭，也预示着新中国即将诞生。毛泽东在七届二中全会上说：

> 北平入城式是三年半战争的总结，北平是全国打出来的，入城式是全部解放军的入城式。①

解放军进入北平城后严格遵守“三大纪律”“八项注意”，真正做到“秋毫无犯”，给北平市民乃至全国、全世界都留下了深刻的印象。4月中旬，第4纵队出色地完成警备北平的任务，奉命南下。

四、摘掉口罩认战友

北平解放前，全市共有地下党员3376人。其中正式党员2462人，候补党员914人。

1949年2月4日，解放军举行北平入城式的第二天，中共北平市委在宣武门外国会街北大四院大礼堂召开了第一次全体党员大会。由于会场可容纳人数的限制，2000多名地下党员参加了会议。

迫于对敌斗争的残酷，当时的党组织处于秘密活动状态，党组织与党员之间的联系是单线方式。由于没有横的联系，同支部的党员虽然在同一领导下进行斗争，但互相并不知晓。这种形式，中国共产党执政以后显然需要做出调整。为此，中共北平市委确定，入城后的首要的问题就是尽快召开全市党员大会，把党员重新组合起来，投入到新的战斗中去。

---

① 章学新主编：《任弼时传》，中央文献出版社2004年版，第858页。

会场的主席台上，悬挂着一面鲜红的党旗和毛泽东主席、朱德总司令的巨幅画像。前来参加大会的有北平市委书记彭真，市委第一副书记叶剑英，市委第二副书记赵振声（李葆华），平津总前委书记、东北野战军司令员林彪，平津总前委委员、平津卫戍司令员聂荣臻，华北局书记薄一波，中共北平市委组织部部长、原华北局城市工作部部长刘仁。当领导同志出现在主席台上时，全体起立，响起长时间的雷鸣般的掌声和欢呼声。

刚开会的时候，许多人出于搞地下工作的职业习惯，还戴着大口罩、帽子，彼此看不清面孔。彭真、聂荣臻、叶剑英、薄一波等很多领导都讲了话。当时担任北平高等工业学校地下党总支部书记的王大明后来回忆说："今天，北平的地下党终于从地下转到地上了！""就这一句话，全场沸腾了！""我们这些年轻人把帽子都扔上了天，大家摘了口罩，彼此相认，互相指着对方：'原来是你呀！'欢呼、握手、拥抱，那个激动，那个兴奋，真是！多少年了，到现在都忘不了。"

会上公布了时任中共北平市委第二副书记的赵振声是革命领袖李大钊长子，并恢复了李葆华的原名。当时的中学委书记李霄路也向大家介绍王大明："你们以后不要叫他李正文、李民了，他的真名叫王大明。"当时王大明负责联系的一些地下党员都兴奋地指着他说："原来你叫王大明啊！"

聂荣臻在讲话中表扬了北平地下党的工作，充分肯定地下工作者所取得的卓越成绩。彭真的讲话，内容十分丰富，涉及面很广。从形势到任务，从任务到工作政策、方针、方法，讲得精辟透彻。大会连续进行了两天，开了13个小时，彭真一个人就报告了4个小时，报告不断被热烈的掌声所打断。

北平地下党员会师大会，是全市地下党员在北平的第一次公开聚会，是具有重要意义的盛会。参加大会的党员受到极大的教育和鼓舞，决心在新的历史条件下，以新的工作方法和工作作风，做好北平的管理和建设工作。

五、中共领袖画像首现天安门城楼

1949年2月12日，是中国传统的元宵节。上午9时，参加庆祝大会的人就分路进入大会会场，到中午12时止，仅中华门一个路口处签到登记的就有114250人。天安门前，数不尽的彩旗迎风招展，金水桥畔，人山人海。会前近百个秧歌队、军乐队、高跷队、旱船队、武术团、化装宣传队，表演不停，爆竹声、鼓乐声、口号声、欢呼声汇成一片。这样20多万人的盛大集会，在北平的历史上是前所未有的。

20面大红旗，随风飘扬在天安门城楼的主席台上。天安门城楼上同时悬挂了毛泽东、朱德、林彪、罗荣桓、聂荣臻、叶剑英等人的巨幅画像，格外引人注目。这是历史上中共党政军领导人画像挂得最早最多的一次。也是毛泽东画像第一次悬挂在天安门城楼上，而且同

1949年2月12日，北平庆祝解放大会。图为参加大会的北平各大中学校学生（新华社　提供）

时挂上了3幅，其中一幅挂在最上层的中间。

中午12时，天空飘起了片片雪花，为这人山旗海的会场增添了不少光彩，分路游行刚刚开始，天空又露出了太阳。这时，浩浩荡荡的游行队伍里，唱起了“东方红，太阳升，中国出了个毛泽东……”从东路，经王府井、东华门、景山、北海、西单牌楼、西交民巷，一直唱到前门；从西路，经西四牌楼、新街口，一直唱到西直门。歌声像一杯醇酒，让北平城在欢乐中，沉醉了……

下午1时，庆祝大会在雄壮的音乐声和礼炮声中开始。由肖明、李连山、袁峙、肖松、杨伯箴、张晓梅、杨造新、张奚若、许德珩、黎锦熙、严景耀、刘一峰、卢联贵、程子华、李葆华、徐冰、钱俊瑞等17人组成主席团，坐在主席台上。

大会首先由中共北平市委第一副书记、北平市军事管制委员会主任兼北平市市长叶剑英讲话。当时，毛泽东还在西柏坡，叶剑英也就成为第一位登上天安门城楼的中共高级将领。他在城楼上庄严宣

北平解放前夕的正阳门及天安门广场鸟瞰（新华社　提供）

告：“北平市人民政府成立了！北平市人民第一次有了自己的政权机构，古都北平获得了新生！”接着，他以十分激动的心情，发表了热情洋溢的讲话。他说：“北平市工友们，同学们，一切劳动人民和全北平市的市民们！让我们在自由的天空，自由的城市里边，来庆祝北平人民自己的伟大胜利。北平人民不仅仅是第一次获得真正的自由和民主，而且北平的和平解放，又为中国人民解放事业创造了新的榜样。”①

随后，叶剑英宣布，北平军管时期要肃清一切潜伏的残余反革命势力，系统建立人民的革命政权，接收一切公共机关、产业和物资，建立人民民主的正常的秩序。

他最后高呼：“北平人民解放万岁！中国人民解放万岁！”②

叶剑英的洪亮声音，通过扩音器传遍天安门广场的每个角落，通过无线电广播传到了中国已解放的地区和尚未解放的地区，传向全世界。后来，毛泽东见到叶剑英风趣地说：“我听收音机了，你那个讲话真是‘声嘶力竭’啊，为新政权呐喊，就是要有这么一股劲头！”

至此，建设人民的新北平开始了。北平这座千年古都也终于迎来了黎明。

---

① 范硕主编：《新北平首任市长叶剑英》，中央文献出版社1999年版，第107页。

② 范硕主编：《新北平首任市长叶剑英》，中央文献出版社1999年版，第108页。

结　语

大海自有扬帆人，黑暗岂无破晓日。在中国共产党的英明领导下，经过长期艰苦卓绝的浴血奋战，正义终于战胜邪恶，光明终于冲破黑暗，赢得了新民主主义革命的伟大胜利，迎来了中华民族伟大复兴的光辉前景。在这段激情燃烧的岁月，北平军民经过烽火硝烟的战斗洗礼，更懂得和平的弥足珍贵，更充满对未来的殷切期盼。从此，北平这座历史名城回到了人民手中，开启了新生之旅。

反对内战、向往和平吹响了向北平红色黎明进军的号角。抗日战争胜利后，蒋介石统治集团为了独吞抗战胜利果实，不顾全国人民要求和平建设国家的强烈愿望，公然发动内战，企图把历经苦难的中国重新引向独裁。国民党接收北平后，假接收之名，行劫收之实，激起了北平人民的极度愤慨。为了反对国民党对学生的甄别审查，中共北平地下党学委多次召开大会进行抗议，各院校学生迅速联合起来游行示威，反对专制独裁，争取民主自由。为了抗议美国扶蒋反共政策和美军暴行，中共北平地下党组织发动学生一次次走上街头举行抗暴斗争，得到北平市民的广泛支持和全国各界的大力声援，引燃起一场席卷全国的大规模学生运动。为了反对国民党军向解放区发起全面进攻，在中共北平地下党领导下掀起了一场比抗议美军暴行规模更大、影响更深的反饥饿、反内战运动，波及全国60多个大中城市。这些学生运动，汇聚成推翻蒋家王朝统治的第二条战线，加快了全国民主革命胜利的步伐。

攻心为上、以打促谈赢得了北平红色黎明到来的主动先机。人民解放战争三大战役势如破竹，摧毁了国民党赖以维持其反动统治的主要军事力量；蒋介石集团被迫释放“和谈”烟幕，企图“划江而治”、卷土重来。为了尽快结束战争，实现真正的和平，中国共产党愿意以八项条件为基础，与南京国民党政府进行和平谈判，但国民党当局拒绝在《国内和平协定》上签字，最终导致谈判破裂。在此期间，中共北平党组织积极开展隐蔽战线斗争，最大限度发展进步力量、团结中间力量、瓦解敌人力量，为赢得解放战争的全面胜利发挥了不可替代的重要作用。为了争取华北“剿总”司令傅作义，他们通过各种渠道、各种关系开展攻心工作，在中国共产党正义事业感召下，在中国人民解放军强大攻势威慑下，促使傅作义做出正确选择，实现了北平的和平解放；他们潜身敌营、深入虎穴，积极开展对国民党军队的统战策反工作，使得一批国民党高级将领及其军队脱离反动阵营，加入人民军队行列，加速了中国革命胜利的进程。

依靠人民、服务人民铸成了北平红色黎明到来的坚固基石。一切为了人民、一切依靠人民是中国革命取得胜利的重要法宝。解放战争时期，平郊解放区大力推进土地改革、减租减息运动，真正实现了“耕者有其田”；北平城内积极开展大规模群众性护厂护校斗争，粉碎国民党南迁学校和工厂的图谋，从而赢得了广大人民的衷心拥护，积蓄了人民战争的磅礴伟力。北平和平解放前夕，毛泽东专门发电指示，要求保护好北平的教育机关和文物古迹；解放军干部深夜造访著名建筑学家梁思成，请他在地图上标出北平重要文物和古建筑方位，以防攻城时被炮火摧毁；10名清华大学学生还应允在突击部队攻城时担任向导。人民解放军进驻北平后，严格执行接管纪律，迅速恢复社会秩序，调拨一大批安定民生的生活物资，颁布一系列恢复生产的经济政策，实施一系列荡涤污垢的整治行动，凝聚了民心士气，巩固了人民政权，为党中央进驻北平和新中国定都北京创造了良好条件。

漫漫长夜已过去，红色黎明终到来。从此，北京这座历经沧桑的千年故都翻开了崭新的一页，迎来了划时代的嬗变。她伴随着新中国的诞生而茁壮成长，她伴随着中华民族的伟大复兴而灿烂辉煌。

后 记

根据全国文化中心建设领导小组总体部署，在中共北京市委宣传部统筹指导下，市委党史研究室组织编写了“红色文化丛书”。丛书由原中央党史研究室副主任李忠杰担任主编，市委党史研究室主任李良及副巡视员刘岳担任执行主编，副主任陈志楣、张恒彬及原副巡视员范登生、副巡视员运子微担任执行副主编。

为打造精品力作，邀请邵维正、柳建辉、关海庭、杨凤城、王树荫、黄如军、包国俊等著名党史军史专家学者组成丛书编委会，并下设刘岳及曹楠、宋传信、方东杰、黄迎风、高俊良、王桂环、祁霄等人组成的办公室。编委会负责制订方案、确定书目、遴选主编、审订大纲及书稿。办公室负责组织联络督办工作，出台书写规范、组织作者培训等。曹楠负责丛书协调工作，宋传信负责丛书图片统筹工作，骆洪刚负责部分图片修版工作。

《迎接北平的红色黎明》是“红色文化丛书”之一，由共青团中央青运史档案馆常务副馆长胡献忠副研究员（撰写第一、二章，并统稿）、马金祥博士（撰写第三、四、五章）共同完成，主要反映解放战争时期中国共产党领导北平人民追求光明、迎接红色黎明的斗争精神，全书共6章（含结语）27节。宋传信承担本书联络工作，邵维正、公方彬、杨凤城、秦德占等教授审改第一稿，高俊良阅改第一稿；原中央党史研究室王新生研究员审改第二稿，曹楠阅改第二稿。李自华润色全书，范登生改写导语、结语。原中央党校副校长李君如，中央党校（国家行政学院）分管日常工作的副校（院）长何毅亭、副校长谢春涛，原中央党史研究室副主任龙新民等老领导、专家学者对本书提出宝贵意见。北京出版社的编辑对全书进行了严谨细致的编辑加工，在此一并表示衷心感谢。

由于时间仓促和水平有限，书中难免存在疏漏和不足之处，敬请广大读者批评指正。

中共北京市委党史研究室

2019年8月